現代保育原理

岡田 正章
松山 依子 編著

学文社

まえがき

　このたび，現代保育原理が刊行されるはこびとなった。子育てに関して，日常的に社会問題として，注目を浴びるようになっている。
　このような時期に，新しい時代，新しい形での保育を考えてみることが必要である。
　幼保の一元化への方向性も，一段と高まりを見せている。幼稚園と保育園との間の垣根は，ますます，低くなり，多面的な様相を呈してきている。
　社会的側面から，保育の場に対する認識も大きく変化してきている。家庭保育にのみ重点を置くのではなく，多様化された保育のニーズに対応できる場が求められてきている。
　この点については，少子化の傾向に歯止めをかける意味からも，乳幼児の発達を踏まえて，考えていかなくてはならない。
　ややもすると，親の生活に合せて，乳幼児の本来の成長の姿が見えにくくなってしまう。このような危険性を招くことなく，保育の原点は忘れてはならない。
　施設保育において，大きな乳母車に黄色い帽子を頭に乗せて，道路に現われる光景も，珍しくなってきている。ここにも，あそこにも，乳幼児保育の施設が存在している。細やかに行われている。
　本書，この時期に，あえて現代保育原理として，保育に取り組む専門家をめざす学生のテキストとしても工夫している。執筆にあたっては，一貫性を心がけているものの，若干の重複も避け難い。また，内外の研究文献も多く資料として参考にさせて戴いていることを謝す。
　最後に，本書の出版にあたり，企画から編集に至るまで，忍耐強くお進め下さった（株）学文社の三原多津夫専務取締役，ならびに中谷太爾氏に，この場をお借りして謝意を表する。

　2003年2月　　　　　　　　　　　　　　　　　　　松山　鈇子

目　次

第 1 章　保育の意義 ［松山　伙子］ ────────────── 7
　1. 保育の基本原理 ……………………………………………… 7
　　1-1. 保育のことばの移り変わり　8　　1-2. 保育ということばが使われる年齢の範囲　8
　　1-3. 保育は保護プラス教育の意味をもつ　9　　1-4. 保育と幼児教育の関連性　9
　2. 保育の教育（はたらき） ……………………………………… 11
　　2-1. 幼児教育　11　　2-2. 保育作用　12
　3. 乳幼児の保育 ………………………………………………… 13
　　3-1. 興味　13　　3-2. 発達の段階　14　　3-3. 生活習慣の形成　15　　3-4. 家庭保育のあり方　15　　3-5. 心身の保護　16
　4. 保育と幼児教育 ……………………………………………… 16
　　4-1. 保育にみられる自我の発達　18
　5. 保育と児童福祉 ……………………………………………… 19
　　5-1. 児童の福祉と保育　19

第 2 章　乳幼児の発達と保育 ［鈴木敦子］ ────────── 21
　1. 発達段階にみられる乳幼児の姿—ピアジェ発達論の再検討 ……… 22
　　1-1. ピアジェの保存課題　23　　1-2. ピアジェの描く前操作期の子ども　24　　1-3. 幼児は本当に知覚に惑わされているのか　25　　1-4. 新たな乳幼児の姿　28
　2. 乳幼児の社会性の発達 ……………………………………… 29
　　2-1. 食事場面における母子のコミュニケーションの発達　29　　2-2. 要求に用いる言語の変化（2歳1ヶ月）　29　　2-3. 母親のコミュニケーションの変化　32
　3. 乳幼児の個性の発達 ………………………………………… 34
　　3-1. ちょっと気になる子 K　34　　3-2. 「気になる子」を続けざるを得なかった K　36
　　3-3. 保育者・ほかの子どもたち・そして K の変化　37
　4. 幼児の遊びの発達 …………………………………………… 38
　　4-1. ごっこ遊びとその展開　39　　4-2. コミュニケーションとしての遊び—どのようにして協力関係を築くか　39

5. 乳幼児の運動の発達 ………………………………………………………………43

第3章　保育の歴史と保育の状況　[岡田正章] ————————46
　1. 保育の教育的思想の歴史 …………………………………………………………46
　　1-1. コメニウス（Johann Amos Comenius,1592～1670） 46
　2. 保育施設の創設とその後の沿革 …………………………………………………56
　　2-1. 世界の状況　56　　2-2. わが国の状況　57
　3. 保育の現在の状況 …………………………………………………………………59
　　3-1. 欧米の保育の状況　59　　3-2. わが国の保育の状況（保育制度・保育の行政）　61
　4. 保育の行政 …………………………………………………………………………64
　　4-1. 文部科学省の幼稚園行政　64　　4-2. 厚生労働省の保育行政　65　　4-3. 幼稚園と保育所の関係　67

第4章　保育の目標と実際　[高坂　詢] ————————70
　1. 集団保育の場の種類 ………………………………………………………………70
　　1-1. 乳幼児の1日の主な生活の場：3つの類型　70　　1-2. 集団保育の意義　71　　1-3. 幼稚園　71　　1-4. 保育所　73
　2. 乳幼児の発達と保育 ………………………………………………………………76
　　2-1. 人間の特性　76　　2-2. 乳幼児期の発達の特性　77　　2-3.「保育の基本原理」と「保育目標」の意味するもの　78
　3. 乳幼児をとりまく環境 ……………………………………………………………79
　　3-1. 今日の環境問題　79　　3-2. 地球環境や家庭環境の変化　80　　3-3. 乳幼児にとっての環境の変化　81　　3-4. 環境の変化への対応と保育環境に期待されるもの　82
　4. 家庭教育と乳幼児の発達 …………………………………………………………82
　　4-1. 家庭機能の変化　82　　4-2. 家庭の育児機能：形成と教育　83　　4-3. 子どもの価値の変化　84　　4-4. 子どもの真価　85
　5. 社会的背景と保育の実際 …………………………………………………………86
　　5-1. 新エンゼルプランの8つの目標　86　　5-2. 8つの特別保育事業　86　　5-3. 保育サービスの整理：保育の社会化の進展　88

第5章　保育の内容　[樋口直宏] ————————90
　1. 保育内容と指導法 …………………………………………………………………90
　　1-1. 保育者による主体的な内容選択　90　　1-2. 内容と方法との関連　91
　2. 保育内容と生活 ……………………………………………………………………92
　　2-1. 保育内容の総合化　92　　2-2. 子どもたちの生活　93　　2-3. 生活の乱れと保育の役割

94

　3. 保育内容と遊び ……………………………………………………………………95
　　3-1. 子どもにとっての遊びの意義　95　　3-2. 子どもの遊びの特質　96　　3-3. 遊びにおける保育者のかかわり　98
　4. 保育所保育指針の視点 ……………………………………………………………99
　　4-1. 成立と構成　99　　4-2. 基本的な考え方　100　　4-3. 保育の内容　101　　4-4. 保育所の新しい役割　103
　5. 幼稚園教育要領の視点 …………………………………………………………104
　　5-1. 成立と構成　104　　5-2. 基本的な考え方　105　　5-3. 内容および留意事項　106

第6章　保育の方法　[岩城淳子] ─────────────────109

　1. 保育方法の原理 …………………………………………………………………110
　　1-1. 保育者の"子ども観"の確立　110　　1-2. 保育方法の原理　112
　2. 生活指導の保育と役割 …………………………………………………………113
　3. 集団保育の形態 …………………………………………………………………115
　4. クラス編成の方法と分類 ………………………………………………………118
　5. 保育方法と指導法の種類 ………………………………………………………119
　　5-1. 指導法の根拠を考える　119　　5-2. 指導の前提条件　121

第7章　保育における計画の基本姿勢　[高橋貴志] ─────────123

　1. 保育の計画としての教育課程・保育計画 ……………………………………123
　　1-1. 保育において計画を立てることの必然性　123　　1-2. カリキュラム（教育課程・保育計画）　125
　2. 教育課程の編成 …………………………………………………………………126
　　2-1. 幼稚園教育要領に見る教育課程　126　　2-2. 教育課程編成の留意点　127
　3. 保育計画の作成 …………………………………………………………………130
　　3-1. 保育所保育指針に見る保育計画　130　　3-2. 保育計画作成上の留意点　130
　4. 指導計画の長期・短期の分類 …………………………………………………133
　　4-1. 指導計画とは　133　　4-2. 指導計画の種類　134
　5. 保育者の取り組みの姿勢 ………………………………………………………136
　　5-1. 保育における「計画」の独自性　136　　5-2. 指導計画を「書く」意味　139

第8章　指導計画と保育の実際　[田中正浩] ──────────────141

1. 指導計画のねらいと留意点 …………………………………………………141
   1-1. 指導計画（長・短期）の位置づけ 141　　1-2. 指導計画におけるねらいと留意点 142
2. 保育時間（長短）と保育 …………………………………………………146
   2-1. 幼稚園・保育所の保育時間 146　　2-2. 長時間保育—預かり保育、延長保育、夜間保育など 147　　2-3. 保育時間延長における指導計画の留意点 148
3. 予想される保育の流れ ……………………………………………………149
   3-1. 幼稚園・保育所の保育時間 149　　3-2. 保育の流れにおける留意点 150
4. 日常生活（保育）の指導と援助 …………………………………………150
   4-1. 指導と援助の意味 150　　4-2. 一人ひとりに応じた指導 152　　4-2. 子ども理解と援助 152
5. 保育の評価 …………………………………………………………………153
   5-1. 保育者の仕事—反省・評価 153　　5-2. 指導計画の反省・評価及び改善の視点 154
   5-3. 評価の方法—保育の記録 156

第9章　3歳未満児保育の形態　［松嵜洋子］――――――――158

1. 3歳未満児の就園の拡大 …………………………………………………158
   1-1. 保育所に対する考え方の変化 159
2. 零歳児保育の施設の拡充 …………………………………………………166
3. 安全保育と乳幼児の就園 …………………………………………………168
4. 健康管理面における体制の強化 …………………………………………170
5. 保育者の資質の向上 ………………………………………………………171

第10章　保育の現状と課題　［渡邊眞一］――――――――――174

1. 保育の多様化に対する受入れ ……………………………………………174
   1-1. 出生率・過去最低の1.34人 174　　1-2. 1.57ショック（少子化対策のはじまり） 175
   1-3. 国の子育て支援策（エンゼルプラン） 175　　1-4. 新エンゼルプラン 177
2. 保育のニーズの拡大への対応 ……………………………………………178
   2-1. 育児支援の実際 178　　2-2. 保育需要の多様化 179
3. 障害児保育と統合保育 ……………………………………………………185
   3-1. 統合保育は今 185　　3-2. 法的な位置づけは 185　　3-3. 受入れにあたっては 187
4. 幼小の連携への課題 ………………………………………………………188
   4-1. 幼小のボタンの掛けちがい 188　　4-2. 生活科は幼保小連携の接点のひとつ 189
   4-3. 「幼児教育振興プログラム」から見た連携 190　　4-4. 横浜市の実践から 191

5. 異文化交流と多民族保育 ……………………………………………………192
資　料　195
　　1. 保育所保育指針　195
　　2. 幼稚園教育要領　225
索　引　231

第1章　保育の意義

1. 保育の基本原理

　乳幼児の発達を，人間の一生のなかでとらえてみると，生後一年間において，著しい成長を遂げている姿を，目の当りにすることができる。さらに，幼児期に入って，目ざましい発達の様相を呈している。このようにして，発達加速現象によって，最近の子どもたちの発達は，ひときわ，目を見はるようにとらえられる。このような乳児期，幼児期の子どもの本質をとらえることから始めていきたい。

　保育の保は，養うという意味をもっている。鳥が卵を温めて，ひな鳥を巣立たせるように，時代の移り変りによって，変化してきた。現代においては，保

思いのヒーローに

つとか，守る，といった意味に用いられるようになっている。

一方，育は，育てるという意味であって，教育的な意味をもっている。2つの文字から，保育とは，保護をしながら教育する，と，考えられる。この意味からすると，英語ではナース（nurse）と呼ばれる。

しかし，保育という場合は，もっと意図的な教育の意味で用いられる。

1-1. 保育のことばの移り変わり

保育には，意図的に教育の意味で使われることが多い。たとえば，東京女子師範学校附属幼稚園（現在のお茶の水女子大学の附属幼稚園）において，1877（明治10）年に選定した幼稚園期則のなかで，「小児保育」とか「保育科」，ということばを使っている。この事は，日本においての影響力は著しく大であった。つまり，幼稚園や託児所で保育という，ことばがしばしば使われるようになっていった。

つぎに，公文書のなかで，保育ということばが，使われたのは，1879（明治12）年，当時の文部省（現在は文部科学省）から出された「公立幼稚園・保育法認可及開申方(かいじんかた)という布達(ふつたつ)であるが，これ以後は，幼稚園関係の法令や通達には保育ということばが，一般的に使用されてきた。しかし，1964（昭和39）年に「幼稚園教育要領」が告示されてからは，当時の文部省では，幼稚園保育について保育ということばは使わなくなった。保育のことばは，保育所関係の法令や通達にだけ用いられるようになったのである。

1-2. 保育ということばが使われる年齢の範囲

保育ということばは，必ずしも，幼児期のみに使われるとは限らないのである。

「学童保育」は，1965（昭和40）年頃から使われるようになった。放課後家庭に母親が不在の場合に，保護プラス教育をすることを指している。対象は小学生の学童に対して保育ということばを使っている。現在，「学童保育」は，

固有名詞として，当りまえのことになって，一般化している。

　幼児教育として，保育との関連性を見た場合には，保護と教育のうち保護の占める比重が大きかった。幼児を預り養育するといった意味で保育が使われていたためである。しかし，昭和40年頃から，文部省（文部科学省）では，保育ということばをさけて幼児教育ということばを使うようになっていった。

　幼児の教育について，保護的観点を忘れてはならないとして，積極的に幼児教育の特色を示す意味でも，保育ということばが使われてきた。

　すなわち保育とは，乳幼児の教育そのものである。乳児や幼児の年齢的な制約から，教育方法に一定の制限が生じ，訓練的であってはならないと考えられて，このことばが使われることも少なくなかった。保護を忘れずに無理をしない教育として，「幼児教育」とか，「就学前教育」ということばと同様に，保育ということばが使われるようになった。

1-3. 保育は保護プラス教育の意味をもつ

　保育は，保護に重点をおく場合と，教育に重点をおく場合があるが，この両者を合わせておこなう場合もある。たとえば，「家庭教育」についていうと，家庭でおこなわれる「育児」と「教育」の2つの作用を一緒にしていることが多い。

　施設保育または施設教育を意味することもある。

1-4. 保育と幼児教育の関連性

　保育の基本原理について，保育と教育との差に違いがあるのかないのかについて考えてみる。両者には，著しく大きな違いはないのである。

　保育のなかには保護を加えてみることが必要である。教育の対象者が乳幼児期であることからケアが伴ってくる。心身ともに未発達な段階にある子どもに対して，普通の教育をおこなうことが望ましい。

　伝統的な保育ということばのなかには，乳幼児を無理やり教育するという方

向から，その身を守ってきたと考えられる。しかし，教育学の自らの手によって，より教育学的に考えることが，今では，あたりまえのこととして，受けとめられるようになっている。

したがって，幼児期における教育について考えてみると，発達的に情緒の分化が進むにしたがって，心の安定が得られるように，あまり叱りすぎてもよくない。物ごとに対して，恐れたり，びくびくして逃げ腰になってしまうことがある。情緒的な安定が得られるために，欲求不満を起こしたり，不適応を発生させることのないように注意したいものである。

乳幼児期は人生の出発点である。能力的にも未分化であって，あまり無理をして教育することは，危険である。

幼児の精神的発達は，意志の統一がおこなわれていないために，興味のあることに対しても，そのものに対する持続時間も短く，無理に興味を引き起こすことも困難である。

いわゆる，しつけをするといった点からも，生活習慣のなかで，一つひとつ理解して，自然な形で身につけることが望ましい。したがって，このような時期における幼児の教育は，系統的な教育の方法をとっても，決して，良い成果を上げられないばかりか，逆効果にもなりかねないのである。

幼児期の教育において重要なことは，幼児が何が好きで，何をしたいと考えているのか，興味の方向性と，自発性を尊重しなければならない。

就学前教育としての幼児教育について，乳幼児を保護する立場からすれば，児童の福祉と保育の本質について考える。教育というよりは，むしろ，生活の重視ということがいえる。幼児の生活そのものを大切にして，保育の場において，遊びを中心とした環境を作ることが大切な要素として取り上げられる。

2. 保育の作用（はたらき）

　保育ということばは，最近，ひときわ，重要性をもつ響きを与えてくれている。社会生活を営む人びとの間に，共有しながら，少子化傾向にある日本において成熟している。

　幼児教育とか，就学前教育といった呼び方よりも，むしろ，保育として，通用している。

　乳児から集団保育，施設保育を受けるようになってきている。家庭保育を経験する機会が少なくなって，一層，保育ということばが，特別な用語ではなくなっている。将来は，伝統をもつ保育ということばは，教育の分野に位置づけられて，小学校の教育との関連のうえに立って幼児教育を考えることが必要になってくる。

2-1. 幼児教育

　幼児教育学は，「学校教育法」（昭和22年）の公布によって，幼稚園が学校体系のなかに入ってきてから，この考え方が高まってきている。

　保育ということばは，ややもすると教育的努力を怠ってしまうことも考えられる。保育ということばに逃避してしまう。もっと教育面について子どもへの配慮をすることがもとめられる。

　以上のことからわかるように，幼児が順調に発達するために大切なことは心の安定ということである。それにもかかわらず，もし児童期以後にむく厳格な教育を強行すれば，児童の安定感を失わせる危険がある。幼児に対しては，あくまでも安定感を重視した保育的教育が重視されるのである。

　人生のもっとも初期である乳幼児期は，知能や意志その他の学習機能が未分化である。学習能力に対応して，教育効果をあげようとする場合，ややもすると能力以上のことを要求する危険がみられるのである。

　保育のなかには，家庭においても，幼い時の「しつけ」が大切であると考え

て，早期に望ましい習慣をつけようとする。

この場合には，幼児の能力を高くみすぎると，無理な「しつけ」をしいることになる。

たとえば，一度注意したことは，徹底的にこれに従わせようとしたり，ある種の生活習慣を幼児と約束して幼児がこの約束を守らないといって強く叱ったりすると，幼児の反抗を招くことがある。実際，家庭で幼児に後しまつの習慣を完全にしつけようとすれば，親子が一日中けんかをしていなくてはならなくなることがある。

「早教育」をすることによって才能の高い人をつくりあげようとする考えかたも，また幼児に無理な内容を要求しやすい。たとえばピアノやバイオリンなどの音楽の「おけいこ」のなかには，幼児の能力以上のものを要するため，かえって器楽の嫌いな子をつくることがある。

以上あげた幼児教育の例は，いずれも幼児の能力を無視した考えかたの望ましくない保育であると考えられる。

すなわち幼児保育では，文字や計算を早く教えようとしてあせらないようにしたり，教育の方法に遊びを利用したり，しつけの内容を減らして自然に保育することが重要な意味をもってくる。

2-2. 保育作用

教育に比べて保育という場合は，幼児の生活を重視する気持ちがとくに強い。すなわち，むきになって教育効果をあげようとはかる純粋な教育に比べると，保育の場合は，生活そのものを幼児の大切な向上作用として扱い，幼児がもつ生活のなかに適当に遠慮ぶかく教育作用を組みいれてゆこうとする気持ちが強くみられる。そして，このような教育方法が幼児期にあっては，もっとも効果をあげる適切な教育方法であると考えるところに，生活の重視が保育の一原理となるのである。

生活の重視は，たとえば園で保育指導案を立てる場合も，生活カリキュラム

（経験カリキュラム）となる。またすべてが遊びの形式でおこなわれることになる。また両親に対しても，幼児を園やおけいこごとに行かせる場合，子どもらしい自然の生活から切り離して，いわゆる勉強をさせに行かせるのだという，考えをいだくことを危険だとする。

　学校はもともと，生活を離れて学習するという二元的な原理を肯定することによって発達してきた。しかし幼児保育をする幼稚園や保育所は，この点で，歴史的にも小学校以上の学校と若干の違いがみられる。その結果，園では「家庭連絡」をはじめ，「園外保育」や「生活指導」など，小学校以上の学校では軽視されやすい教育活動が重視されてきており，現在もまた園保育の特徴になっている。また幼稚園そのものの存在についても，大正時代の終わりごろまで，幼児が家庭環境の面からみて恵まれた生活を送ることのできない場合にのみ認められることが多かった原因が，ここにあると考えられる。

3. 乳幼児の保育

　ここに幼児の教育における「遊び」の重要性が生じる。日本における明治時代の幼稚園では，恩物の時間がしだいに減り，遊戯の内容も一斉遊戯（共同遊戯）とならんで「自由遊び」が多くなってきた。

　自由遊びは，明治時代は随意遊戯，随意遊び，自由遊などといわれ，大正から昭和30（1955）年ごろまでは倉橋惣三（1882～1956）やその他の人びとの提唱もあって，自由遊びが園でさかんにおこなわれた。これは，昭和30年ごろから自由保育といわれるように，さらにその後，自由教育ともいわれるようになったが，これを一貫して推進してきたものは，幼児の興味を中心にして，それを大切にした教育が効果をあげるということを，実際に幼児を保育した経験から学びとった実証的な知恵であったといえる。

3-1. 興　味

　幼児はその精神発達の未熟さから，まだ意志の統一が弱く感情に左右されや

すい。その結果，目的意識が薄弱である。そこで動作が衝動的になり，興味のないことにまで無理に注意を集中する有意注意がほとんど働かない。

このような特質をもつ幼児に対して，いわゆる本式の教育であると従来考えられたような系統的な教育のやり方をすると，教育効果があがりにくいだけでなく，逆効果を生じる危険がある。

いわゆる本式の教育ではしばしば「勉強」ということがいわれるが，勉強とは苦しみ学ぶことであり，ほとんどの場合，有意注意の存在がその前提となる。そこで，このような教育方法は，幼児期には不向きであるといえる。たとえば小学校で発達したような，机を一列にならべて前方の教師と黒板への絶えない注意を要求する一斉教育を，幼児におこなうことは適当でない。

以上の結果，幼児の教育にあたっては，幼児が現在もっている興味を重視し，興味の波に乗って教育することが必要である。教育といわないで保育ということばをわざわざ使う気持ちのなかには，勉強を強制しないで興味を主とし，興味にしたがって教育をすすめる意味が含まれている。

興味を重視し興味にしたがって教育をおこなえば，それはとりも直さず遊びを通して教育がおこなわれることを意味している。

3-2. 発達の段階

乳幼児の発達は，大きく分けると，身体的運動機能の発達と精神的機能の発達との相互作用によって，互いに深くかかわりあいながら発達をとげていくのである。

とくに，乳幼児期の年齢的に低い段階においては，運動機能の働きが精神的作用に多大の影響を与えていくものであり，運動能力の発達は，きわめて重要な意義をもってくる。たとえば，首の座り，寝返り，歩行開始の時期などは，乳児期における，精神発達のチェックポイントとしての役割を果たすことにもなるのである。

新生児期から青年期まで，連続的に発達をとげてはいるが，決して，均等な

連続ではなく，それぞれの面に特質がみられる。

運動能力の発達には，一定の順序があり，成長発達の順序的定型といわれる。つまり，ひとつは，頭部から尾部の方向へ，もう一方は中心から末梢への方向の2つの定型が，発達の根本原理である。

3-3. 生活習慣の形成

運動能力の発達に応じて，子どもは基本的生活習慣であるところの，食事，睡眠，排泄，着衣，清潔，の5つの内容について自立を獲得するようになる。

しかし，運動機能の発達のみならず，知的発達および知覚の発達によるところも大であり，乳幼児期においては，運動能力と精神能力との，両者によって，働きがもたらされる。

とくに，生後6ヵ月間は，感覚の働きが急激に上昇する時期でもあるため感覚器官を通じて外界の認知が，しだいに正確になされるようになる。この時期になると，運動機能と感覚との結合が強化されるにいたり，行動が正確になる。広義の学習が試みられ，記憶，理解，思考，言語等の知的発達は，このような成熟にともなう身体的諸機能の発達と，その結果としておこなわれる学習との成果である。

3-4. 家庭保育のあり方

家庭とは，夫婦を中心としてつくられた生活共同体であり，社会生活の一単位である。そのため，家庭には，世間のいろいろな問題が集約され，包み込まれている。

生活の中心がこの家庭である乳幼児にとっては，家庭そのものが直接，乳幼児の発達・成長を方向づける場となっているのである。つまり，家族が，意図をもって教育的にはたらきかけようとしないでも，家庭の場そのものが自然に子どもの人格をつくりあげる作用をしているのである。

さらに家庭では，この自然な形成作用を基盤として，もっと積極的な意図を

もったはたらきかけをして，子どもの人格形成をおこなっていく。

家庭には，このように二つの側面からの作用，はたらきかけがあり，それぞれが十分にかつ相互に機能して，つぎのような役割を果たしている。

3-5. 心身の保護

ほかの多くの動物が，生命を維持するのに必要な最低限の本能をもって生まれてくるのに対して，とくに人間の新生児は，乳房を口に入れてもらわなければ吸乳することができないなど無力である。そのため放っておかれたら，生命を維持することができない。

母親が乳幼児の生命を守る面での保護が，大きな役割となってくる乳幼児が生活していく家庭のなかにおいて，発達や成長に合わせた食事，季節ごとふさわしい生活環境の整備がもとめられる。

4. 保育と幼児教育

幼児の教育は，その必要な要素として保護的観点を忘れてはならないと考えて，積極的に幼児教育の特色をあらわす意味でも保育ということばが使われてきた。すなわち保育とは，乳児や幼児の教育のことであるが，乳幼児という独特の対象から，教育の方法に一定の制限が生じ，訓練的であってはならないとか，主知的であってはならないというような特色があることを考えて，このことばが使われることも少なくなかった。このような使用方法は，もっとも広く肯定されてきた。

行動面においても，心の動きを表現しているものであることを理解できるようにすることが大切なのである。言いかえれば，子どもの心理を観察しながら受容することができる能力が必要とされている。

保育の方法や，保育の形態を考える場合にも，つねに，子どもの発達段階を十分に考慮しなければならない。

保育の取り組みについて，集団保育の場において，子どもを保育する場合に

は，個人差を認めながらも，標準的な発達のあり方についても熟知していなければならない，すなわち，縦断的方法によるひとりの子どもの発達を追跡する場合と，同年齢の子どもたちをみつめる場合とでは，横断的な方法において，個性の差異を示している子どもの発達を理解する必要がある。子どものおかれている環境によって，子どもの個体にあたえる影響も大きく，さまざまな変化がみられるのである。

　たとえば，野生児の研究にみられる場合においては，人間の子どもとして生まれているにもかかわらず，特殊な事情によって，動物の社会で育てられた子どもは，身体的成熟は得られても，完全な人間の成長はともなわないことが見出されている。運動能力の側面を見ても，人間のような二本足で歩くことはむずかしく，四本足として動物のような歩行を形成してしまうのである。ことばの獲得もなく発見されてから，人間社会に復帰しても，ことばのレディネスを過ぎてしまうと，人間の社会に適応する能力のひとつとしての，ことばを学習することは，非常に困難である。

　子どもの発達は成熟によるもののみではないとする，ピアジェ（Piaget, J.）は，認識の発達に関して，臨床的に研究をおこなった結果，子どもの発達は成熟によるものばかりとは限らないことを認めている。

　成熟した神経や運動能力は，それが効果的に用いられるためには，子どものなかにある，すでに成熟した能力のなかに，組みこまれるように適応的に練習をおこなわなければならない。

　幼児の情動は不安定である。幼児はまだ意志の力が弱いので，その発達を助長するためには，心の安定に留意し，情緒が混乱しないように気をくばらなければならない。

　とくに叱りすぎると，幼児は萎縮してしまう。たとえば，よく叱られている幼児は，ちょっとしたことにもビクビクするようになり，問題の解決に当たって逃避的な態度をとるようになる。

また幼児の欲求をおさえすぎると，欲求不満（フラストレーション frustration）を起こし，性格や行動がゆがめられる。たとえば「泣き虫」になったり「かんしゃくもち」になったりする。場合によっては退行現象を起こすこともある。

また，小さなことまで注意しすぎたり，完全癖のような態度をもって教育したりすると，幼児は神経質になる。たとえば清潔のしつけをしようとして「手をよく洗わないと，ばい菌がついて病気になるよ」というようなことをいいすぎると，しょっちゅう手を洗わないと気がすまない子をつくってしまうことになる。

4-1. 保育にみられる自我の発達

乳幼児期の特徴として，自己と周囲の環境が区別できないままに，外部からの圧力に対して，自我が分離して，急速に発達をとげていくとみられる。

さらに，ことばを習得するにつれて，子ども自身の身体の発達や，その他の事物に対して，自分なりの対応の仕方を身につけるようになる。

反抗期に対する考え方として，シャーロッテ・ビューラー（Buhler, Ch., 1893）は，自我の発達を中心に精神発達を考えた。

保育においては，文化的，社会的環境に対する適応の問題も取り上げる必要性がある。自我が芽生えてくると，自己主張をするようになってくる。自分の思う通りに物事が進まない時には、反抗を身体的に示すようになってくる。意志を貫きたいと考えて，突然，暴れたり，泣き出したりする。このような態度に対して，困惑したり，発達が歪められたりしたかのように，錯覚することがある。

5. 保育と児童福祉

5-1. 児童の福祉と保育

　乳幼児を福祉的な立場から保護しようとする場合には，保育に欠ける家庭環境のなかで育つ乳幼児に関しては，しかるべき施設において，乳幼児にふさわしい教育的な生活空間が与えられなければならない。

　幼児教育の基本的背景として，わが国においては，就学前の乳幼児の集団保育の場が，二元化されていることを，念頭におかなければならない。
　すなわち，文部科学省における幼稚園教育と，厚生労働省における，児童福祉施設である保育所，保育園という，異なる保育の場が存在していることである。
　乳幼児の人権を保護し，いかなる家庭に養育されている場合においても，乳幼児が適切な保育が受けられる環境を整えることが，まずは，大前提として存在している。
　平等に保育を受ける権利と，それを保障することが，現代における児童福祉の立場からも確立されている。
　しかも，家庭において養育された場合と，施設において集団保育を経験した立場とでは，人格形成の面において，多少差異が生ずることがある。いわゆるホスピタリズム（施設病）と呼ばれた。社会性・情緒的発達ならびに知的発達においても若干の変化がみられる。
　以前，託児所で幼児を保育するという場合は，保護と教育のうち保護の占める比重が大きかった。すなわち幼児を預かり養育する（育児する）というような意味で保育ということばを使っていた。この感じは今でも残っており，教育する時間の少ない教育，本式でない教育，児童福祉の見地から制限を受ける教育として保育ということばを考える人が少なくない。たとえば昭和40年ごろ

から文部省（現文部科学省）で，保育ということばを神経質に嫌い幼児教育ということばを使おうとするようになったのは，このような先入観を防ごうとするものであろう。

現在の動向としては，児童福祉の側面からみても，保育の多面性がもとめられ，多様化したニーズに対応する方向に進んでいる。今後，さらに保育の形態は大きく変化をとげていくことであろう。

【引用・参考文献】
村山貞雄・岡田正章編著　2000　保育原理（五訂版）　学文社
岡野恒也［他］編著　1995　教育心理論　酒井書店
松山依子・秋山俊夫編著　1994　子どもの臨床心理　北大路書房
村山貞雄監修・松山依子編著　1998　ことばの発達と文化　不昧堂出版
粂幸男・渡辺真一編著　1996　入門保育原理　福村出版

第 2 章　乳幼児の発達と保育

　子どもの育ちを形容する言葉として「すくすく」がある。「子どもがすくすく育つ」ことはすばらしいことであり，理想である。しかし，実際にはさまざまな形で子どもは「戦って」発達していると思われる。本章ではその戦いのプロセスをできるだけデータに即して紹介し，論ずることを目的とする。

　本章は5節からなる。まず最初にピアジェ（Piaget, Jean 1896～1960）の発達段階説を示し，脱ピアジェ化が進む現状を報告する。つぎに乳児と母親の食事場面を通してコミュニケーションの発達を論じる。3番目に個性の発達として，個人の内的で不動と思われる個性が保育園という共同体のなかで，その関係性の変化により変わってゆく様を紹介する。4番目として，戦いごっこという遊びのなかで子どもの巧みな駆け引きの様子を解説する。そして最後に乳児

おたんじょうび会を写す

の運動機能の発達を外界の環境との関係という視点から論ずる。

1. 発達段階にみられる乳幼児の姿—ピアジェ発達論の再検討—

　子どもの発達について考える際，まず取り上げなくてはならない理論にピアジェの発達段階説がある。子どもは段階を経て発達する，ピアジェはそのように考えた。つまり，ある時期の子どもは特定の発達段階に属しており，その発達段階の特性は子どものあらゆる側面に現れる。そして，ほぼ特定の時期に構造の異なるつぎの段階へと移行する。ピアジェは認識の発達を，操作（operation）の発達と捉えた。操作とは思考を表し，頭のなかでおこなう活動を指している。また，この操作は特定の領域にのみ固有なのではなく，あらゆる領域に普遍的にはたらくとしている。

　ピアジェは発達を以下の4段階に設定している。

　第1段階　　　感覚運動期（出生から2歳まで）
　第2段階　　　前操作期（2歳から6, 7歳まで）
　第3段階　　　具体的操作期（7歳から11歳まで）
　第4段階　　　形式的操作期（11歳から15歳までに完成し，大人まで続く）

　乳児は初め反射（物を掴む，吸い付く）といった，持って生まれた生得的行動を同化，調節により外界に適応する。たとえば，「掴む」をコップに当てはめ，コップを掴むという具合である。この適応が感覚，知覚，運動を元になされることから感覚運動期とよばれる。

　つぎの前操作期は，ほとんどの幼稚園児，保育園児が該当する段階であり，自己中心的段階ともいわれている。前操作期の「前」とは，操作が可能になる前の時期という意味である。つまり，子どもは感覚運動期を経て表象機能が発達し，その結果，言語が認知機能と大きなかかわりをもつようになり，表象を扱えるようになる。この表象機能とは，実際，目の前に存在していない対象や事象を頭のなかで思い起こしたり，関係づけたりするはたらきのことである。たとえば，幼稚園や保育園から帰宅した後に，子どもが園で飼育しているカメ

のことを話したり，友だちのお弁当箱が自分と同じもので驚いた，などと話せるようになるということである。しかし，このような心的操作はまだ不完全であり，子どもの判断や行動には誤りが多い。事象を分類し，関連づけることも可能になってくるが，知覚的に目立った特徴に，つまり「見ため」に左右されやすい。たとえば，ビスケットをもっと欲しいと要求する子どもに，そのビスケットを4つに割ると，「ふえた」と喜んで満足するといった，いわえる「子どもだまし」が通用する。そして，このような知覚的な束縛から抜けきらず，論理的思考と葛藤する場合には知覚が優勢になり，自分の視点を優先し，自己中心的な思考をしているとみなされる。

　第3段階の具体的操作期では，具体的な事物を取り扱っている限り，論理的思考が可能になり，最終的に第四段階の形式的操作段階に進むと，その具体的事物の支えがなくとも，言語や記号の上で正しい推論ができるようなる。「もしこうならば，こうなる」という可能性に関して命題の形で考えを進めることができる。このような仮説演繹的思考が可能になると，直接的に経験していないことであっても論理的に推論できるようになる。

1-1. ピアジェの保存課題

　このように知覚に左右されがちな子どもの思考の特徴を明確に示すものとして，保存課題があげられる。

数の保存　前操作期の子どもは，目の前に並べられたおはじきの列に対して，そこにおはじきを加えたり，除いたりしなければ，その数自体は変化しないという原理を理解していない。列の形を変形させるだけでおはじきの数が多くなったり，少なくなったりするという（図1）。

液量の保存　2つの容器に液体を入れ，子どもに見せると，等しく液体が入っていることを認

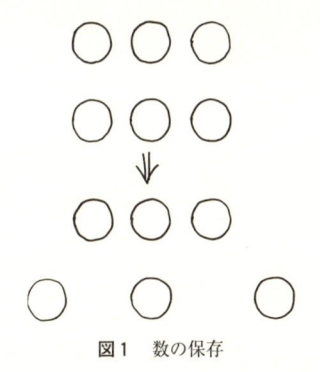

図1　数の保存

める。けれども，一方を細長い容器に移し替えると，液面が高くなるので量が多くなったと答えたり，あるいは底面積の広い容器に移し替えると，液体自体の量が少なくなったと答える（図2）。

重さの保存[*1]　子どもはA，Bという2つの粘土の玉が，同じ量で同じ重さであることを認める。しかし，一方をソーセージ型に変形すると，大きさや長さの違いに着目し，量も重さも変化すると答える（図3）。

長さの保存　子どもは，Aの塔を構成している積み木とは異なる積み木を使って，Aと同じ高さの塔を作ることができない（図4）。

空間の保存　三つ山問題（特徴の異なる3つの山が連なった模型があり，見る位置により風景が異なる）で，子どもは自分がいる位置とは違う位置（たとえば山の向こう側）から，どのように風景が見えるのかわからない。自分に現在見えている風景と同じ風景が見えると考える（図5）。

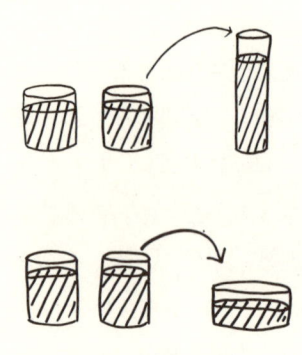

図2　液量の保存

1-2. ピアジェの描く前操作期の子ども

ピアジェは2歳から7歳までの前操作期に当たる子どもを，つぎのように捉

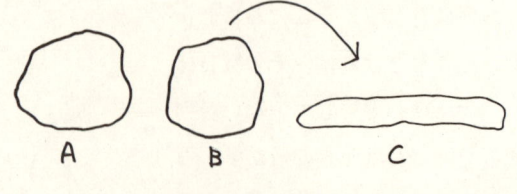

図3　重さの保存

[*1]　正確には「質量の保存」だが，地球の表面上では，質量と重量の違いはないので重量（重さ）の保存といっても間違いではないと考える。

子どもは，目についた事物の知覚的な特徴を判断の根拠にしてしまい，知覚に束縛されている。また，この段階の子どもは，他者も自分と同じように物事を考えると思っており，そのため他者の視点を取るべき課題に失敗するのである。つまり，自分自身の視点からのみ世界を解釈してしまうのである（自己中心性）。

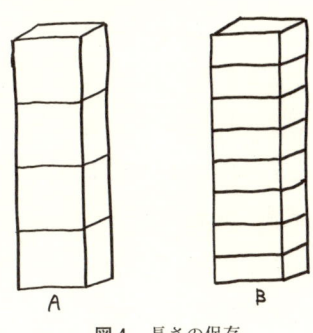

図4　長さの保存

そして，たとえ「見え」が変化しても，物事の本質は変わらないという保存の概念が成立するには，可逆性の概念（ものは元に戻せば同じになる），補償の概念（容器の液体を移し変えると，液体の液面は高くなったが，容器の幅が細長くなったので同じである），同一性の概念（新たにものを加えておらず，除いてもいないので同じである），この3つの概念の確立が前提であるという。ピアジェによるとこれらの概念は，具体的操作段階で獲得されるようになり，物理量の保存は8歳頃，重さの保存は10歳頃に成立するという。

1-3. 幼児は本当に知覚に惑わされているのか

確かに子どもは大人に比べて未熟であり，ものの見かけに惑わされることもある。しかし，日常生活で接する子どもはさほど現実的に困っている様子はうかがえず，幼稚園，保育園での活動にも大きな支障があるようには見え

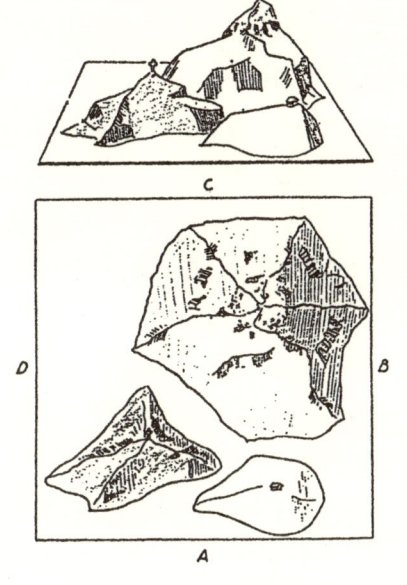

図5　三つ山問題

ない。たしかに、子どもは1枚のビスケットが4つに分割されれば「ふえた」と喜ぶかもしれない。千円札で買い物をしてお釣りの硬貨が2枚以上あれば、やはり「ふえた」と言うかもしれない。大人の見方ではビスケットの量は変化せず、お金は逆に価値としては減ったので、両方とも決して「ふえた」わけではない。けれども子どもは果たしてこの意味で「ふえた」と言ったのだろうか。量や減額には関係なく、単に数のレベルで1が4になり、1が多数になったことを喜んで「ふえた」と言った可能性もあるのである。

子どもの発達を調べる場合、とくに子どもに直接働きかける場合には、コミュニケーションの仕方に細心の注意を払う必要がある。調べようとしている内容を解き明かすための質問が、その意図の通りに伝わるとは限らないのである。

この問題に取り組み、従来の子ども観を覆した研究者のひとりにマイケル・シーガルがあげられる（Siegal, 1991）。彼は概念を理解する能力が幼児に制限されているのではなく、そのような結果が生じた一因に、大人と子どもの会話世界の不一致があると主張している。

日常会話で、たとえば「おはようございます」と挨拶し、「おはようございます」と返事があったならば再度「おはようございます」とは言わない。あえて言う場合は返事が聞き取れなかったか、あるいは単なる挨拶以上の意味を含んでいるときであろう。1時間も遅刻をしている相手に、決して早くないでしょう、という皮肉を込めて再度「おはようございます」と言ったのかもしれない。このように二度同じ言葉をなげかけることは不自然であり、言外の意味を付与することになる。

同じことが子どもの発達を調べる際にも生じている。たとえば、数の保存を調べる典型的なピアジェ課題では、子どもの目の前に1対1対応をしたおはじきの列を2列並べる（図1）。そして、「こちらの列のおはじきと、もうひとつの列のおはじきは同じだけあるかな、それとも違うかな」と質問する。子どもが「同じ（あるいは、違う）」と回答した後に、一方の列の間隔を広げて（あるいは、狭めて）変形し、もう一度「こちらの列のおはじきと、もうひとつの

列のおはじきは同じだけあるかな、それとも違うかな」と先ほどの質問をする。子どもは最初の質問で「(おはじきの) 数は同じ」と回答しても、もう一度同じ質問をされるために「さっきの自分の答えは間違っているからもう一度聞かれるんだ。違う答えをしなければ」と考え、最終的に「(おはじきの) 数は違っている」と答えている可能性がある。この2回の質問の間におはじきの列を変形するという重要事項が挟まれており、知覚に左右されず、おはじきを加えても減らしてもいないのだから数は変わらないという数の同一性の概念を子どもがもっているか、否かを大人は調べたいのである。けれども子どもは、おはじきの間隔が広がろうと狭まろうと、数自体に変化があるはずがないと当然

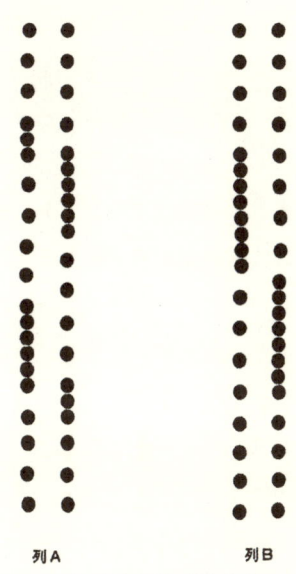

図6 数の保存実験で使われた2つの例 (Seigal : 1991)

考えていたとしても、先ほど述べたように2回も同じ質問をされることにより、あえて回答を変えている恐れがある。この点をシーガルは4歳、5歳、6歳、計180人を対象として実験的に調べている。スタンダード条件では従来通り2回質問する。「ここにボタンの大きな列が2つ (色はピンクとパープル) あります。どちらの列のほうがボタンが多いか指でさしてください」(図6)[*2]。そして、ボタンの入ったマッチ箱を渡し「パープル (あるいはピンク) の列のほうが多いと思うのね。では、その色のボタンをとって、手のなかに持っててね」。実験者が列を変形、配列しなおした後再び「どちらの列のほうがボタンが多いか指でさしてください」と尋ね、持っているボタンの色を確認する。1

---

*2 ここでは20個ものボタンを用いている。これは、ボタンを数えて回答しないよう、また、一方の列だけが目立ち、その目立ちやすさが回答に影響を与えないようにとの配慮からである。この列は知覚的に配列しなおされるが、何も付け加えられず、取り去られもしない。よって、子どもが列の数に対して一貫した判断を示すか否かを調べるものとなっている。

方，一回質問条件では「どっちの列（色は赤か青）にたくさんボタンがあるか考えてごらん。でも言わなくていいわよ。多いと思った列の色（赤あるいは青）のボタンを箱からとってね。でも見せなくていいのよ。手のなかに隠しておいてね」と教示する。実験者が列を変形した後，スタンダード条件と同様にどちらの列のほうがボタンが多いか尋ね，回答を得た後，最初に選んだボタンの色を確認する。結果は，列を変形する前後で一貫した判断をおこない（もし，最初にピンクのボタンが多いと思い，ピンクを選び，列の変形後も数の変化は生じないと考えればピンクのボタンを選ぶはずである），正しく保存を示した被験児は，1回質問条件で78%にも上った（4歳児63%，5歳児77%，6歳児93%）。一方，スタンダードな2回質問条件では対照的に23%の子どもしか保存を示さなかった。つまり，数の同一性が理解できないとされた前操作期の幼児であっても，自然な，日常会話に近いルールで質問をおこなうと，理解していることが示されるのである。

1-4. 新たな乳幼児の姿

シーガルは数の同一性の概念だけでなく，人や物，因果性（バチが当たったから風邪をひくのではない，膝を擦りむいた友だちの隣に座っても，それがうつって自分の膝を擦りむくことはない）など，その他の抽象概念に関しても幼児が従来考えられていた以上に深い理解を示すことを明らかにしている。しかし，当然ではあるが大人と同じではない。大人は1回質問であれ，2回質問であれ，少しおかしいと疑問をもちながらでも正答できるのである。これは幼児が普段，生活をしている場で交わされる日常会話のルールに対しては洗練されているが，特殊な状態での，相手の意図を読んで回答しなければならない状況では著しく制限を受け，十分な対応ができないためと思われる。

しかしながら，ここでシーガルが描き出した子ども像は，従来の教育や保育のよって立つ発達観に大きな転換を迫るほどインパクトがあるであろう。必ずしも子どもは未熟なために，能力が未発達のために課題が遂行できないのでは

ない。通常大人がおこなわないような解釈を子どもは課題に対しておこなっており、いわば大人と子どもの世界観の違いにより、結果として課題に失敗したのである。発達とは、経験と正しい知識の量が徐々に増え、漸進的に右上がりに伸びてゆき、その過程で課題に成功するようになるものではない。少なくともシーガルの明らかにした会話のルールという知見はその点を指摘していると思われる。

2. 乳幼児の社会性の発達

子どもの社会性が発達するとはどういうことか。そもそも、社会性とは何か。さまざまな議論があるが、乳幼児でとくに問題となるのは家族との関係（父母、兄弟との関係）、仲間関係、他者理解、道徳性、コミュニケーションなどであろう。ここではコミュニケーションについて考える。

2-1. 食事場面における母子のコミュニケーションの発達

誰かと共に「食事をする」時、単にそこは食物摂取の場だけでなく、会話等のコミュニケーションが生じる場にもなっている。『授業と学習研究の方法Ⅱ報告集』、「コミュニケーションの発達」では、2歳1ヶ月の女児が夕食をとりながら母親とコミュニケートする場面を分析している。2歳7ヶ月、3歳3ヶ月、3歳11ヶ月と約7ヶ月ごとに発達の様子を調べている。ここでは子どもが要求に用いる言語の変化、母親の発話の変化を紹介する（図7）。

2-2. 要求に用いる言葉の変化（2歳1ヶ月）

「〜をして欲しい」発話を要求と定義し、具体的に「〜して」「〜ちょうだい」を直接的要求、要求を示唆する発話を間接的要求とする。この年齢では直接的要求が圧倒的に多い。

（直接的要求：夕食の際、飴を欲しがる）
　子「あめー」

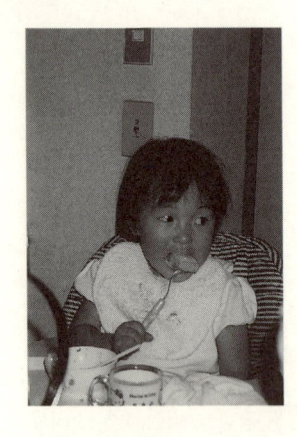

母「飴じゃなくて今日は……」
子「あめーあめ」
母「飴ちょっと待ってください」
子「(首を振りながら) あめあめあめあめ, あめよー」
母「ご飯たべてからようー」
子「(足をじたばたさせながら) あめあめあめあめ……」
母「じゃあ」
子「(急ににっこりして) うふ」

図7

　　要求している物の名前を名詞で連呼し, 身体行動(足をじたばたさせる) も伴う。

　以下はこの年齢では少ない間接的要求の例である。「口を拭きたくない」と直接言わず,「眠い(ので口を拭きたくない)」と主張する。

　子「(母に口を拭こうと言われ) やだ, ねーむいんだもん」
　母「眠くたってお口は拭いてよね」
　子「ねむいんだもの」

(2歳7ヶ月)　直接的要求では, 同じ名詞の繰り返しが減少し(スープ, スープと繰り返さない), 手足のばたつきといった身体行動が減る。

　子「ねぇ, スープ」
　母「スープ, どうぞ」

この時期に初めて依頼型の要求が現れる。

　子「アンパンマンふりかけかけて」
　母「アンパンマンふりかけ?」
　子「うん」

　子「(母親に向かって食べ物を差し出し) あっちぃから(熱いから) たべてご

らん」

　間接的要求は種類が豊富になる。何かをして欲しい理由として現状を説明したり，

　　子「ねぇねぇねぇあけて」
　　母「開いているのよ，それ」
　　子「(強い口調で) できないんだよ (自分では開けられないことを説明)」
　自分の意向を言い切る形が現れる。
　　子「アンパンマンあめたべる (私はアンパンマン飴を食べるという主張)」
　　母「アンパンマン飴ね」
　さらに，自分の意向を直接表さず「〜の方がいい」という婉曲表現が現れる。
　　母「もうちょっと食べたらアンパンマン飴ね」
　　子「これ食べなくてもいいんだから (食べたくないとは言わない)」
　そして，母に確認する形での要求表現も現れる。
　　子「にんじん食べていい？ (食べたいと直接言わない)」
　　母「いいわよ」
　また，実際におこないたいのは子どもだけだが母親もまき込み，提案の形で「(一緒に) 〜しようね」の表現がみられる。
　　子「ここ，ばんそうこうつけようね」
　　母「ご飯食べたら，絆創膏つけようね」
　直接的要求は表現が簡略化し，的確に要求を伝えることが可能になっている。一方，間接的要求では婉曲表現が加わり，要求の幅が広がる。

(3歳3ヶ月) 直接的要求では，要求が満されるまでの繰り返しや身体行動が見られなくなる。依頼の形をとる要求では主語 (お母さんが) と目的語 (トマト) が入る複雑な表現も現れる。
　　母「トマトひとつ (食べなさい)」
　　子「お母さんがトマトひとつ食べな」
　間接的要求では，今まで「いやだ」の説明に用いていた状況説明の発話を，

単独で「いやだ」の代わりに使用している。
　母「お母さんが食べさせる。（箸でつまんで）お芋食べなきゃやーよ」
　子「あかないもん（口が開かない状態である＝食べたくない）」
　提案の発話も豊富になる。
　子「あっ，今日さ，お肉，お肉さ，ご飯にいれてみようか？」
　母「いいわよ」
　子「(肉を待ちつつ) 入れてみる？」
　母「いいわよ。でも切ってあげる」
　複雑な構造の発話で要求が可能になる。婉曲表現がさらに多様化する。

（3歳11ヶ月）　発話の一つひとつが長くなる。直接的要求で請願の表現「〜してちょうだいな」が現れる。
　子「セーラームーンのビデオ見せてちょうだいな」
　間接的要求で，状況説明が非常に複雑になる。自分には実行不可能であり，それは困難だからという理由をあげ，したがって母親にやってもらいたいという要求を言い表せるようになる。
　子「できなかった，お箸でできなかったよ。ちょっとお箸はむずかしいのよね。お母さんがやんないとーいけないねー」
　子「やっぱりお母さん，これちょっとむずかしいよねー」
　母「ちょっと難しいね」
　子「むずかしいのはだーめなの。むずかしくないのはお母さんでない方がいいんじゃないのー」

2-3. 母親のコミュニケーションの変化

　子どもの言語，コミュニケーションの変化と同様に，子どもに対する母親の働きかけや発話も変化する。子どもが2歳1ヶ月の時点では，母親の発話に子どもを説得しようとするものが多く，交換条件さえ提示している。
　「飴，ちょっと待ってください。ご飯も食べましょ。ご飯食べてからよう」

「じゃあ、ひとつだけね。いい？ひとつだけよ。これスペシャルよ。あとはご飯たべたらよ。わかった人？絶対？指きり。わかった？ひとつだけよ」

　2歳7ヶ月になると、子どもをほめる言葉が母親に現れる。ただ、そのほめ言葉には子どもをおだてて食事を摂らせようという意図もうかがえる。

　母「(人参を食べて) あ，いい子だわ。あ，いい子ねえ。いい子ねえ」

　子どもが3歳3ヶ月になると、子どもに問いかける発話が母親から出始める。

　母「ちょっと入れすぎじゃないですか？」

　この問いかけの発話は、子どもが3歳11ヶ月の時点でさらに豊富になる。また、説得の際に提示した交換条件が全くなくなり、否定の発話「(フォークを手にさして) もっとじゃないの。だから危ないからやっちゃいけないって言ってるの」などもなくなる。

　母「イクラご飯食べたら，もうお腹いっぱいになっちゃうんじゃないの？」
　母「今度はお魚ご飯じゃなかった？」
　母「明日のお楽しみにとっといたら？」

　さらに、おだてているのではなく、真の意味で子どもをほめる発話が生じる。

　母「ゼリーもあるの。よく覚えてたね。オレンジのゼリーでしょ」

　このように、時間の経過に伴って母子共に発話の内容、質、量が変化する。

　乳幼児の生活は遊び、食事、睡眠が中心であり、食事は重要である。食の細い子どもにきちんとした食事を摂らせ、菓子類が食べたいのならその後にしたい。それが面倒を起こさずに安眠につながるというのが母親の主張であろう。一方、子どもは「あめー」が食べたく、「お母さんがトマトひとつ食べな」と言ってトマトを避け、芋にいたっては嫌いで「(口が) あかないもん」になっている。これがこの子どもの食事場面での主張なのである。ここで見てきた母子のコミュニケーションの発達は、このような双方の主張がぶつかり、探り合い、駆け引きをするなかで生じたものである。このような相互交渉のなかに発達があると考える。

3. 乳幼児の個性の発達

「保育者の呼びかけに反応しない。食事の準備時にもひとりでふらふらしている。友だち同士でトラブルを起こしては泣く」このような子どもが幼稚園や保育園にいるならば、どのような個性の子どもとみなされるだろうか。社会性に乏しく協調性に欠ける、消極的でかつ自己中心的であり、他者理解、コミュニケーション能力も不十分である、と言われないであろうか。こういった特性は子どもに内在化しているものとして認められるのである。

従来、子どもが問題行動を起こす場合、原因をその子ども自身やその個性に探ろうとしがちであった。けれども、これから取り上げる刑部の論文（刑部, 1994；刑部, 1998）では、Lave, & Wenger（1991）の提唱した正統的周辺参加論（Legitimate Peripheral Participation: LPP）を理論的背景としながら、保育者にとって「ちょっと気になる子」が「気にならない子」になってゆく変容過程を共同体の変化という視点から分析している。

なぜ、ちょっと気になる子どもであるKが気にならない子どもになったのか。それはKに接する保育者の態度と、子ども集団の勢力関係が変化し、その共同体の社会的構造全体が変化したからである。そして、新たな共同体のなかでは、Kは少しも気にならず、保育者にとって「普通」の子どもになっている。人が変わる時、実体化した内なる性質が変化するのではない。新しく関係が変わった共同体のなかでは、その新しい関係に触発された行動がその人から新たに生み出され、結果として「性質や性格が変わる」のである。

3-1. ちょっと気になる子K

刑部は保育園において、9ヶ月間、週1回約2時間ビデオ撮影とフィールドノーツ[*3]による観察をおこなった。以下はそこでのエピソードの抜粋である。
（テラスで）図8
・Kは午睡後の目覚めが悪いため遅れてひとりテラスでおやつを食べている。

図8　Kと古参者たちとのやりとり

保育者が前の席に座り「ねえ，大丈夫なの？」「もうちょっと，もうちょっと頑張って食べてくれる？」「もう，給食の先生，食器洗いたいって言っているから」などの言葉かけをする。Kは保育者の顔を見ずにうなずき，横を向いて返事をしない。保育者が離れて30秒後に両手でテーブルをばたばたたたき，足もばたばたさせる。

・この光景を近くの登り棒から見ていた2人の子どもが聞こえよがしに会話をする。「Kだけだよ。(食べてないのは)」，「K，遅いなあ」。30秒後にKの足がテーブルの下でばたばたと動き始める。
・さらに別の子どもが三輪車で近寄り，「K，おはようございます」と声をかける。降りて来て「だってずっと寝てるんだもん」と言いながら後ろを通って行く。Kはその子に向かい，「だってズボンもしまったんだよ」と言う。

（ブロックと七夕飾り）図9
・Kはこの時期ブロック遊びが大変に好きであった。保育者は登園が遅かっ

＊3　人が何らかの活動をおこなっている場での観察記録。

図9 古参者と保育者の連携

たKに対して，ほかの子と同様に設定課題に取り組ませようと，ブロック遊びを始める前，登園直後から声をかけていた。保育者が園長に向かって「ねえ，先生，K君て，今ね，それ置いて七夕飾りを作るから来てねって言ったのに，言ったことがわからないですぐ行っちゃうのねえ」と言う。すると，斜め前にいたTという子どもが保育者の顔を見て，「うさぎ組に行って欲しいなあ」と言う。保育者は「ねえ，ほら言われちゃったよ。K君。先生なんて言った？ ブロック作りなさいって言った？ K君」と言う。さらに別の子どもがKをチラッと見て，視線を手元に戻してから「赤ちゃん組に行っちゃえってT君が言ってるよ」と言う。

3-2.「気になる子」を続けざるをえなかったK

保育者たちはKに集団的な基準に即しての「正しい行為」を身につけさせたいと対応に苦慮してきた。ハサミに習熟するようにと設定課題に取り組ませ，1対1の細やかな対応を心がけた。しかし，それに対しKは非言語的行為で

対応し，結果として保育者とKとの関係は双方共に「快くない関係」であった。さらに，在園期間の長い子どもである「古参者(こさん)」(Lave & Wenger, 1991)が保育者の言外の意図を汲み取り，保育者とKの間にうまく入り込んで，その場に参加する。こうして，Kとほかの子どもの関係も「快くない関係」になっている。

このようななかでKは自分の居場所を緑のジョーロと三輪車に見出す。園庭の隅の水のみ場で水を汲んではこの緑のジョーロで流すことを続ける。保育者にとってこの行為は「異様なほどKは水が好きである」と映るようである。しかし，ウェンガー (Wenger, 1990) によると，これは「非参加のアイデンティティ (Identity of Non-participation) であり，緑のジョーロで水を流して遊ぶことで自分の居場所を作り，かろうじてアイデンティティを維持しているのである。またKは三輪車を乗り回すが，これは共同体のなかに自分の居場所を作り出す間接的な媒介となっている。古参者たちの遊び集団に近づき，しかし参加できずにまた離れるための格好の道具になっている。

こうして，Kは保育者にとって「ちょっと気になる子」というアイデンティティを保持するほかなかったのである。

3-3. 保育者・ほかの子どもたち・そしてKの変化

保育者はKのケース検討会を開き，対応として「積極的受身」の姿勢で「待つ」という方針を採用することにする。これはKを見ているが，あたかも見ていないかのように対処することであり，声かけもあえてせず，自分から行動するまで待ち，無理強いしない。そしてその結果，保育者の呼びかけは肯定的な行為に変化したのである。

ほぼ同時期にほかの子どもたちとの関係も変化する。Kは在園期間が長いので古参者のはずである。だが，ほかの古参者はKの肯定的な行為の約3割を無視するという。これはKを自分たちとは無関係とみなし，認めていないことになり，したがってKは古参者ではなく，いわば古・新参者(しんさん)となるのであ

る。けれども，その古・新参者Kの後に本来の新参者（新たに入園した子ども）がついて遊ぶようになり，Kは新参者のリーダーとなってゆく。新参者は直接古参者とは遊ばない。しかし，マージナルなKとは遊ぶことができるのである。このような新興勢力の台頭が周辺の場の構造を変えてゆく。そして，しだいにKは直接古参者と遊び始め，古参者に認められてゆくようになる。以下はそのエピソードの抜粋である。

　Kは着替えの途中の状態で台の上に乗っている。横にはM（古参者）がおり，縄をたらして魚釣りをしている。Kも縄を取りにいき，同じようにたらし，縄の先端をMに見せ，「でっかい魚がつれたぞ」と言う。Mは縄を口にもっていき，「あわわわわ」と言いながら魚を食べるふりをする。

　人の行為，行動の意味を考える際，原因を個人の性格，頭のなかでの決定事項に帰属させることが多い。「落ち着きのない性格の子どもだから，きちんと座っていられない」，「○○だと考えたのでこのように行動したのであろう」などと解釈し，納得しがちである。しかし，子どもが所属する共同体の社会構造が，その子どもに「行為」や「行動」を強いている場合もあるのである。知的能力や社会的技能といった個人の諸能力が変化せずとも，社会的関係構造の変化に伴い，個人の行動は変化しうる。あるいは，行動自体は変化していなくとも，行動を見る側の解釈が変化し，行動が変わったように見えるのである。刑部の論文は幼児教育の現場においてこのような視座の必要性を訴えていると思われる。

4．幼児の遊びの発達

　小学校と幼稚園，保育園の違いはさまざまあるが，遊びの比重の違いもそのひとつであろう。小学校では45分ずつの教科に分かれ，間の20分休み，給食後などが遊びの時間になっている。幼稚園や保育園では，むろん設定課題もおこない，基本的生活習慣なども指導している。けれども保育活動全体が緩やかな遊びという軸を基準に運営されているように思われる。

保育者は遊びを非常に重視している。ある幼稚園の園便りのタイトルは「遊びのなかで育つ・遊びを通して育つ」〜一人で・友達と・みんなで〜となっている。このなかで園長は「遊びのなかで、様々な体験をしながら、遊びの楽しさや面白さ、ルールやエチケットを学んでいくのだと考えます」と言い、保護者に対して「保育参観日や園庭開放の時間に遊ぶ子どもたちの様子をよくご覧下さい。実にたくさんの学習や感情体験をしていることに気づかれることでしょう」と訴えている。

4-1. ごっこ遊びとその展開

遊びの種類も数多くある。そのなかで斉藤（斉藤，1989）はごっこ遊びが興味深く、それは現実を超えるという意味の遊びの部分が際だっているからであるという。

鈴木（鈴木他，2001）はごっこ遊びのなかでも、男児が好む戦いごっこを応報戦略という視点にたって分析を試みた。つぎに、5歳児の事例をあげ、解説する。

4-2. コミュニケーションとしての遊び—どのようにして協力関係を築くか—

近年、人間行動を「進化」という観点から見る考え方が広がってきている（長谷川，長谷川，2000）。進化心理学的研究のうち、最も代表的な研究のひとつに Axelrod (1984) があげられる。Axelrod は人間が自分の利益を追いもとめるにもかかわらず、なぜ他人との協力関係を発展させることができるのかを問うた。その結果、長期的に最も有利な、協力関係を築く戦略は応報戦略（Tit-for-Tat: TFT）であることを理論的、実験的にも明らかにした。応報戦略とは「自分からは裏切らず、最初は必ず協力行為をとり、その後は前回相手がとった行為と同じ行為を選択する」という戦略である。つまり、相手が協力すれば協力を、裏切ればこちらも裏切るが、相手がいったん協力の意向を示した場合は今までの裏切りを根にもたず、こちらも協力するということである。こ

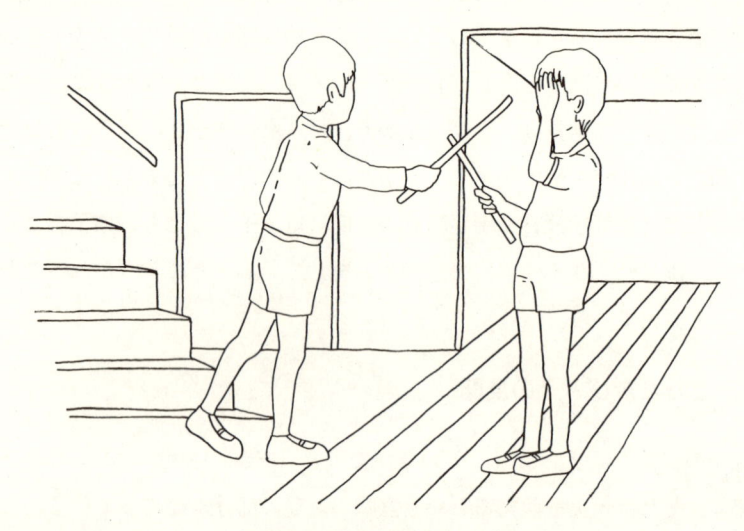

図10 目を押さえるT

のような考え方をもとに、5歳児の戦いごっこを探る。

　つぎの事例は5歳児男児4名が割り箸の剣で戦いごっこをしていた際に、Rが誤ってTの目に剣をあててしまうことから始まる。本気で怒るT。しかし、なんとかその場は収まり、つぎに2階のホールで格闘ごっこがおこなわれる。今度は逆にTの回し蹴りがRの尻に当たる。以下はその2つの場面の抜粋である。

0:05（図10）

R　　「あっ、ごめんね、ごめんね、ごめんね、ごめんね、ごめんね、ごめんね、ごめんね、ごめんね、ごめんね、ごめんね。」

T　　「やめろよ。」（謝りながらまとわりつくRを手で払いのけながら）

R　　「Tちゃん、ごめんね、ごめんね。」

T　　「おもいっきりやるなよ。」

R　　「ごめんね、ごめんね、ごめんね、ごめんね、ごめんね。」

図11 Tの回し蹴りがRにあたる

0:06	担任の保育者が「どうした？」といって現れ，治療のためTを教室につれてゆく。治療を終えたTが廊下に現れ，他児Aと，2人で2階に行こうとする。
他児B	「ああ，ぼくも行く。ぼくもお弁当食べるとこに行くよ。」
R	「ああ，ぼくもだ。」
0:09	4人は2階のホールに行き，大型ブロックで基地を作り始める。とくにトラブルはない。
0:32	他児BとRが剣を使ってチャンバラのように戦いごっこをしている。その真ん中にTが
T	「見てて」といって入り込み，倒れて死んだまねをする。全員立ち上がり，他児Bが剣でTに斬りかかるまねをする。うまくTはかわしていたが，突然首を押さえて座り込む。
他児B	「あっ，ごめん。」
T	「わっ。」Tは心配そうにのぞき込む他児Bに「わっ」と言って空手チョップをする。Rも他児Bをたたく。TはRに空手チョップと回

	し蹴りを軽くする。それがRの尻にあたる (**図11**)。
R	「いてー，いて，痛い。」と言って床に倒れる。
他児B	「ごまかすな。もうT君がわかってる。」
	Rがうめく。
	Tがのぞきに来る。
T	「ごめんね。」
	Rは倒れたまま首を振る。
T	<u>俺だって割り箸でやって許してやったんだからあんただって許せよ。</u>
	Rは起きあがって聞いている。目をこする。
他児B	「ほんとに泣いてるよ，やだ。」と言って，剣でTの頭を軽くたたく。同じようにRもTを剣でたたく。
T	「もう許さない。」と言って，Tが立ち上がり，Rの腕をつかむ。Rは立ち上がりながら何か言い，Tは腕を放す。Rは他児Bの頭を剣でたたく。
他児B	「ちがうよ。こっちでやるんじゃないよ。あっち（T）だよ。」他児BがふざけてTを剣でたたく。たたかれたTは両手を広げてふざけるように踊る。他児BとRは笑いながら基地の方に移動し，その後3人で遊ぶ。

　RはTの回し蹴りを受けるが，これは直接観察した時点でも，ビデオで再度見直した時点でも同様だが，倒れこむほど威力のある回し蹴りとは到底見受けられないものである。少し当たってしまった程度にみられる。真相は不明だが，Rが意図的に被害者になる場面を設定した可能性がある。

　ところで，この一連のごっこ遊び上で生じたトラブルをTの側からまずみてみると，TはRに剣を目に当てられたので，本当の被害者である。Rの「ごめんね，ごめんね」に対し，「許す」と言葉では言わないが，その後の遊び

でRを拒絶せず，仲間に加えているため，態度と行動で「許した」と思われる。ところが，つぎの回し蹴りの場面では自分が加害者になってしまう。「ごめんね」と誤るが，被害者になったRは首を振って拒絶する。自分はRを許したのに，Rは自分を許さない。これはまさに応報戦略に反する行為である。つまり，協力行為には協力行為で対応すべきである，というTの考えがつぎの発話「俺だって割り箸でやって許してやったんだから，あんただって許せよ」に表れている。

今度はRの視点から分析を試みると事態はもっと複雑である。Tの目に剣を当てたことでRは謝罪したが，Tから明確な許しを受けておらず，しかし拒絶されてもいないという関係である。Rが許しを請い，それに応えてTも許せば応報戦略は成り立ち，他者との協力関係が構築される。しかし「拒絶されていない」状態とは，はっきりと「許された」状態ではない。そして，この不明瞭な二者の関係が，Tの回し蹴りによって逆にRが被害者になることで再現される。Tは謝罪するが，Rは返答しない。しかしその直後，男児たちはふざけあい，また一緒に遊ぶのである。したがって，第一のアクシデントと同様に明確な「許し」はないままである。けれども，TとR，RとTの双方が同様の不明瞭な許しを受ける機会をもったということで，「許しを請い，それに応えて許す」という形の応報戦略が成り立ち，協力関係が成り立ったのではないだろうか。

このように幼児は戦いごっこというごっこ遊びのなかで，お互いの関係を探りあい，駆け引きをおこなっている。このようなコミュニケーションのなかで他者との協力関係を築く応報戦略を用いているのである。

5. 乳幼児の運動の発達

新生児は体重約3000g，身長約50cmで誕生する。その小さな身体が1年から1年半の間に自力で立って歩けるようになる。首がすわり，つぎに寝返りができるようになり，ひとり座りをし，ハイハイをして，つかまり立ちや伝い歩

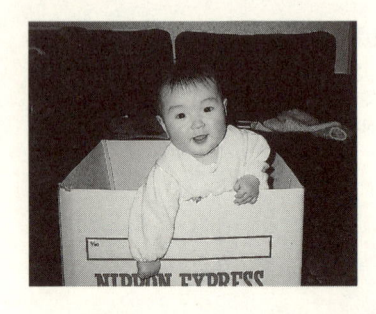

図12 立ち上がった女児

き，歩行という順になっており，この身体的な発達の順序は不動に思われる。首の周りの筋肉が発達し，首自体を支えることができなければ，ハイハイは可能にならないであろう。しかし，順序が替わる現象もある。標準的には生後7ヶ月から8ヶ月でハイハイを始め，つぎにつかまり立ちをする。つかまり立ちは早ければ8ヶ月といわれる。

けれども図12の女児は7ヶ月と2日で立ち上がってしまった。ハイハイはまだおこなっていなかった。たまたま女児を入れたダンボールの縁の高さが立ち上がる運動の支えに適していたので，立ち上がることが可能だったのかもしれない。ただしこのままハイハイを抜かしてつかまり立ちに移行したわけではなく，しばらくどちらもおこなわず，1ヶ月ほど後に順当にハイハイを始めつぎにつかまり立ちをするようになった。つまり，7ヶ月で立ち上がることが可能になったのは，立ち上がりの一定条件（ダンボールの縁の高さと強度が立ち上がる支柱として適切である，縁の高さが立ち上がりを動機付ける，手足の力のバランスがとれるなど）が偶然にも整ったからであろう。

逆に外部の環境が運動機能を抑制する場合もある。生後数ヶ月の男児Kは家庭の事情で母親の仕事場に行かなければならなかった。キャリーバックといわれる持ち運び可能なベッド型のかごに入れられ，車で移動し，職場にもそのまま連れていかれ，1日の大半をそのなかで過ごした。身体の成長に伴い，しだいにキャリーバックのなかの空間的余裕はなくなってゆく。男児Kは結局生後8ヶ月まで寝返りができなかったという。このバックのなかでは手足は動かせるが，寝返りをする空間はない。この空間の不足が寝返りを妨げたのであろう。しかし，その後家庭の事情が変わり，男児Kはキャリーバックのなかで過ごすことがなくなった。すると短期間のうちに男児Kは標準的な発達レ

ベルまで運動機能が回復したという。このように発達の順序は完全に固定されてはおらず，子どもを取り巻く状況により運動機能でさえも，ある程度柔軟にはたらくと思われる。

【引用文献】

Axelrod, R. 1984 *The evolution of cooperation*. New York, NY: Basic Books.（松田裕之訳『つきあい方の科学―バクテリアから国際関係まで―』ミネルヴァ書房）

刑部育子　1994　子どもの"参加"を支える他者―集団における相互作用の関係論的分析―　東京大学教育学部紀要　34.

刑部育子　1998　"ちょっと気になる子ども"の集団への参加過程に関する関係論的分析　発達心理学研究　9, 1-11.

長谷川寿一・長谷川眞理子　2000　進化と人間行動　東京大学出版会

乾敏郎・安西祐一郎（編）　2001　コミュニケーションと思考　認知科学の新展開2　岩波書店

Lave, J. & Wenger, E. 1991 *Situated Learning: Legitimate peripheral participation*. Cambridge University Press.（佐伯胖訳『状況に埋め込まれた学習：正統的周辺参加』産業図書）

Piaget, J. & Inhelder, B.1956 The child's conception of space. Norton.

斉藤こずえ　1989　遊びが培うもの　無藤隆・柴崎正行（編）保育講座　児童心理学　ミネルヴァ書房

Seigal, M. 1991 *Knowing Children: Experiments in Conversation and Cognition*. Lawrence Erlbaum Associates.（鈴木敦子・外山紀子・鈴木宏昭訳1993『子どもは誤解されている―「発達」の神話に隠された能力』新曜社）

鈴木敦子　2001　子どものあらそいの進化ゲーム的分析　佐伯胖・鈴木敦子・小林紀子・刑部育子　日本発達心理学会12回大会発表論文集

東京大学教育学部学校教育開発学研究室　1996　授業と学習研究の方法Ⅱ報告集　コミュニケーションの発達　30-56。

Wenger, E. 1990 *Toward a theory of cultural transparency: Elements of a social discourse of the visible and invisible*. Palo Alto, CA: Institute for Research on Learning.

第 3 章　保育の歴史と保育の状況

1. 保育の教育的思想の歴史

　幼児保育の思想において，世界のなかで多くの影響を与え，今日においても大きな示唆を与えている思想家として，コメニウス，ルソー，オーウェン，フレーベル，デューイ，モンテッソーリの幼児保育思想をみることとしたい。

1-1. コメニウス（Johann Amos Comenius, 1592 ～ 1670）

　世界で初めて体系的な幼児保育論を書いた人は，17 世紀のモラヴィア（現在のチェコスロヴァキア）人コメニウスである。それは，彼の主著である『大教授学』において人間最初の教育を，0 歳から 6 歳までの段階の子どもを対象と

お母さんといっしょに

する母親学校においておこない，これをすべて子どもに対して具現するよう提案したところにみられる。

　ただ，母親学校は，いわゆる学校とは異なり，母親が教師となって家庭を教室とする，名称そのままのように母親によって教育のおこなわれるものであった。それは，この年齢段階の子どもにとっては一人ひとりに対する周到な愛情が必要であると考えられたからである。母親は，綿密な保育計画を準備し，この時期の教育目標としての感覚器官の修練と，それによる周囲の事物の正しい処理と識別とに慣れることに幼児を導かれなければならない。保育の内容・方法について，母親向けの手引書のなかに示したコメニウスの教育論は極めて詳細なもので，健康教育，判断力の陶冶，言語指導，道徳教育，宗教教育，小学校との関連の問題などのそれぞれについて一章を設けているが，なかには，たとえばつぎのような，当時の有閑婦人に対する批判もあった。

　乳幼児の養育は母親自身が行わなければならない。出生前に滋養を与えた自分の子供に，出世後の授乳を惜しんではならない。自分の子供をかわいがることに飽き飽きし，養育の義務を他人の女にまかせているある母親たちの行動は，何とまあ，ひどい有害なそして非難すべきものであろうか。

　幼児教育の重要性に対する，つぎのような指摘は，その後の教育論者によって絶えず引用されるものである。

　人は幼年時代に最も適正に形成され，また，この時代でなければ形成されることができない。果実が自然にも成熟するが，野生の実を結んで甘美な果実とならないように，人間も自然のままでも人間らしい姿に成長はするが，理性的な，賢明な，有徳な，そして敬虔な人間となることはできない。園丁同様に，最初に（幼年時代に）心の中に知恵と道徳と敬虔の接穂が注意深く植えつけなければならない。

　幼児を指導するに当たっては，直観を重んじ，「何ごとも単なる権威によって教えてはならない。すべてを感覚の実証によって教えよ」と言っている。また，幼児の自発活動を尊重し，遊戯の教育的価値を高く評価し，つぎのように述べている。

子供は何事かに従事し活動していることのなかに常に喜びを覚える。子供の若々しい血液は子供を静かにさせることができない。子供をして蟻のように絶えず何事かに従事させよ。しかし，何事も慎重になすように不断の注意が必要である。

さらに，幼児が相互に影響し合うことの意義の大きいことに注目し，仲間の間には，権力・圧制・驚愕・恐怖等はなく，ただ等しい愛と正直と自由の問答が尊重される。幼児を集団で教育することの利点は，幼児が相互に模範と刺激となり，よりよい結果とより多くの楽しみが得られること，教訓の印象は弱いが，友だちが実行していることから判断し，命令されなくても模倣していくことなどがあげられている。

ルソー（Jean Jacques Rousseau, 1712～1778）の幼児保育思想　ルソーは，その著『エミール』(1762年）の冒頭に，「造物主の手を出るときはすべてのものは善であるが，人間の手に移されるとすべてのものは悪くなってしまう」と記している。これは，本来平等であるはずの人間が，現実の社会のなかで不平等に取り扱われるため幸福となりえないことを非難し，同時に，教育においても，本来自由であるべき人間を不自由に取り扱うため，直の人間にしていないことに警告を発したものである。ルソーは，自由な市民は自由な教育によってのみもたらされると考えた。しかし，当時の教育はまったく逆で，子どもは望遠鏡を逆にしてみられる大人として取り扱われ，あらゆる束縛と拘束のなかに苦しめられていた。ルソーはこうした児童観に真っ向から反対して，従来の大人中心主義の児童観に対して，教育者の第一の仕事は子どもを正しく理解することであるという児童中心主義の児童観を確立した。ルソーは，当時まだ利用できる児童心理学の研究成果のないとき，子どもを鋭く観察してその特徴をつかみ，出生から20歳までを4つの時期に区分し，その各々について教育の在り方を明らかにしている。出生から5歳までの第一段階には，身体の発達に重点がおかれ，身体が弱ければ弱いほど精神が弱い身体に命令されて不自由になるとし，ルソーの激しい生命観がうかがわれる。

世人はその子供を保護することばかりしか考えぬが，それでは十分ではない。子

供は成長の後には，自分が自分を保護するように教えねばならぬ。運命の打撃に耐え，貧富を度外視し，必要に応じてアイスランドの氷のなかにでも，マルタ島の焼けつく岩の上にでも生きていくことを教えねばならぬ。子供はどの道死ぬに決まっているのだ。死なない用心などすることは間違いである。子供を死なないようにするよりも生き生きさせるようにするのが大切である。生きるということは呼吸することではなくて活動することである。

教育の方法についてのルソーの主張も著しく特徴的である。『エミール』のなかから瞥見すれば，つぎのようである。

諸君の気むずかしい子供は触るものは何でも壊してしまう。その場合に，諸君は怒ってはならない。子供が壊しそうなものは皆子供の手の届かない所へやっておくがよい。子供が自分の使っている道具を壊したら，すぐに代りのものを与えないで，それがなくなったことの不便を子供に感じさせてやるがよい。もし，子供が自分の室の窓を壊したら，風邪をひいてもかまわないで昼も夜も風が入り放題にしておくがいい。子供が馬鹿になるよりは風邪をひいた方がましだからだ[1]。

これは極端にも見える一例であるが，決して外から他律的に教えこむ方法をとらないで，子どもが自分で判断しなければならない条件を作り，いわば教えない方法で教えることを尊重する。消極主義的な教育方法と呼ばれるものであろう。このほか，幼児の心的特性である具体的なものの見方に即して，実物教育を重視した。また，言葉によって教訓や知識を子どもに与えるよりは，経験や行為によって子ども自身が，事物に即して学ぶことを主張した。たとえば，

世間の人は今では何ごとについても質素ということを知らない。子供の身の回りのものについてもそうだ。銀や金の鈴だとか，珊瑚珠や切り水晶で作った値段の高いいろいろな玩具を子供にあてがう。こんな無駄なしかも有害なことがあろうか。果実や葉のついた樹の小枝だとか，がらがら種の鳴る罌粟の実だとか，汁を吸ったり噛んだりすることのできる甘草の根などは，ぜいたくな玩具に劣らず子供の慰みとなるであろう。そして，こんなものをあてがっておけば，幼児から子供にぜいたくな習慣をつけさせるような不都合は生じないのだ[2]。

質素の徳を，一部の特権階級に欠ける新しい市民の徳として，幼児のころか

ら育てていくことに注意したこともルソーらしいが，百の説法よりも，環境のなかで事実に即して理解させることが幼児にとって最も容易なことを雄弁に物語っているものといえよう。

オーウェン（Robert Owen, 1771〜1858）の幼児保育思想　オーウェンにとって，人間はルソー同様に本来善であり，それにもかかわらず，社会が悲惨と悪徳に苦しまなければならないのは，その善性が正しく指導される機会をもたないことによる。環境が性格形成に及ぼす影響の大きいことを，オーウェンはつぎのように指摘している。

> 人の性格は一つの例外もなく，常に彼の先行者たちによって作られるであろうし，現に彼らによって作られている。彼の先行者たちは彼に自分の思想と習慣とを与えるのであって，そういう思想と習慣とによって彼は自分の行動を支配し指導する。それ故に，人間は自分自身の性格を，まだ一度も自分で作ったことはないのであり，また，それができるはずがない。

とくに，幼児期が性格形成にとって重要な時期であることを，つぎのように述べている。

> 注意して子供を観察する習慣をもっている人々にとっては，善悪の多くは子供の極めて早い時期に教えこまれ，また，取得されるものであるということや，気質や傾向の多くは，子供が2歳にならないうちに正しくも，正しくないも形成されるものであるということや，多くの永続的な印象は，生後1年6か月の終わりに遅くも与えられるものであるということは明瞭であるに違いない[3]。

しかも，幼児はこの重要な時期に，自分で最も適切な環境を自由に選択することができない。大人が幼児に代わって適切な環境を与えることが，子どもの現在を幸福にするだけでなく，社会の平和と幸福とを決定する最大の条件である。喧噪な雑踏のなかに幼児を終日放浪させておきながら，彼の不品行をとがめることは，とがめる大人の側に責任がある。この持論を，実践によって範を示すよう，オーウェンは1816年，ニューラナークの工場に性格形成学院と呼ばれる学校を開き，6歳までの幼児を保育する部門を幼児学校と名づけた。こ

こでの指導において，オーウェンが示した保育方針と思われるものを抜粋すれば，つぎのようである。

> どんな訳があろうと，子供を打ってはならない。どんな言葉，どんな仕事ででも子供をおどしてはならない。罵言を使うな。いつも愉快な顔で親切に，言葉もやさしく子供と話しせよ。また，幼児にできるかぎりの力を尽して，いつも遊び仲間を幸福にするようにしなくてはならないことを説け。4歳から6歳までの幼児には年少のものを世話し，力を合わせて相互に幸福になるように教えよ。
>
> 子供を書物でいじめるな。身辺にころがっている物の使い方や性質を，子供の好奇心が刺激され，それらについて質問するようになったとき，うちとけた言葉で教えよ[4]。

フレーベル（Friedrich Wilhelm August Fröbel, 1782～1852）の幼児保育思想

フレーベルは1826年，『人間教育』（Menschenerziehung）を著し，彼の教育の哲学的基礎を明らかにした。その冒頭にあるつぎの文章は，フレーベルの世界観・人間観を示すものとして有名である。

> 万物のなかには永劫の理法が秘められ，働き，そして支配している。この理法は自然すなわち外界のなかに，精神すなわち内界のなかに，そして内外両界を総合する人生のなかに明らかにされている。一切を支配するこの理法は，必然に一切に普遍的な，力ある，自覚的な，したがってまた永遠の統一に基礎をおく。この統一が神である。万物は神から出て，神がそのなかに働くことによってのみ存在する。

フレーベルは子どものなかにも神性をみる。このため，彼の児童観は児童神性論とも呼ばれる。子どもは愛されるだけでなく，敬せられねばならない。しかし，もとめるものではない。単なる神秘主義や形成主義を排除して，フレーベルはつぎのように言っている。

> 幼児や児童に宗教の形式について語ることには，私は非常に気が進まない。というのは，これらの形式は私自身に対するほどには，単純で健康な精神の持主に対しては，明瞭にし，また生命化することができないから，自然に陶冶された子供たちには，何らきまった宗教の形式は必要ではない。悩みを知らない子供の生活，愛育され絶えず力強く発展される人間生活は，それ自体がキリスト教的な生活である[5]。

フレーベルにとっては，幼児は生命の根源から絶えず活動しようとして意欲し，また自発的に活動するよう助成することが教育であって，外部から子どもの自己活動に勝手な干渉をすることは，何人(なんびと)にも許されない罪悪であった。フレーベルは「教育・教授・教訓の第一原理は，受動的・追随的で，ただ保護的・防衛的なものであって，決して命令的・断定的・干渉的なものであってはならない」と言う。しかし，このことは幼児を単に放任することを意味しない。「このことをなせ。そして汝の行動から何が生じてきたか，またそれが汝をどのような知識に導くかを観察せよ」このように，幼児には行動・活動と観察・思惟(しい)の2つの働きが常に一体となって働くよう指導することが緊要である。

　つぎに，フレーベルの幼児の創造活動に対する考えは極めて特色深い。幼児の活動は。一見ほかの人の模倣と思われるものが多い。しかし，幼児は，そうした活動によって，自分の欲しているものを外に現すことができているのであって，そこには，個性的・独自的なものが創られている。もちろん，その独創性・創造性はごく弱く，またかすかなものにすぎない。ただ，この弱くかすかな力がやがて人間社会における偉大な創造の原素であることに気付き，これを大切に育まねばならない。かつ，幼児のこのような創造的活動は，遊びのなかに最も自然に現れている。

　遊び（Spiel）はその言葉が鏡（Spiegel）に通ずるように，子どもが自分の内界をみずから自由に表現したものであって，この年代の人間の最も純粋な精神の現れである。内的なものが外部に表現されるためには，それにふさわしい材料が必要である。内的なものが外部に表現されるためには，それにふさわしい材料が必要である。フレーベルは従来の既成の定型玩具に代わる，単純ではあるが基本的な多様なものを創り出すことのできる遊具を創案した，それは，立方体，長方体などの積み木的なもの，板，棒，ひも，剪紙(きりがみ)，畳紙，織紙など素材的なものが20種類あり，恩物（Gape）と呼ぶものであった。子どもは，こ

れを用いて日用の知識，美的な形体，数的な認識を得ることができることとした。いま，第三恩物（一片の長さが1インチからなる立方体8つ）によって，これらを経験する例を示せば，図1のとおりである。

フレーベルは，この恩物を用いて，ドイツのすべての母親がよき幼児の指導者となることを望み，幼児を自由に生き生きと伸ばすことをめざした。

（1）認識形式（形と数とを教えるもの）

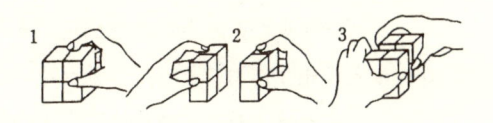

（2）生活形式（生活に直接関係あるもの）

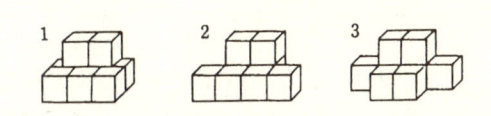

（3）美的形式（美しい形をしたもの）

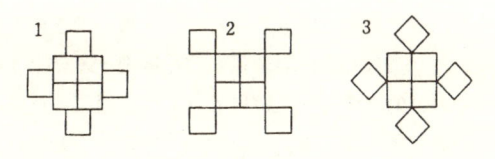

図1　第三恩物による経験例

デューイ（John Dewey 1859～1952）の幼児保育思想　デューイの教育論は，実験主義，経験主義の哲学に基づくものであり，それは「なすことによって学ぶ」という標語に象徴される。「行動のために思考せよ。そして，行動を通じて汝の観念を試査し，訂正し拡大せよ。」ここで尊重されるものは，絶えまなく動く行動そのものであって，固定したものはすべて悪く，よいものは変化であり行動であるとされる。ある望ましい結果を得ようとして環境に働きかけ，環境が思うように変わらないとき，どのような行動をとらねばならないかと思考し，観念を作り出す。経験と知性，環境と人間，社会と個人とが絶えず交錯し続ける過程において，人間の成長発達が統合的に促進される。他方，デューイは幼児を動かす力として衝動を重視している。ただ，この衝動は盲目的・偶発的で衝突しあい，容易に環境に適応できないで，また既存の慣習と一致しがたい。ここに，幼児に対する指導の必要性がある。しかし，既存の慣習に一致しない子どもの衝動を悪いものとして，上から抑圧することはよくない。上から押さえ付けることを続け

れば，大人の考えるとおりのことを機械的に習慣化することはできるかもしれないが，子ども自身が自分の行為を決定することができない。デューイは，子どもが環境との相互作用によって自分自身で成長することを教育法の第一原理としている。それは，遊びの教材に関するつぎのような描写によってもよりよく理解できよう。

　出来上がっているものを与えて遊び方を統制した場合には，その当然の結果として，生の材料，粗笨な材料に対する恐怖が生じてくる。完成品を操作することも，その完成品のなかに具現せられている知性を吸収することにはなろう。また操作して誤りをおかさないような技術を身につけることにはなるであろう。けれども完成した遊具に頼りすぎることは，事物の数学的性質，例えば，物の大きさ・形・色合い及びこれらの間の関係などを協調する結果となって，生の材料を使ってそれを自分の目的とする仕上げにもってゆく過程のうちに，知性の訓練を与える機会が失われるであろう。形式的な知識や技術的な知識は養われるであろう。しかし各自が自分で選択し，自分で計画し，自分で判断し，新しい場面に当面し，新しい問題にぶつかった時に自分で工夫し解決する能力，すなわち知性の訓練は第二次的なものとなり，おろそかにせられるであろう。また，各自の持っている興味や目的と無関係に，技術的な能力の訓練に専心させる場合には，当然目的と離れた練習となって結果するであろう。少なくとも大人が考え大人が設定した目標に，機械的に合せられることになるであろう[6]。

　デューイは，フレーベルの教育思想のうち象徴主義ないし神秘主義的な考えには強く批判しているが，主著『学校と社会』のなかで，みずからの幼児教育原理をつぎのように3つかかげているが，これはフレーベルと同様であると言っている。

1　学校の第一の仕事は，協力的・相互扶助的な生活の仕方について児童を訓練し，彼らのなかに相互依存の意識を養い育て，彼らを助けてこの精神を明白な行為として実行させるような調整をなさしめることであること。
2　すべての教育活動の第一の根源は，児童の諸々の本能的・衝動的な態度及び活動に存する。児童の限りない自発的活動，すなわち遊戯・物真似，

幼児の一見無意味の動作は，これを教育に用いることができる。否，教育的方法の礎石である。
3 これらの個人的な傾向並び活動は，協力的な生活の仕方を維持する上に用いられることを通じて組織され，指導され，また児童が最後にはその中に入る，より大きな，より成熟した社会の典型的な営為と仕事の程度において再現するということ。

デューイは，これらによって，幼児がやがて自己の正当な要求や希望を率直に表現し，社会の進歩的な改革を，絶えず民主主義的な方法によって推し進める実践人となるであろうとした。

モンテッソーリ（M. Montessori, 1870～1952）の幼児保育思想 モンテッソーリは，イタリア最初の女医として，知的障害児の教育法を研究し，それを基としながら教育学・心理学を修め，モンテッソーリ教育法と呼ばれる教育法を提唱した。幼児期において発達させる機能として，運動機能，感覚機能と言語とが重視される。なかでも感覚機能は，外界を内に受け入れ，観察・比較・判断が作動する基本であり，これを練習することによって高等な思考能力が発達する。モンテッソーリは，感覚を発達させるにふさわしい独自の感覚教具を作成し，いわゆるモンテッソーリ教具として，今日なお影響を与えている。幼児の触覚は，極めて鋭敏で，視覚の弱さを補って事物を正確に握することに大切な役割を果たす。触覚を訓練する教具として，羅紗・麻布・ビロードなど，膚ざわりの異なる布地 10 種類を用意し，これを目隠しして指でさわり，その種類を正確に言わせるものを作るなどした。このほか，直径の大小・重さの大小・色彩の深浅・形の異同など弁別することができる教具，臭覚・聴覚・味覚を訓練する教具を作成した。

これらの教具を，一人ひとりの幼児が注意深く，忍耐強く，しかも自分から興味を寄せて活動するようにした。すべての教具は，子どもがその感覚を正しく働かさなければ合格できないような仕組で作られており，したがって，保育者から一々監督され注意を受けなくとも，自分自身でその誤りを発見し，訂正

しつつ正しい反応ができるようになる。こうした活動は，モンテッソーリ教育法の最高の原理，子どもに秩序ある自由を保障し，子ども自身が注意力と知性を繰り返し行使することによって発達させるようにしようとすることと軌を一にしている。したがって，感覚遊具の操作は集団的ではなく個人的である。

また，モンテッソーリ法では，保育者の存在を子どもに感じさせないで子どもを指導することが要諦となっている。「観察しながら待つ，ということが教育者にとっての標語である。我々は子供の遅々たる進歩に対して，無限の忍耐をもち，彼らの成功に対して熱意と喜悦を示そう」モンテッソーリは，子どもが自分から進んで力を発揮し，努力することを本性とするものととらえ，これを秩序のなかで最大に活動できるようにすることを保育の課題とした。

以上のほか，クループスカヤの集団主義の幼児教育思想，マカレンコの『愛と規律の家庭教育』に象徴されるもの，わが国では倉橋惣三の誘導的な幼児保育論などがあるが，ここでは指摘にとどめておく。

2. 保育施設の創設とその後の沿革

2-1. 世界の状況

世界で最初に幼稚園が開設されたのは，1840年，ドイツのバード・ブランケンブルクに，フレーベルによって開設されたものである。それは，フレーベルの幼児教育思想にもとづくもので，小学校以上の学校におけるような教科を軸とした狭義の学習活動によるのではなく，遊びによって創造性・自発性など人間諸能力の発達の基礎となるものの形成をめざすものであった。その特性を明らかにするため，フレーベルはそれまで用いられていた教育の場の名称として用いられていた「学校」という名称を排して，子どもたちの庭（kindergarten）と名づけることとした。そして，そうした教育が広く，家庭とともに子どものものとなることが望まれるようになった。

母親が家事以外の労働に従事し，その家庭に母親に代って幼児の世話をする

ことのできない幼児を保護するため，1870（明治3）年，フランス北東部バン・ド・ラ・ロッシュに開設された。これが農村型のものであったのに対し，オーウェンはニューラナークの工場で働く母親のために都市型ともいうべき託児施設を性格形成学院の一部として開設した。

両者とも単に子どもを預かるだけでなく，幼児たちがよりよく育つための教育をめざした。

その後，ヨーロッパ，アメリカでは，フレーベルの影響を受けた幼稚園が，家庭と並んで幼児期の人間性の基礎を形成する社会的な教育施設として制度化され，徐々に普及してきた。

また，オーウェンの性格形成学院は単に幼児を保護する託児施設としてではなく，イギリスの幼児学校，フランスの母親学校などにおいて，1日の保育時間の長短の違いはあるが，幼児に人間性の基礎を形成する社会的な施設のモデルとなり，しだいに制度化されてきた。

2-2. わが国の状況

わが国最初の幼稚園は，1976（明治9）年に開設された，東京女子師範学校（現在のお茶の水女子大学の前身）附属幼稚園である。これは，将来の幼稚園のモデルとなることをめざし，また，フレーベルの幼稚園教育にならって始められた。その園則を抜萃すればつぎのようである。

第一条　幼稚園開設ノ主旨ハ学齢未満ノ小児ヲシテ，天賦ノ知覚ヲ開達シ，固有ノ心思ヲ啓発シ，身体ノ健全ノ滋保シ交際ノ情誼ヲ暁知シ善良ノ言行ニ慣熟セシムルニ在リ

第二条　小児ハ男女ヲ論セス年齢満三年以上満六年以下トス
但シ時宜ニ由リ満二年以上ノモノハ入園ヲ許シ又満六年以上ニ出ツルモノト雖モ猶在園セシムルコトアルヘシ

第四条　入園ノ小児ハ大約百五十名ヲ以テ定員トス

第七条　園中に在テハ保姆小児を保育スルノ責任ニ任ス

第十条　　小児保育ノ時間ハ毎日4時トス
　　第十二条　年中休日ハ紀元節，天長節，日曜日及ビ夏期七月十六日ヨリ
　　　　　　　八月三十一日マテ冬期十二月廿五日ヨリ一月七日マテトス
保育科目
　　第一　物品科　日常ノ器物即チ椅子机或ハ禽獣花果等ニツキ其性質或ハ形
　　　　　　　　　状等ヲ示ス
　　第二　美麗科　美麗トシ好愛スル物即チ彩色等ヲ示ス
　　第三　知識科　観玩ニ由テ知識ヲ開ク即チ立方体ハ幾個ノ端線平面幾個ノ
　　　　　　　　　角ヨリ成リ其形ハ如何ナルカ等ヲ示ス

　これらによれば，幼稚園は満3歳から小学校に就学するまでの幼児を保育する文部省所管の幼児保育施設であり，1日の保育時間は4時間で，また，夏と冬には長期の休暇がおかれることとなっており，これは，今日までの幼稚園に継承されてきている。

　保育の内容が保育科目として3つの科目があげられているが，これはフレーベルの恩物を教具として3分野の諸能力の発達をめざすものであった。

　1899（明治32）年，文部省は幼稚園保育及設備規程という文部省令を定め，初めて国としての幼稚園についての保育内容，施設設備の基準を定めた。また1926（大正15）年には幼稚園についての単独の法令「幼稚園令」を公布し，幼稚園の公的な制度化を強めた。

　しかし，立派なモデルの幼稚園から出発したが義務教育の小学校の就学率が1890（明治23）年で約49％に過ぎなかった状況のなかでは，幼稚園は増設されないで，第2次世界大戦終結の1945（昭和20）年までの約70年の間に，小学校に就学する児童のうち幼稚園を修了したものは，わずか6.8％であった。

　わが国で設置された最初の託児所は，1890（明治23）年に新潟市で守孤扶独幼稚児保護会と称せられることになる新潟静修学校においておこなわれた託児事業である。これは，赤沢鍾美・仲夫妻が初等中等教育をおこなう静修学校に通う学童が，学齢前の幼児を子守り役を兼ねて連れてくるので授業を受けにく

いのを憂い，授業中その幼児を別の部屋に預って保育したことから始まった。その児童たちは，子守りをせねばならない貧しい家庭の児童であった。このことを知った貧しい家庭の親たちで生活のために幼児を預ってほしいと申し出てくるものが多くなり，赤沢夫妻が託児事業に専念することとなった。

その後，託児事業は貧困のため保護者がともに働かなければならない家庭の乳幼児を長時間預かる施設として開設された。しかし，初期においては，慈善事業として慈善的な人たちによってわずかのものが開設されただけであった。大正期以降，大都市を中心に公立の託児所が開設されるようになったが，国としての法令にもとづく制度にまではならなかった。

3. 保育の現在の状況

3-1. 欧米の保育の状況

アメリカでは，幼稚園と保育学校（nursery school）が主な保育施設である。幼稚園は小学校入学1年前の5歳児が入園する1年保育のものが大半である。保育学校は3～4歳の幼児のための保育施設であるが，2歳児も入園できるところもある。また，午前の半日だけでなく午後にわたって保育するところもある。低所得の家庭の幼児のために福祉的性格をもった託児所（day nursery）が設置されている。

イギリスは，ほかの多くの国と異なり，5歳児を義務教育年齢とし，6歳とともに2年制の幼児学校（infant school）または幼児学級（infant class）で教育することとしている。5歳以下の幼児は保育学校か保育学級（nursery class）で幼児教育（nursery education）を受けることとなっている。保育学校・学級に入ることのできる年齢は2歳からではあるが，多くのところでは3歳からとしている。低所得の家庭の乳幼児のためには，福祉的な性格をもった託児所が制度化されている。

フランスの保育施設は母親学級（école maternelle）と呼ばれるものが，学校

教育制度の基底部門として制度化されている。母親学校には，2歳から義務教育の始まる6歳までの幼児が入園することができる。毎日の保育時間は，昼食を除き午前・午後各3時間で計6時間である。したがって，母親が働いているか否かに関係なく，在園時刻は午後4時半ないし5時ごろまでとなっている。2歳以下の乳幼児で母親が働いているために預けねばならないもののためには，厚生省所管の託児所（crèche）がある。

ドイツは幼稚園の始祖フレーベルゆかりの国である。ドイツの保育事業は厚生省の所管となっている。小学校就学以前の幼児だけでなく，幼稚園と呼ばれているが，3歳未満の乳幼児が入園しているところもある。1日の保育時間は両親ともに働いている乳幼児も入園することになっているので，朝は7時ごろから午後5時ごろまで保育している。母親が働かないで家庭にいる幼児は，午前の保育だけで降園することもできる。利用する保育時間の長短によって親の負担する保育料は異なる。保育者の給料は州政府から支給される。就学前の保育事業は厚生省の所管となっている。幼稚園（Kindergarten）とよばれており，同一の施設のなかに，1日4時間程度の保育を受ける幼児と，8時間程度の長時間の保育を受けるものとがともに入園している。保育時間の長短によって保護者が負担する保育料額が異なる。

ロシヤは，わが国同様に幼稚園に保育所という2つの名称の保育施設が制度化されている。しかし，ロシヤでは，両者がともに，わが国における保育所と同じく，父母ともに働く家庭の子どもを入園させ，1日8時間以上の長時間の保育，さらには，月曜から土曜まで宿泊をともなういわゆる全託的な保育をおこなうところである。ただ，保育所は3歳未満の幼児と乳児を，幼稚園は3歳以上7歳で小学校に就学するまでの幼児をそれぞれ入園させ，いわば年齢による横割り方式の保育施設となっている。1959年までは保育所を厚生省，幼稚園を文部省がそれぞれ別個に所管していたが，1959年以降は両者がともに文部省の所管となった。また，従来，保育所と幼稚園とが同一敷地内に併設して設置され，その名称も「保育―幼稚園」と名づけられるようになり，一元化が

成立している。

3-2. わが国の保育の状況（保育制度・保育の行政）

保育制度の現状　わが国の保育のための公的な施設として制度化されているのは，幼稚園と保育所であり，また，盲学校・聾学校・養護学校に幼稚部が置かれ，幼稚園に準ずる教育をおこなうことができることとなっている。

	区　分		幼　稚　園		保　育　所	
1	根拠法律		学校教育法（昭和22年3月公布）		児童福祉法（昭和22年12月公布）	
2	所管行政庁	施設設置者区　　　分	市町村立	私　立	市町村立	私　立
		国	文部科学省		厚生労働省	
		都道府県	教育委員会	知事（多くは総務部局）	知事（多くは福祉部局）	
		市町村	教育委員会	（所管しない）	市町村長	
3	設置者		国，地方公共団体（主として市町村），学校法人，その他の法人，個人		地方公共団体（主として市町村），社会福祉法人，その他の法人，民間企業，個人	
4	認可権者		都道府県教育委員会	知　事	知　事	
5	目　的		幼児を保育し，適当な環境を与えて，その心身の発達を助長する（学校教育法第77条）		保育に欠ける乳児，幼児（必要に応じその他の児童）を，日中保護者の委託を受けて保育する（児童福祉法第39条）	
6	入園(所)するもの		保護者が幼児保育を受けさせようと希望するもの		市町村が，保護者の労働または疾病などの理由でその乳児・幼児（必要に応じてその他の児童）の保育に欠けると認め，保護者が入所を申し込んだもの	
7	入園(所)者の年齢		満3歳以上小学校に就学するまでの幼児		乳児，幼児（必要に応じてその他の児童）	
8	入園(所)の決定者		園　長		市町村長	

9	入園(所)の時期	学年の始め（4月）	保育に欠ける状況が起き，保護者が入所を申込んだ時
10	修了(退所)の時期	学年の終り（3月）	保育に欠ける状況が消滅した時
11	教育(保育)時間	教育時間は1日4時間を標準とし，幼児の心身の発達の程度や季節に応じて園長が定める（幼稚園教育要領）	1日8時間を原則とし，保護者の労働時間その他家庭の状況等を考慮して所長が定める（基準第34条）
12	子どもの休日	日曜，国民の祝日，土曜（公立の場合）（私立の場合は学則できめる），夏期，冬期，学年末に長期の休業日	日曜，国民の祝日，12月29日から1月3日まで
13	小学校との関連	園長は，幼児が小学校に進学した場合，幼稚園幼児指導要録の抄本または写しを進学先の小学校長に送付しなければならない（学校教育法施行規則第12条の3）	特別にはない
14	学年編制	同一年齢の幼児をもって学級編制することを原則とする（設置基準第4条）	特別の定めはない
15	必置の職員	園長，教頭，教諭，学校医，学校歯科医，学校薬剤師	保育士，嘱託医，調理員
16	置くことができる職員	養護教諭，養護助教諭，その他必要な職員	特別の定めはない
17	15，16以外で置かれている職員	用務員	所長，主任保育士，看護師，栄養士，用務員
18	教諭(保育士)1人の受持つ子どもの数	35人以下を原則とする（設置基準第3条）	乳児おおむね3人，1歳・2歳児おおむね6人，3歳児おおむね20人，4歳以上児おおむね30人（最低基準第33条）
19	保育内容の基準	教育課程の基準として文部科学大臣が公示する幼稚園教育要領	健康状態の観察，服装等の異常の有無についての検査，自由遊び，昼寝，健康診断（最低基準第35条）〈厚生労働省が通達している保育所保育指針を参考とする〉
20	給食	各園が任意に行う	3歳未満児は主食・副食を，3歳以上児は副食を給す

21	昼寝	各園が任意に行う	毎日，通年行うことを原則とする
22	間食	各園が任意に行う	毎日行う
23	保育担当者の職名（職務）	教諭（幼児の保育を掌る）	保育士（児童の保育に従事する）
24	教諭・保育士の資格	1. 大学・短期大学・文部科学大臣が指定する教員養成所（2年課程）に2年以上在学し，所定の科目・単位を履修したもの 2. 助教諭の資格をもち，6年以上幼稚園で幼児の保育に従事し，所定の科目・単位を履修したもの	1. 厚生労働大臣が指定した保育士を養成する学校・施設（高等学校卒業を入学資格とする，2年以上の課程）を卒業したもの 2. 都道府県が行う保育士試験に合格したもの（受験資格は大学2年以上に在学したもの）
25	園(所)長の資格	教育職員免許法による一種普通免許状を有し，かつ5年以上教育に関する職にあったもの。ただし，私立の場合やむを得ないときは，5年以上教育に関する職または教育学術に関する業務に従事し，かつ，教育に関し高い識見を有すると認められるもの（学校教育法施行規則第8条・第9条）	職員の一般的要件として，次の規定による。「健全な心身を有し，児童福祉事業に熱意のある者であって，できる限り児童福祉事業の理論及び実際について訓練を受けた者でなければならない（最低基準第7条）
26	園(所)の労働基準法上の性格	教育，研究又は調査の事業（労働基準法第8条第12号該当）	病者又は虚弱者の治療，看護その他保健衛生の事業（労働基準法第8条第13号該当）
27	保護者の費用負担	保護者が同一額を負担する	保護者が負担することが原則で，ただ保護者の所得に応じて市町村の条例に示す基準にもとづいて，無料もあり，かなり高額のものもある
28	保護者以外の費用負担	国公立は，保護者負担の保育料と幼児1人当たりに必要な経費額との差額を，設置者である国，地方公共団体が負担する。私立は，その必要経費の大半が保護者負担であり，一部が国および地方公共団体からの補助金による	国が示す子ども1人当たり月額（保育単価）と保護者から徴収する保育料（徴収金基準額）との差額について，国が5/10，都道府県が2.5/10，市町村が2.5/10を負担する

表中「設置基準」は「幼稚園設置基準」の略，「最低基準」は「児童福祉施設最低基準」の略

以下，幼稚園と保育所の制度の現状を一覧にすると上の表のようである。

これらによってみれば，幼稚園と保育所とは，制度上はすべての面で異なったものとなっている。そうした制度上の相違にもかかわらず，3歳以上の幼児の保育において，幼児の心身の健やかな成長発達を図るという教育面において，両者の間に格差があってはならない。このため，保育内容的なソフト面では，両者の共通化が図られている。そのひとつは，幼稚園教育要領と保育所保育指針で示されている保育内容のうち教育面については完全に共通的なものとなっている。また，その任に当たる保育者の専門性においても，その養成課程での学習内容の共通化がめざされている。

4. 保育の行政

行政は，法律で制度化されているものを，その理念のもとで国民によりよい生活が享受できるようサービスするものである。保育の行政は，乳幼児の教育と福祉とをめざす保育のため，行政機関である文部科学省，厚生労働省，知事，市町村長，教育委員会が乳幼児とその保護者のため，幼稚園・保育所を中心として，よりよい機会を提供することをめざすものである。以下に，文部科学省の幼稚園行政，厚生労働省の保育所行政，幼稚園と保育所との関係について述べることとする。

4-1. 文部科学省の幼稚園行政

文部科学省は幼稚園をできるだけ多く設置し，入園させることを希望する家庭のすべての幼児が入園できるよう計画をたてている。昭和39年，第1時振興計画をたて，人口1万人について1幼稚園（4学級規程）を配置することをめざした。その後昭和47年度を初年度とする第2次振興10か年計画をたて，入園を希望するすべての4歳児と5歳児を就園させることを目標とした。ここでは，在園率（同一年齢幼児中幼稚園に在園している幼児の百分率）は5年後に5歳児が66％，4歳児が50％をめざした。また，このために，保護者の保

育料負担の軽減を図るよう就園奨励費が国の補助金として出されるようになった。平成13年幼児教育振興プログラムが決定され，今後5年間に入園を希望するすべての満3歳児からの幼児の就園を目標とすることとし，年度途中で，満3歳になった幼児の入園も認めることとした。5歳児の就園率（小学校第1学年入学者中幼稚園を修了したものの百分率）は，平成13年には全国平均で60.6%となっている。

また，わが国の幼稚園は平成13年度，総園数の割合で，国立が約0.3%，公立が約41.0%，私立が約58.7%で私立が過半数を占めている。園児総数の割合で，国立が約0.4%，公立が約20.6%，私立が約76.5%で，私立が8割近くの多くを占めている。国立，公立では，園運営費の大半が税金による公費であるが，これに対し，私立では公費による補助金はわずかで，大半は保護者が負担する保育料であって国公立よりも高い。国・都道府県・市町村は公費による幼稚園助成を強化し，保護者の経済的負担を軽減し，より多くの幼児が，幼稚園でよりよい保育を受けることができるようにすることが望まれる。

とくに，少子化によりひとりっ子か2人兄弟という家庭環境では，同じ位の年齢の友だちとの交流が重要であり，このため，従来以上に3歳からの幼稚園への入園を積極的に推進することが重要である。

また，女性の社会進出が著しく，核家族の多い状況では，幼稚園に入園させている家庭の母親が，就労したり，ボランティア活動に参加したり，PTAに出席したり，病院に通ったりする場合，正規の保育が終わった後，その幼児を預り，また，幼稚園に入園していない幼児とその保護者に対し，幼稚園は子育て不安などに対し支援する幼児教育センター的な役割も望まれている。

4-2. 厚生労働省の保育行政

保育所に入所できるものは，保育に欠ける乳幼児と定められているが，保育に欠ける状況は，児童福祉法施行令（政令）で定めるつぎの基準に従い条例で定められる状況とされている。「児童の保護者のいずれもが次の各号のいずれ

かに該当するところにより当該児童を保育することができないと認められる場合であって，かつ，同居の親族その他の者が当該児童を保育することができないと認められる場合に行うものとする。」

1．昼間労働することを常態としていること
2．妊娠中であるかまたは出産後まもないこと
3．疾病にかかり，若しくは負傷し，または精神若しくは身体に障害を有していること
4．同居の親族を常時介護していること
5．震災，風水害，火災その他の災害の復旧に当たっていること
6．前各号に類する状態にあること

　上記のような保育に欠ける状態があるとき，保護者は入所を希望する保育所を選んで市町村に申し込む。市町村・保育所は各保育所の情報を提供し，保護者が保育所を適切に選ぶことができるようにしなければならない。

　厚生労働省は，著しい少子化は，乳幼児をもつ母親が子育てと就労との両立が困難で，子育てを苦しみと負担としているところにあるとし，その両立のための対策として，保育所の保育時間を延長すること，乳児，1・2歳の低年齢幼児の保育所入所定員を増員すること，パートタイム就労や保護者の傷病等に対する一時的保育などを内容とするエンゼルプランを策定している。

　わが国の保育所は，平成13年度に総数の割合で，公立56.6％，私立43.4％である。保護者の負担する保育料は，公私立とも同一市町村においては同額で，保護者の所得の多寡・入所している乳幼児の年齢によって異なる。保育料月額について国が徴収基準額として示したものは，生活保護世帯などは無料，子どもの年齢が低いほど高くなっている。保育所では，保育に欠ける乳幼児を保育するだけではなく，保育に欠けない乳幼児に対して，保護者の子育てについて相談指導し，また子育てサークル等への支援などをおこない，子育て家庭での育児不安を援助することがめざされている。

　働く母親の子育てと就労の両立に対しては，保育所の保育時間の延長などそ

の機能の拡充ともに，労働者との連鎖のもとで，働く親の労働条件を改善することも重要な施策とされている。その一環として，平成4年4月から「育児休業等に関する法律」が施行されることとなり，生後1年間，申し出ることによって父母いずれかが育児休業をとり，休業後職場に復帰することができることになった。この休業期間中は，雇用保険等により給与の40%が支給される。

また，採用者は，育児休業をとらない保護者，小学校に入学するまでの幼児を養育している保護者に対して，勤務時間を短縮するなど，乳幼児の家庭での養育が容易になるようにするための措置を講じなければならないと定めている。

さらに，子どもが幼少な期間はいったん退職し，子どもの養育に当たり，一定の年齢に達した後，再就職しようとする保護者に対し，再就職が適切におこなえるようにできる施策も重要とされている。

4-3. 幼稚園と保育所の関係

幼稚園と保育所とは，16，17頁の表のように，3歳以上の幼児については，前者が1日4時間を標準とし，後者が1日8時間を原則として保育する公的な施設である。その保育のなかには，年齢・発達にふさわしい教育がひとしくめざされている。にもかかわらず，社会のなかには保育所では保護はおこなわれているが，教育は幼稚園のようにはおこなわれていないと感じているひとが少なくない。このため，保護者のなかには，また地域によっては，保育所には4歳まで在園しているが5歳になると幼稚園に転園させるということがみられる。このようなことが起こると，保育に欠けている5歳児はいわゆる鍵っ子となり，幼稚園から降園した後は大人の監護のない危険な状況におかれることになる。もしそうした危険がないとしたら，幼児の保護者が4歳までは就労しているが，5歳になると幼稚園に入れるために仕事をやめるようにするか，4歳の時に保育に欠けない状態であるにもかかわらず，幼稚園に入れないで保育所に入れていたということによるか，いずれかであろう。

前者がその理由だとすれば，幼児期の最後の1年は保育所でなく幼稚園に入

れないと，小学校から始まる教育が心配であるとの，両者の間に教育格差を感じているということになる。このようなことで，保護者が困惑しないよう幼稚園と保育所との幼児教育の機能が同等であることを何人にも認識されるための施策が文部科学省・厚生労働省の課題である。

後者のようなことがあるとすれば，そうした法律に反した事態の起こる理由を明らかにし，制度の改善を図ることが必要であろう。

市町村，学校法人のなかには，こうした混乱を解決する方途として，同一敷地に幼稚園と保育所を総合的に設置し，幼稚園児と保育所児とを区別しないで一体的に運営し，両者の保護者から高い評価を受けているところがある。文部科学省・厚生労働省両省は全国に通知を出して，地域の実情に応じて，幼稚園・保育所の施設の共用化，弾力的な運用を差支えないとし，幼稚園と保育所を合築し，併設し，または同一敷地内に設置するに当っては施設の共用化等を認めることとした。

幼児期の教育の重要性に照らし，すべての3歳以上の幼児が組織的な保育施設での保育を受けるに当たって，保護者の生活設計に即して，半日程度の保育を受けるか，1日にわたる保育を受けるかのいずれであるとしても，すべての幼児には，それぞれが必要とする養護を保障するとともに，教育において共通のものがひとしく享受できるようにしなければならない。

また，その保育を受けるに当っては，これに要する費用は公私立の違いにかかわりなく，できるだけ保護者の保育料負担が低廉になるよう公費による負担を大きくすることが望まれる。

【注】
（1）（2）ルソー〔他〕（平林初之輔訳）1949　エミール　岩波文庫
（3）ロバアト・オウエン（楊井克已訳）1954　新社会観　岩波文庫
（4）ロバアト・オウエン（五島茂訳）1961　オウエン自叙伝　岩波文庫
（5）荘司雅子　1955　フレーベルの教育学　フレーベル館
（6）デューイ（宮原誠一訳）1957　学校と社会　岩波文庫

【参考文献】

荘司雅子（編）　1976　幼児教育の源流　明治図書出版
岡田正章　1986　保育制度の展望　ぎょうせい
日本保育学会（編）　1997　わが国における保育の課題と展望　世界文化社
日本保育学会（編）　1997　諸外国における保育の現状と課題　世界文化社

第4章　保育の目標と実際

1. 集団保育の場の種類

1-1. 乳幼児の1日の主な生活の場：3つの類型

　小学校入学の前年に，幼児がどこで生活していたかを見る指標に，幼稚園就園率と保育所在籍率がある。最近の数値では，全国平均で就園率61.1%，在籍率33.1%で合わせて94.2%となっている。これだけ幼稚園や保育所が普及してきても必ずしも100%にはなっていない。残りの6%近くはどこで生活しているのか。結論から言うと家庭や児童福祉施設ということになる。

　乳幼児の1日24時間の主な生活の場を類型化すると，「家庭」「家庭と施設

木をかこんで

(機関)」「児童福祉施設」の3つになる。「家庭」については，説明を要しまいが，「家庭と施設（機関）」というのは，家庭での生活を中心としながらも，昼間のある時間帯を幼稚園という教育機関や保育所・知的障害児通園施設等の通園施設で過ごすパターンであり，「児童福祉施設」というのは，乳児院や児童養護施設のように基本的には1日24時間，そこが生活の場となるパターンである。「集団保育」ということを，保育する側もされる側も「集団」で「保育」し・されるとしたとき，「保育」を狭義にとらえると，ここでの考察の対象は，学校教育法や児童福祉法で明記してある幼稚園や保育所に限定されることになる。ただ，ここでは詳述しないが，「専門的知識及び技術をもって，児童の保育及び児童の保護者に対する保育に関する指導を行うことを業とする」保育士が職場の中心部隊となる乳児院や児童養護施設等をも視野に入れて，幼稚園や保育所の「保育の特質」をとらえていくことは重要であろう。

1-2. 集団保育の意義

先にも触れたように，集団保育とは保育される子どもが集団であるのみならず，保育する側も免許・資格をもった専門家の集団であることである。人的環境における「教育力の三重構造」という言葉があるが，保育とか教育という営みは，保育者と子ども，子どもと子どもとの直接的関係だけでなく，保育者同士の関係のありようも重要な意味をもつ。保育者集団がどのような専門家によって形成されているかによって，その保育の質も左右される。

1-3. 幼稚園

幼稚園は，「一条校」ともいわれるように，学校教育法の第一条に規定される学校の一種であり，「幼児を保育し，適当な環境を与えて，その心身の発達を助長することを目的とする」ところである。

日本の近代的な学校制度は1872（明治5）年の「学制」頒布をもってスタートするが，幼稚園関連も「幼稚小学」と規定してあったものの，明治・大正期

の普及は遅々たるものであった。1876（明治9）年の東京女子師範学校付属幼稚園の開設以降，キリスト教や仏教関係者によって各地に開設されたが，幼稚園令の発せられる1926（大正15）年頃の就園率は2％程度で，昭和に入っても戦前のピークである昭和18年で1割に達していなかった。幼稚園の普及は，日本国憲法や教育基本法・学校教育法等の制定による戦後の教育改革を待たねばならなかったのである。とは言え，法体系の上からみたとき，幼稚園は必ずしも万全なものとはなっていない。「学校は，国，地方公共団体及び私立学校法第3条に規定する学校法人のみが，これを設置することができる」（学校教育法第2条）とされているが，宗教法人や個人による設置も認めている（同法第102条）。

このような法体系にもかかわらず，戦後，とくに昭和30年代以降の普及は，経済の成長や社会の変動に負うところが大きい。先にも触れたように，戦前の就園率のピークは1割にも達しなかったが，昭和30年代に入ると2割台から4割台になり，40年代の後半になると6割台に上昇する。スプートニクショックを受けたアメリカや日本は，科学技術の振興，人づくり（人的能力の開発・早期教育）といったものに力を入れる。義務教育の就学年限の引き下げが真剣に論議されたのも昭和40年前後のことであった。

しかしながら，今，幼稚園は少子化の波をもろに被っている。園児数は1978（昭和53）年度の249万7895人をピークに減少し，現在では，その7割の175万3422人（平成13年5月現在）となり，幼稚園数も1984（昭和59）年度の1万5211が1万4375となっている。このような動向のなかでの対応が「満3歳児入園」と「預かり保育」である。園児数や学校数の減少傾向にもかかわらず，学級数は一時の減少傾向から増加傾向に転じているが，それは3歳児の入園が絶対的にも相対的にも増加しているからである。ピーク時の1978年度には14万7829人（5.9％）だったものが，今日では38万1797人（21.8％）となっている。この傾向に一層拍車をかけようとするのが「満3歳児入園」である。学校教育法第80条の入園資格には「満三歳から，小学校就学の始期に

達するまでの幼児とする」とあって、小学校のように「満六歳に達した日の翌日以後における最初の学年の初めから」（学校教育法第22条）といった表現はしていないのだから、満3歳になれば入園は可能ということである。つまり、これまでの幼稚園の最長保育年限は3年というのが一般的解釈であったが、3年以上の保育も可能ということである。もうひとつの「預かり保育」は、幼稚園の通常の教育時間終了後に希望する園児に対しておこなわれるものである。預かり保育は、1993（平成5）年頃でも私立の3割近く（全体でも2割近く）が実施していたが、1997年度から文部科学省が「預かり保育推進事業」を予算化したことで、2000年度では私立の7割以上、公立でも16％が実施するに至っている。なお、2001年3月29日に策定・発表された「幼児教育振興プログラム」（実施期間は平成17年度までの5年間）では、「具体的施策及び目標」として「幼稚園教育の振興」と「幼児期の家庭教育及び地域社会における子育て支援の充実」の二大目標があげられ、前者ではまず、「幼稚園の教育活動及び教育環境の充実」として、「幼稚園教育要領の理解の推進」「道徳性の芽生えを培う教育の充実」「満三歳児入園の条件整備」「ティーム保育の導入及び実践のための条件整備」「幼稚園教員の資質向上」「幼稚園の施設整備の推進」「幼稚園就園奨励事業の充実」といったことがあげられている。

1-4. 保育所

　保育所は、「日日保護者の委託を受けて、保育に欠ける乳児又は幼児を保育することを目的とする」（児童福祉法第39条）児童福祉施設である。この保育の実施は、保護者の申請にもとづいて市町村に義務付けられている（児童福祉法第24条）が、市町村は厚生労働省の示す「保育の実施に関する条例準則」（1997.9.25）を参照して条例を作り、実施するようになっている。この準則に示されている「保育に欠ける」要件は、保護者も同居の親族等も当該児童を保育できないと認められるつぎのようなケースである。

　一　居宅外で労働することを常態としていること

二　居宅内で当該児童と離れて日常の家事以外の労働をすることを常態としていること
三　妊娠中であるか又は出産後間がないこと
四　疾病にかかり，若しくは負傷し，又は精神若しくは身体に障害を有していること
五　長期にわたり疾病の状態にある又は精神若しくは身体に障害を有する同居の親族を常時介護していること
六　震災，風水害，火災その他の災害の復旧に当っていること
七　市町村長が認める前各号に類する状態にあること

　保育所保育は，上のような「保育に欠ける」ことになったとき，「日日保護者の委託を受けて」実施することが大原則である。したがって，保育所の在籍児数は日々変化することになる。幼稚園においても，「随時入園」とも言われる「満3歳児入園」の実施によって，4月当初のメンバーが1年間固定ということはなくなったが，保育所は日々，入所児あり，退所児ありというのが常態であるので，われわれが保育所在籍児数を見るとき，いつの時点の数字であるかに注意を払わねばならない。たとえば，2000年4月の初日在籍人員は179万2022人であるが，10月には192万5124人となり，2001年3月には193万4225人となり，初日定員の192万6402人を上回るといった具合である。

　保育所の前身が「託児所」であったことからもわかるように，家庭保育の「代替機能」が保育所保育にもとめられたものであった。児童福祉法の「保育に欠ける」という言葉も，それを引き継いでいることは間違いないが，一般の受け止め方は微妙に変化してきているように思われる。介護問題に象徴されるように，社会福祉の対象は「特殊から一般へ」と変化してきているが，その先駆けとなってきたものが「保育の社会化」であり，保育所であったといえる。言い換えれば，保育所の機能は，家庭保育の「代替」というよりも「補完」の意味合いが強くなってきているということである。保育所に託すのは1日24時間のなかの限られた時間である。家庭という密室のなかでの「1対1の保

育」よりも家庭保育と集団保育をミックスさせて「完全な保育」をもとめているのである。

　保育所在籍児数の推移をみると，少子化の波は保育所に二重の作用をしているように思われる。ひとつは子どもの絶対数の減少によるものであり，もうひとつは，それへの対応としての「エンゼルプラン」(「今後の子育て支援のための施策の基本方向について」1994.12.16) や「新エンゼルプラン」(「重点的に推進すべき少子化対策の具体的実施計画について」1999.12.19) 等の効果である。児童福祉法制定時の 1947 (昭和 22) 年には 16 万人弱だった入所児数は，1960 年代後半には 100 万台になり，1980 (昭和 55) 年には 200 万人弱のピークに達する。その後下降線をたどるが，1994 (平成 6) 年の 160 万人弱を底に再び上昇して今日に至っている。この増加傾向の最大の要因は「低年齢児 (0～2 歳児) の保育の促進」である。ピーク時の 1980 年を起点にして 1998 年の低年齢児の伸び率をみると，0 歳児で 1.98 倍，1 歳児で 1.81 倍，2 歳児で 1.18 倍となり，保育所入所児のなかに占める割合も，15.2% から 23.4% となっている。このような「低年齢児保育の促進」は，3 歳児の保育も押し上げることになる。ちなみに先の数字の延長でいえば，4 歳児が 0.79 倍，5 歳児が 0.72 倍に対して，3 歳児は 0.91 倍である。

　このことが物語ることを一言でいえば，家庭保育を「補完」する集団保育の年限の延長ということである。内閣府の『国民生活白書 (平成 13 年版)』は「低年齢児の 8 割以上が家庭で保育」というタイトルで，4～5 歳児の 93.4%，3 歳児の 67.0%，0～2 歳児の 15.6% が幼稚園か保育所での集団保育という事実を図示している。周知のように，就園率や在籍率は，都道府県によって違いがあるので，これはあくまで全国平均であるが，就園率の一番高い沖縄県は「2 年保育」も 4 割弱であるのに対して，就園率の一番低い長野県は「3 年保育」が 8 割くらいで，「3 年保育は当り前」になっている。

　このように，全国的にはデコボコがあるものの，幼稚園における「満 3 歳児入園」と保育所における「低年齢児保育の促進」は，確実に，就学前における

集団保育の年限の延長をもたらすであろう。さらに，上記の『国民生活白書』は，「夫の就業時間で異なる保育所整備による妻のフルタイム就業への効果」をも図示している。「男女共同参画型社会」や「ワークシェアリング」といった思想は，保育所整備を必然化する。「保育の社会化」は一層促進されるであろうが，この「保育の社会化」に伴う費用負担をどうするかは，今後の大きな課題となろう。

2. 乳幼児の発達と保育

2-1. 人間の特性

　よく言われるように，人間はヒトとして生まれても，人の間で生活して初めて人間となれるものである。その人間については，古来，いろんな人たちがその特性について述べているが，あるひとつの特性をもって言い表すことは不可能であろう。少なくとも，「手としての人間」「社会的存在としての人間」「考えるものとしての人間」という3つの側面からとらえることが必要である。保育所保育指針が1歳3ヶ月で区切り，「子どもは，この時期，歩き始め，手を使い，言葉を話すようになる」と発達の特徴を表現しているのは，この時期に人間らしい特性が顕著になるためである。

　「選手」「運転手」「助手」といったように，手は人間そのものをあらわすが，「手としての人間」というのは，環境に働きかけ，仕事をしたり労働したりする人間ということである。この手の自由な働きを支えるのが2本の足での歩行である。「人」という字は，人間が2本の足で立ち・歩く姿を象徴するとともに，支え合う姿も示している。「植物は栽培によって形成され，人間は教育によって形成される。かりに，人が生まれながらにして大きく，しかも強いものであったとしても，その体も力も，その使い方を学び知るまでは，無用の長物であろう。むしろ有害であろう。なぜなら，大きくて強いために，誰もかれを助けようという気をおこさないからだ。かってにほったらかされて，何が自分

に必要なのかもわからないうちに，飢えて死んでしまうであろう。人は子どもという状態をとかくなげきがちだ。が，もし人間の最初が子どもの状態でなかったとしたら，人類は滅亡していただろうことを見落としているのである」というのは，J. J. ルソー（Jean Jacques Rousseau, 1712～1778）の『エミール』の一節であるが，他人の庇護なくしては存在できない人間の価値と社会のありようを端的に表現している。また，「考えるものとしての人間」ということは，「言葉をもつ人間」と言い換えることもできる。言葉はコミュニケーションのためだけにあるのではなく，思考をめぐらすためのものでもある。時実利彦の言を借りれば，人間は単に環境に適応するだけでなく，よりよい環境をつくりだし，「よりよく生きる」ことのできる存在である。このような人間らしさの「芽生え」を培うことが保育の基本となるものである。

2-2. 乳幼児期の発達の特性

> 発達とは，子どもが心身の自然な成長に伴い，それぞれの子どもに応じた自発的，能動的な興味，好奇心や，それまでに身につけてきた知識，能力を基にして，生活環境内の対象へ働きかけ，その対象との相互作用の結果として，新たな態度や知識，能力を身につけていく過程である。（保育所保育指針）

ヒトは40週間前後，母親の胎内に宿り，体重3000g・身長50cm前後に成長して，この世に生誕するが，赤ん坊は，生きていくために不可欠な，食べることも，排泄することも，眠ることも，衣を身にまとうことも，清潔にすることも自分だけでは何ひとつできない存在である。周囲の大人の庇護や援助があって初めてその発達も可能となる。つまり，子どもは「大人に保護されながら，いたわられながら，面倒をみられながら，世話をされながら」自分の生理的欲求を満たしつつ，「自発的，能動的」に「生活環境内の対象へ働きかけて」，身体は発育し，運動機能も，言葉や情緒，社会性といった精神発達も促されていくのである。

2-3.「保育の基本原理」と「保育目標」の意味するもの

幼稚園教育は，(中略) 幼児期の特性を踏まえ，環境を通して行うものであることを基本とする。(幼稚園教育要領)

保育所における保育の基本は，家庭や地域社会と連携を図り，保護者の協力の下に家庭養育の補完を行い，子どもが健康，安全で情緒の安定した生活ができる環境を用意し，自己を十分に発揮しながら活動できるようにすることにより，健全な心身の発達を図るところにある。そのために，養護と教育が一体となって，豊かな人間性を持った子どもを育成するところに保育所における保育の特性がある。(保育所保育指針)

上記の引用文は，幼稚園教育要領と保育所保育指針の第1章総則の1節であるが，これを受けて，要領や指針は，それぞれ「幼稚園教育の目標」(5項目) と「保育の目標」(6項目) を定めている (**表1参照**)。この5つの目標の淵源は，学校教育法第78条にあるが，「保育の目標」の第1項「十分に養護の行き届いた環境の下に，くつろいだ雰囲気のなかで子どものさまざまな欲求を適切に満たし，生命の保持及び情緒の安定を図ること。」が余分な形になっている。幼稚園は教育 (遊び) が中心であるが，保育時間も長くて低年齢児も多い保育所保育では「養護」の機能は不可欠である。この目標を受けて，「ねらい及び内容」が設定されているが，5つの目標はいわゆる5領域に連接し，「指針」独自の目標は「基礎的事項」となっている。そしてこの2つについては，前者が「子どもの自発的，主体的な活動を保育士が援助することにより，『子どもが身につけることが望まれる心情，意欲，態度などを示した事項』」であり，後者が「子どもが保育所において安定した生活と充実した活動ができるようにするために『保育士が行わなければならない事項』」と説明されている。幼稚園においても，「幼児期の特性を踏まえ」たとき，この養護の機能も不可欠であろう。

表1 学校教育法と幼稚園教育要領や保育所保育指針の「目標」

学校教育法第78条 （目標）	幼稚園教育要領第1章総則 （教育の目標）	保育所保育指針第1章総則 （保育の目標）
		ア 十分に養護の行き届いた環境の下に，くつろいだ雰囲気の中で子どもの様々な欲求を適切に満たし，生命の保持及び情緒の安定を図ること。
一 健康，安全で幸福な生活のために必要な日常の習慣を養い，身体諸機能の調和的発達を図ること。	(1) 健康，安全で幸福な生活のための基本的な生活習慣・態度を育て，健全な心身の基礎を培うようにすること。	イ 健康，安全など生活に必要な基本的な習慣や態度を養い，心身の健康の基礎を培うこと。
二 園内において，集団生活を経験させ，喜んでこれに参加する態度と協同，自主及び自律の精神の芽生えを養うこと。	(2) 人への愛情や信頼感を育て，自立と協同の態度及び道徳性の芽生えを培うようにすること。	ウ 人との関わりの中で，人に対する愛情と信頼感，そして人権を大切にする心を育てるとともに，自主，協調の態度を養い，道徳性の芽生えを培うこと。
三 身辺の社会生活及び事象に対する正しい理解と態度の芽生えを養うこと。	(3) 自然などの身近な事象への興味や関心を育て，それらに対する豊かな心情や思考力の芽生えを培うようにすること。	エ 自然や社会の事象についての興味や関心を育て，それらに対する豊かな心情や思考力の基礎を培うこと。
四 言語の使い方を正しく導き，童話，絵本等に対する興味を養うこと。	(4) 日常生活の中で言葉への興味や関心を育て，喜んで話したり，聞いたりする態度や言葉に対する感覚を養うようにすること。	オ 生活の中で，言葉への興味や関心を育て，喜んで話したり，聞いたりする態度や豊かな言葉を養うこと。
五 音楽，遊戯，絵画その他の方法により，創作的表現に対する興味を養うこと。	(5) 多様な体験を通じて豊かな感性を育て，創造性を豊かにするようにすること。	カ 様々な体験を通して，豊かな感性を育て，創造性の芽生えを培うこと。

3. 乳幼児をとりまく環境

3-1. 今日の環境問題

4半世紀ぶりの改訂であった平成のはじめの「要領」や「指針」の改訂で，5領域のひとつとしても「環境」が登場してきたが，「環境」は先にも触れたように子どもの発達や保育を考える場合のキーワードである。一般的には，

「四囲の外界。周囲の事物。特に，人間または生物をとりまき，それと相互作用を及ぼし合うものとして見た外界。自然的環境と社会的環境とがある。」（広辞苑）とされているが，「指針」では，「保育の環境には，保育士や子どもなどの人的環境，施設や遊具などの物的環境，さらには，自然や社会などの事象がある。そして，人，物，場が相互に関連し合って子どもに一つの環境状況をつくり出す。」としている。「保育の環境」ということであれば，その通りであろうが，今日では，「環境問題」というのは「地球環境問題」であり，人類のこれまでのあり方の見直しも迫っている問題であるから，もうすこし視野を広げて考えておこう。

科学技術の進歩は，土地や人の生産性を高めて人口の扶養力を増強させるとともに，乳幼児の死亡率も激減させ，平均寿命も大幅に延ばしてきた。しかしながら，依然としてその光の当らない地域も存在すると同時に，大量生産・大量消費・大量廃棄型の経済社会活動は，そういう地域も含めて「環境破壊」もおこなってきた。水や空気を汚し，排出ガスは地球温暖化ももたらし，人類の生きる基盤を揺るがしているのである。医療等の進歩が乳幼児死亡率を大幅に低下させてきたことはまぎれもない事実であるが，この間の「公害」や戦争等で一番害を被ったのは，かよわい乳幼児であったことも忘れてはなるまい。いま，「出生性比」の低下，「死産性比」の異変といったことも問題にされている。定かなる原因は，まだ突き止められていないが，環境の変化と無縁ではあるまい。将来世代にちゃんとした環境を引き継ぐためにも「維持可能な開発」が環境保全の基本原則である。

3-2. 地域環境や家庭環境の変化

高度経済成長の始まる1960年前後の日本の状況を示す言葉として「都市化」「工業化」「核家族化」といったものがあった。「都市化」とは，都市といわれる空間が広がると同時に，農村の生活様式も都市の生活様式に近づいていくことであり，「工業化」とは，第1次産業中心の社会から第2次産業中心の社会

に移行していくことである。「核家族」というのは，夫婦と子どもからなる家族形態であるが，それには二重の意味が込められていた。これまで存在してきた「拡大家族（合同家族）」も，「直系家族（2世代家族）」も核家族の複合体であり，もうそれ以上は「核分裂」しないであろうし，それは望ましいことであるということが。そして，このような「都市化」「工業化」「核家族化」は，「近代化」とも総称され，望ましいものとされていた。

区分		家庭環境	地域環境	保育環境
物的環境		物は豊富	自然破壊	左を補う
人的	大：大	関係数少	関係希薄	
	大：小	母子濃密	関係希薄	左を補う
	小：小	関係数少	関係数少	

「近代化」が地域環境や家庭環境を大きく変化させてきたことは周知の事実である。子どもの生活に引きつけて言えば，子どもの成長にとって不可欠な，遊びにおける3つの「間」が問題化してきた。すなわち，都市でも農村でも遊び場（空間）が奪われ，塾やおけいこごとで忙しい子どもたちは遊ぶ「仲間」も「時間」も喪失していったのである。ただ，子どもは遊びなくしては生きてはいけないから，「喪失」というよりも「変質」といった方が正確かもしれない。テレビ，漫画，ファミコンに象徴されるように，「場」が屋外から屋内へ，「仲間」が多人数から少人数へと変わっていき，忙しい合間をぬって「時間」を見出すといった具合にである。

3-3. 乳幼児にとっての環境の変化

上のような子ども一般の生活の変化は，乳幼児にとっても無縁ではなかった。「消費社会」のなかで，家庭の物は豊富になったが，「父親不在」という言葉も流行したように大人同士や子ども同士の関係は少なくなり，専業主婦の場合は「母子関係」の濃密さと「いびつさ」が，共働きの場合は，母親の「ゆとり」のなさが問題にされてきた。また，地域環境も，人間だけができる「環境をつくりかえる」（人工化）ことに必ずしも成功したとは言えないなかで，子どもたちが土や木や草花や虫や水と戯れる機会を少なくしていったし，「人とのか

かわり」も希薄にしていった。しかしながら，このような環境の変化に，ただ手を拱(こまね)いていたばかりではなかったことも事実である。

3-4. 環境の変化への対応と保育環境に期待されるもの

「要領」や「指針」で頻繁に出てくる言葉に「連携」があるが，少子・高齢社会に立ち向かう社会福祉の世界では「共助」「協働」という言葉が，もう少し視野をひろげれば，「共生の大地」とか「文化協同」といったものも目に止まる。それは，「近代化」によって損なわれてきた自然と人間のかかわりのありようや物的環境・人的環境（とくに大人同士の関係）の修復のありようを示しているのである。

幼稚園や保育所という集団保育の場の発展は，子育ての場としての家庭や地域社会の「保育力」の減退の裏返しでもあった。失われた家庭や地域社会の保育環境の一部を，集団保育の場に「代替」「補完」がもとめられたのである。ただ，そこに全面的な代替機能を期待することの過ちは，学校教育で経験済みである。それぞれの場での「子育て協同（共同・協働）の環境づくり」が，いまもとめられているのである。

4. 家庭教育と乳幼児の発達

4-1. 家庭機能の変化

家庭は，一般的には「生活の糧を得る機能」「婚姻や子どもを生み育てる機能」「老親等の介護や扶養をする機能」「休息・やすらぎを得る機能」の4つの機能をもつとされる。しかしながら，先にみたような「近代化」のなかで，4つの機能は大きく，縮小・変容してきた。この変化をもたらしたものは，産業構造の変化であり，法規範や人びとの意識の変化であるが，家庭の育児機能にも大きな変化をもたらしてきた。

「生活を得る機能」は，「職住分離」が一般化し，一家の主たる収入者分の収

入だけで生活する場合は「父親不在」といわれる現象を，複数の収入者分の収入で賄（まかな）う場合には，生活の慌ただしさを来した。「婚姻や子どもを生み育てる機能」は，晩婚化や特殊合計出生率の低下等での「少子化」現象を，「介護や扶養の機能」は，「遠距離介護」や介護の社会化を招来していることからもわかるように，十分に機能してきたとはいいがたい現実である。

4-2. 家庭の育児機能：形成と教育

「学習より経験がさきだ。授乳者の顔を見分けるようになったとき，子どもはすでに多くのものを得ているのだ。」と言ったのはルソーであった。ルソーは自然による教育，人間による教育，事物による教育と，「消極的教育」とレッテルを貼られるような教育論を展開したが，その意味するところは含蓄が深い。ここでいう「自然」は，いわゆる大自然というよりも，そのヒトがもって生まれた本性とか自然性を意味している。彼の言を借りれば，「わたしたちの機能や器官の内部的発育は自然の教育である。この発育をどう使うかを教えるのは人間の教育である。そして，わたしたちの五感にふれる物象について自分で経験するのが事物の教育である」ということになる。ある人は，この自然による教育を翻案して「本能的・活動意欲」としているが，この土台がしっかりしないと，後に積み上げたものは砂上の楼閣となる。この土台作りの端緒が家庭にあることはいうまでもないことである。

家庭教育を論ずるとき，「無意図的作用と意図的作用」という言葉が使われるが，この教育以前ともいえる「無意図的作用」の大きさを忘れてはならないであろう。それは，「環境」の項で述べた家庭の物的環境や人的環境でもとくに大人同士の関係の重要性である。子どもは養われながら，「見よう見真似」で育つ。「親の良いところはちっとも似ず，悪いところばかり似て」といったこともよく耳にするように，意図せざる結果は家庭教育につきものである。「指針」でいう「養護と教育との一体となった営み」とか「応答的関係」というのは家庭教育にそっくり当てはまることである。乳幼児とのかかわりで今さ

らながら痛感することは，大人にとっては，自然に身につけたかのように錯覚しがちな「基本的生活習慣」を我がものにするには，大人と子どものいかに多くのエネルギーが注ぎ込まれているかということである。先に引用したすぐ後に，ルソーはつぎのように続けている。「最も愚かな人の場合でも，その人の生まれたときから成長した現在までの進歩のあとをたどってみたら，その知識の量におどろくだろう。かりに，人間の全知識を二分して，万人共通の分と学者にだけ特有の分とにわけたとすると，後者は前者に比べて，ごく小さなものであろう。ところが，わたしたちは，すべての人が共通に学び取った知識のことを全然考えない。」

4-3. 子どもの価値の変化

「たわけ」「穀潰し」「間引き」「一姫二太郎」「長子の15は貧乏の峠で，末子の15は倉が建つ」「貧乏人の子沢山」「計画出産」「後継者不足」「1.57ショック」「少子化対策」「パラサイトシングル」「男の子より女の子」「出生性比の変化」。子どもをめぐる言葉を，思いつくままに列挙してみたが，子どもの価値は，社会や家庭のありようと密接に関係している。愚か者を意味する「たわけ」は，家産を子どもたちが山分けすれば，どの家も立ちいかなくなることからきた言葉という解釈もあるくらい子どもと家産（財産・経済力）の関係は深い。貧乏な家庭では，子どもは「穀潰し」であり，「間引き」の対象ともなった。「一姫二太郎」は，女の子の方が育ちやすく育てやすいということから，数字は順序を表すという解釈もあるが，原野を農地に換えたり，時には外敵とも対峙しなければ家庭を守れない状況のなかでは，男手を必要とするし危険にさらされる機会も多いことから，数そのものという解釈もある。「長子の15…」は，子どもは「穀潰し」ではあるが，働けるようになれば家のために大いに貢献するということである。「貧乏人の子沢山」は古今東西使われたものだし，「計画出産」は「産児制限」と対にして，戦後，流行したものである。「後継者不足」以下は，比較的歴史も新しいのでお馴染みであろう。

「核家族化」を経験した今日の日本では，一般的には「家族制度」や家産の意味は軽くなり，子どもは「授かりもの」から「生むもの」へと変化してきている。しかしながら親にとっては「生むもの」であり，「生殖家族」という選択性の高いものであっても，子どもにとっては，「定位家族」であり，選択の余地のないものである。「子どもの価値」は新たな視点から見直さねばならない。

4-4. 子どもの真価

眠ることが仕事であるような生活のなかでも，母親や大人から乳をもらい，排泄したものは取り替えてもらったり，汗ばんだ体は拭いてもらったり，気温やその子に応じて衣服を装ってもらったりしながら，子どもは，すくすくと成長していく。生まれたときには，50 cm で 3000 g くらいだった身長・体重も，小学校に入学する頃には，115 cm で 20 kg くらいになり，運動機能や精神的発達も著しい。この間に付加された子どもの価値は，先に引用したルソーの言葉そのものである。この付加価値は，親や大人だけのものでもなく，子どもだけのものでもない。大人と子どもの相互作用のなかで形成されたものである。そこには，「這えば立て，立てば歩めの親心」と子どもの「自然」や「笑顔」等が微妙に絡み合っている。「親が，赤ちゃんとの1年間のかかわりのなかで得る喜びは生涯に子どもに負担するよりも大きい」とは，ある助産婦さんの言葉である。

われわれは，子育てを通して至福の喜びを与えられる。しかしながら，過保護，過干渉，放任，虐待といった現象がみられるのも現実である。「ゆとりの教育」とは，子どもの学習の時間を減らすことではない。大人が「ゆとり」をもって接することである。子育てを楽しめる，大人の「精神的ゆとりと時間的ゆとり」が不可欠なのである。

5. 社会的背景と保育の実際

5-1. 新エンゼルプランの8つの目標

　これまでにも述べてきたように、急激な社会の変動のなかで、子どもの生活環境は大きく変化している。低年齢児の保育の主たる場は家庭であっても、「公園デビュー」、公民館等での「乳幼児学級」、幼稚園や保育所等の「子育て支援事業」といった具合に、さまざまな子どもの生活の場と親へのかかわりが用意されてきている。このような動きを促進してきたのが、「エンゼルプラン」や「少子化対策基本方針」「新エンゼルプラン」である。この「新エンゼルプラン」ではつぎのような8つの目標をかかげ、「低年齢児受入れの拡大」等21項目について、平成16年度までの到達「目標値」を示している。

　①保育サービス等子育て支援サービスの充実
　②仕事と子育ての両立のための雇用環境の整備
　③働き方についての固定的な性別役割分業や職場優先の企業風土の是正
　④母子保健医療体制の整備
　⑤地域で子どもを育てる教育環境の整備
　⑥子どもたちがのびのび育つ教育環境の実現
　⑦教育に伴う経済的負担の軽減
　⑧住まいづくりやまちづくりによる子育ての支援

5-2. 8つの特別保育事業

　この「新エンゼルプラン」に基づき策定された「特別保育事業実施要項」(平成12年3月29日。平成13年4月26日改正) では、つぎの8つの特別保育事業が示されている。

　①延長保育促進事業及び長時間延長保育促進整備事業、②一時保育促進基盤整備、③乳児保育促進等事業、④地域子育て支援センター事業、⑤保育所地域

活動事業，⑥障害児保育対策事業，⑦家庭支援推進保育事業，⑧休日保育事業
　延長保育や乳児保育・障害児保育といったものは，「保育需要の多様化」ということで従来から進められてきたものを一層，強化しようとするものであるが，「一時保育」等はまさに今日の子育て環境を反映しているものである。その特徴をみるために，それぞれの事業のポイントを抽出しておく。

一時保育の対象児童
　ア　保護者の勤務形態等により，家庭における育児が断続的に困難となり，一時的に保育が必要となる児童
　イ　保護者の傷病・入院等により，緊急・一時的に保育が必要となる児童
　ウ　保護者の育児疲れ解消等の私的な理由やその他の事由により一時的に保育が必要となる児童

地域子育て支援センター事業の内容　指定施設は，つぎの①から⑤のうち3事業を実施し，小規模型指定施設にあっては，①から⑤のうち2事業を実施するものであること。
　①育児不安等についての相談指導
　②子育てサークル等の育成・支援
　③特別保育事業等の積極的実施・普及促進の努力
　④ベビーシッターなど地域の保育資源の情報提供等
　⑤家庭的保育をおこなう者（いわゆる「保育ママ」）への支援

保育所地域活動事業
　①障害児保育推進事業　　　　　②夜間保育推進事業
　③世代間交流等事業　　　　　　④地域における異年齢児交流事業
　⑤地域の子育て家庭への育児講座　⑥保育所退所児童との交流
　⑦小学校低学年児童の受入れ　　⑧地域の特性に応じた保育需要への対応
　⑨家庭的保育を行う者と保育所との連携を行う事業
　⑩保育所体験特別事業　　　　　⑪子育て・仕事両立支援事業
　⑫保育所分園推進事業

家庭支援推進保育事業の対象保育所　日常生活における基本的な習慣や態度のかん養等について，家庭環境に対する配慮など保育をおこなううえでとくに配慮が必要とされる児童を入所児童のおおむね 50％ 以上受け入れている保育所。
休日保育事業の趣旨　日曜・祝日等の保護者の勤務等により児童が保育に欠けている場合の休日保育の需要に対応するため，休日の保育をおこなう事業に対し，補助をおこなうことにより休日に保育に欠ける乳幼児の福祉の向上を図ることを目的とする。

5-3. 保育サービスの整理：保育の社会化の進展

東京都福祉局は保育サービスの現実をつぎのように整理している。

Ⅰ．家庭の中で行う保育
　ア．保護者による保育
　イ．外部者による保育：在宅保育サービス
　　　①ベビーシッター　　　　②ファミリー・サポート・センター
Ⅱ．家庭の外で行う保育
　ウ．集団で行う保育：センター型保育サービス
　　　①保育所（認可，認可外）　②保育室
　エ．小人数で行う保育：家庭型保育サービス：家庭福祉員（保育ママ）

先に示した『国民生活白書』の数字は，家庭・保育所・幼稚園の3区分によるものであったが，そこで「家庭」と分類されたものでも，ベビーシッターやファミリー・サポート・センター等の「在宅保育サービス」や認可外保育所や保育室等の「センター型サービス」，「保育ママ」等が利用されているし，先に触れた「一時保育」の利用者もある。さらに，上記の「ア．保護者による保育」も「保護者のみ」での「密室保育」というケースはだんだん少なくなってきている。最近の保育所における地域子育て支援センターの利用状況をみると

「育児相談」では「保育所非利用者」が全体の3分の2を占めている。その相談方法も電話相談よりも面接相談が多く，相談内容も「基本的生活習慣」「発育・発達」「しつけ・教育」「健康・医学的問題」などの「しつけ・教育に関する相談」がトップで，「保育所，センターの利用等相談」に続いて，「子育て不安・育児ストレス」「家族関係・親子関係」「就労との両立に関すること」等の「子育てに関する相談」となっている（『日本子ども家庭総合研究所紀要第36集』平成11年度）。もともと，「子育て」という言葉には，保育や教育が「共同の営み」であったことを喚起する願いが込められていた。要は，このような芽を育てながら，子育てが喜びとなる社会を築きあげていくことである。

第5章　保育の内容

1. 保育内容と指導法

1-1. 保育者による主体的な内容選択

　保育内容は，幼稚園や保育所における子どもの活動を左右するもっとも大きな要因のひとつである。それゆえ保育者は，どのような内容を扱うかについて吟味し，教育課程の編成や保育計画の作成へと結びつけていかなければならない。

　保育内容に関する国による文書としては，文部科学省による幼稚園教育要領，および厚生労働省による保育所保育指針がそれぞれある。また，各園における

マラソン，がんばるぞ

前年度までの取り組みの蓄積も，重要な手がかりとなるだろう。しかしながら，保育内容はあらかじめ定められているわけではないし，固定されたものでもない。そのような考え方は，子どもの興味や実態に適合しない保育内容を生んだり，保育者の創意や工夫を失わせる恐れがある。保育内容を選択し，組織するにあたっては，各園およびクラスによる違いをふまえながら，目標に即した保育者の主体的な判断が必要となってくる。

　保育者が主体的な判断をおこなうためには，情報の収集が必要となる。判断が主体的であるほど，客観的な情報は多くあることがのぞましい。これは，保育目標を設定する際にもあてはまるが，必要な情報の観点としてたとえばつぎの3つをあげることができる。

　第一は，子どもの発達についてである。一般的な発達段階に関する知識はもとより，一人ひとりの子どもの身体的，精神的特徴について把握することがもとめられる。とくに乳幼児期は，月齢および年齢による個人差が大きいので，集団保育における内容の選択にあたっては，これらの情報が重要な意味をもつ。

　第二は，子どもの実態についてである。そこでは一人ひとりの子どもの興味や関心，また園内や家庭における行動の様子といった点があげられる。それとともに集団の特徴や，ほかのクラスと比較しての特徴も観点となる。

　第三は，子どもを取りまく環境についてである。園内外の物的，人的環境や，家庭環境がこれにあたる。たとえば，園が街のなかにあるか，それとも自然に囲まれているかといった立地条件によって，保育内容は異なってくるはずである。また，子どもたちの間で何が流行しているかということも，内容に影響を与えるであろう。

　このような情報によって，保育者による主体的な内容選択が可能になる。

1-2. 内容と方法との関連

　保育者が保育内容について考える際，それをどのように扱うかという指導法についても視野に入れておく必要がある。内容と方法，すなわち「何を」「ど

のように」指導するかについては，不可分の関係にある。取り上げる題材が興味深い内容であれば，子どもはみずから進んでその内容に取り組むであろう。逆に，保育者が工夫を凝らした教材であっても，題材に魅力が少なければ，十分な教育効果は得られない。集団指導か個別指導か，どのような環境づくりをおこない，またどのような教具を用いるか，いつ，どこで，どのような指導をおこなうかといった具体的な計画も含めて，内容と方法とは同時に考慮されるべきである。

たとえば，「身近な自然とのかかわり」を保育内容として取り上げる場合について考えてみる。草花や虫を見たり触れるという活動を通して，子どもは自然に対する興味をもつとともに，動植物の名前や生態についての理解を深める。この場合，草花や虫に普段から興味を示している子どもは，ありの行列がどこまでも続くのをながめたり，草笛を作って吹いたりしてみずからさまざまなことを発見する。このような子どもに対しては，保育者は必要以上に働きかけをせず，むしろ子どもの発見に共感するという立場で接する方がよいであろう。一方，草花に接する経験が少なかったり，虫をこわがる子どもに対しては，興味をもてるようになるきっかけを教師が作る必要がある。具体的には，保育者は散歩をしながらちょうの名前を教えたり，草花を摘んでみせたりする。ときには子どもと一緒に虫を触ってみるということもあるだろう。

このようにひとつの題材を扱う場合でも，子どもの実態によって内容および方法は異なってくる。一斉保育か，自由保育かといった基本的な方針によって，どのような内容を取り上げるかについての違いは，いっそう顕著になるだろう。

2. 保育内容と生活

2-1. 保育内容の総合化

心身ともに発達の途上にある幼児にとって，日々の生活は発見の連続である。それゆえ保育者は，ともすればあらゆる分野の内容を取り上げる必要性を感じ

ることがある。言語の習得，数量的な認識，自然とのかかわり，身体運動，社会におけるルール等，子どもにとっての課題は多い。しかしながら，これらすべてを習得させようとすることは，子どもに過度の負担をかけることになりかねない。それとともに，これらの課題は教科のように別々に教えられるわけではなく，総合的に扱われる必要がある。

　小・中・高等学校においても近年，「生活科」や「総合的な学習の時間」が設けられ，教科の総合化が導入されつつある。それは，社会や自然を観察の対象とするだけでなく，みずからが主体的にかかわっていくことによって環境の構成者となるという立場を重視することや，全人的な力を育てるために横断的・総合的な指導を充実させるといった考え方が根拠となっている[1]。これは幼児教育においてもあてはまる点であろう。そして，そのような保育内容の総合化の核となる活動が，生活や遊びである。

2-2. 子どもたちの生活

　ペスタロッチ（Pestalozzi, Johann Heinrich 1746～1827）は『白鳥の歌』において，「生活が陶冶する」という原理を提唱した[2]。それは，知識や道徳性の育成は家庭という身近な信頼関係のあるところから出発するという学習観と，生活による学習こそが自立した人間を育てるという人間観とにもとづいている。ペスタロッチ自身，ノイホーフやシュタンツの地において，貧児や孤児とともに農業を中心とした生活を営んでいた。これらの生活を通して，子どもたちは生活習慣を身につけ，生産の技術を学び，またそのために必要な読・書・算を学習していったのである。このように，乳幼児期においては生活そのものを保育内容として取り上げる必要がある。

　それでは，子ども，とくに保育の対象となる乳幼児期の生活には，どのような特徴があるだろうか。この時期の子どもは著しい発達を遂げていて，年齢および個人差によって生活はさまざまである。0歳児のように睡眠と授乳が1日の大半を占める生活もあれば，5～6歳児のように家庭と幼稚園・保育所での

活動が中心となる子どももいる。そのなかで，基本的生活習慣の確立ということは，この時期の主要な課題としてあげられる。たとえば，1〜2歳児においてはスプーンやコップを使いはじめたり，「これなあに」と言いながら周囲にあるものを取りに行こうとする。3〜4歳児では，おむつが取れ，自分でトイレに行ったり衣服の着脱ができるようになる。さらに5〜6歳児では食事や排泄の自立や，親や友だちに対して言語による意志疎通をともなった行動をとる。これらは家庭においてはもとより，保育場面においても適宜扱われるべきである。

2-3. 生活の乱れと保育の役割

子どもの生活の乱れが指摘されて久しい。しかもそれは，年々顕著になっている。たとえば食事について，「1〜6歳の食品群別摂取量の推移」をみると，1996（平成8）年と1999（平成11）年の比較において，総量は971.1gから919.9gに減っている。なかでも，穀類や乳類は10g以上の減少をみせている。また，この間のベビーフード供給量は，9297トンから1万1519トンへと年々増加している。さらに幼児の朝食のとり方についても，1〜6歳児で「毎日食べる」という回答は87.3%にすぎない。その一方で，おやつの与え方について1990（平成2）年度と2000（平成12）年度とを比較すると，「とくに気をつけていない」が増加する一方で，「時間を決めて」が大きく減少している[3]。

テレビやラジオについていえば，未就園児を中心に視聴時間が3時間を超えている。それによって，視力の低下や外で遊ばなくなるといった，身体面での変化がみられる。また，落ち着きがなくなったり行動が粗暴になる，言語や情緒面での遅れがみられるといった，発達面での問題も指摘されている[4]。

子どもの生活の乱れは，家庭における親の生活様式と密接に関係している。両親ともに夜間まで働いている家庭では，子どもの就寝時間も遅くなりがちである。このため，幼稚園や保育所へ遅刻したり，登園しても体の不調を訴えることもある。保育現場においては，子どもが発達の課題を乗り越えるのを援助

するだけでなく，家庭とも協力しながら，生活習慣が確立するよう保育内容に組み込んでいく必要がある。とくに，早朝や夜間までのように，保育時間が長くなる子どもの場合には，1日の生活リズムを規則正しくするために家庭での生活と保育とを一体化して考えるといった配慮がもとめられている。

3. 保育内容と遊び

3-1. 子どもにとっての遊びの意義

　幼稚園や保育所の1日において，遊びは中心となる活動である。遊びについてフレーベル（Friedrich Wilhelm August Fröbel, 1782～1852）は，「遊ぶこと，または遊戯は，この期における人間の発達，すなわち児童生活の最高の階段である。なぜかといえば，遊戯とはその言葉がすでに示すように，児童が自己の内面をみずから自由に表現したもの，自己の内面的本質の必要と要求とに応じて内面を外に現わしたものだからである」と述べている[5]。子どもは園庭でぶらんこやすべり台といった遊具で遊ぶ。砂場では城を作ったり，どろだんごを光らせようと工夫する。室内でも折り紙や読書等，子どもたちは無心に集中して好きなことをしている。その姿はまさに，フレーベルの言う「自己の内面を自ら自由に表現したもの」であるといえよう。

　このような遊びは，子どもにとってどのような意義をもつであろうか。思想家であるベンヤミン（Walter Benjamin 1892～1940）は，『教育としての遊び』において，「おなじことを繰りかえす，これが，そもそも共同ということではないか。『かのようにふるまう』のではなく，『繰りかえしやる』こと。このうえなく心をゆさぶる経験が習慣へと転じること。それがあそびの本質である」と述べている[6]。子どもは同じ遊びを繰り返しているようにみえながら，そのたびに新しい発見をしている。そしてそのような発見を通してあらゆる生活の様式を習得する。それとともに，食べる，服を着るといった習慣を身につけさせたい場合においても，それを直接教えるのではなく，遊びを通して無理なく

身につけることが可能である。

遊びの機能と効用として中西利恵は、社会化、知的発達、身体的・生理的発達、自己治癒という4つの側面を指摘する[7]。社会化とは、ともに遊ぶ相手とのかかわりを学んだり、集団における個人を自覚することをいう。知的発達は、さまざまな知識の習得や模倣とともに、想像力や創造性の伸長をもたらす。また、遊びは全身を使ったダイナミックなものから、手先の巧妙さが要求されるものまで、なんらかの形で身体的・生理的発達をともなう。さらに、遊びは言うまでもなく楽しいものであり、その楽しさが情緒的な安定や欲求不満の解消へとつながるといった自己治癒の効用がある。このように、子どもにとって遊びは、それ自身が教育的であり、その後の成長にとって欠くことのできない課題を内包しているという点で意義深いものである。

3-2. 子どもの遊びの特質

建築家で子どもの遊び環境を研究する仙田満は、遊び環境の要素として「あそび時間」「あそび空間」「あそび集団」「あそび方法」の4つを提示する[8]。これは遊びの成立する条件と言いかえてもよいであろう。すなわち「あそび時間」と「あそび空間」は、物理的な条件である。時間が確保されていなければ遊ぶことはできない。空間、場所についても同様である。これに対して、「あそび集団」と「あそび方法」は、主として人的な条件である。遊びはひとりでもできるが、子どもの社会性の発達や、遊びのバリエーションという点から「あそび集団」の有無は遊びの内容に大きく影響する。また、「あそび方法」についても、遊びの道具も含めて、子どもたちがどの程度知っているかによって遊び方は変わってくる。

これらをふまえて、子どもの遊びの特質を考えると、つぎの点があげられる。第一は、総合的かつ柔軟であるということである。たとえば「たんけんごっこ」の様子をみていると、子どもはとくに道具をもつわけでもなく、計画に沿って行動するわけでもない。バッタをみつければ虫捕り遊びが始まり、物置小

屋の探検が鬼ごっこに変わることもある。これは，子どもが特定の内容にとらわれずに遊んでいることを意味する。また子どもは，木切れを武器にしたり，物置小屋を秘密基地にするといった「見立て」をおこなう。このように，個別の技能や内容ではなく，総合的かつ柔軟に遊びをとらえる点が特徴である。

　第二に，感覚器官の活用ということがある。フレーベルの恩物やモンテッソーリ（M. Montessori 1870〜1952）教具の例をあげるまでもなく，子どもは遊びにおいてすべての感覚器官を用いる。乳児期のおもちゃをみればわかるように，ガラガラや原色でできた積み木やブロックなどによって子どもは視覚や聴覚を刺激され，楽しんでいる。幼児期においては，どろあそびやねん土づくり等，皮膚感覚を通じた遊びを子どもは好む。そしてしだいに，ジャングルジムや木のぼり等，全身を使った遊びへと発展し，子どもは感覚および運動諸機能を発達させていくのである。

　第三に，生活や文化とのかかわりということがあげられる。子どもの遊びには，おとなの生活を模倣した内容が多い。「ままごと」や「ごっこ遊び」はその典型であろう。これらの遊びを通して，子どもはみずからの想像性をかきたてながら，おとなの生活を理解し，技能を習得しようとする。それは，無意識のうちに子どもを社会生活の準備へと導いている。それとともに，遊びには国や地域文化とかかわりの深いものが多い。たとえば祭りにおけるおみこしや踊りは，その地域における伝統の継承という役割があるとともに，神事や収穫への感謝という意味を伝えることになる。

　しかしながら，子どもの遊びの特質は変容しつつある。前述した遊び環境の

4要素について，仙田の調査によれば，あそび空間は1975年に比べて2分の1に縮小し，あそび時間についても内あそび時間が外あそび時間の4倍になり，しかも分断化している。あそび方法はファミコン・テレビゲームによる影響が大きくなり，あそび集団は，ガキ大将集団から同学年同年齢集団に移行したのち，その同学年同年齢集団もさらに解体している。実際に，保育所で夜間まで保育されている子どもはもとより，幼稚園児もひとりでゲームをしたり，体操，水泳，英語，ピアノといったおけいこごとが遊びに代わる役割を果たしていることが多い。それゆえ，子どもをとりまく家庭および社会的環境が変化しているという現実を認識しながら，われわれは遊びの特質をふまえた保育内容を組み立てていかなければならない。

3-3. 遊びにおける保育者のかかわり

遊びの種類や内容は無数にあり，それを列挙することは不可能である。ここではいわゆる伝承遊びを取り上げながら，保育における遊びのありかたおよび保育者のかかわり方について考えてみたい。

伝承遊びとは，その名の通り古くから受け継がれている遊びのことである。それは親兄弟や祖父母，地域の人びとから教えられるという性格が強い。伝承遊びには，鬼ごっこやかんけり，「だるまさんがころんだ」のように体を動かすものから，竹馬，たこあげ，羽根つき等，そのために作られた道具を用いて遊ぶもの，さらにあやとりや折り紙，草笛といった，素材から創造することを目的とする遊びがある。また伝承遊びは，わらべ謡(うた)に合わせて謡(うた)遊びとなるものも多い。「花いちもんめ」「かごめかごめ」「通りゃんせ」「なべなべそこぬけ」等は，古くから子どもたちに受け継がれてきた遊びである。そこには謡(うた)とともに，ゲーム性，集団性といった，遊びの基本的要素が含まれている。

では，保育内容に遊びをとり入れる際，保育者はどのような態度でのぞめばよいであろうか。これについて，小川博久は「子どもの『遊び』とは子ども集団の中で伝承された知識・技能によって展開された活動のことである」と定義

する。その上で，保育者が教授という形で子どもの遊びにかかわることは，技能や知識を教えられない点および遊びが子どもの自発的で自由な活動でなければならないという点で，困難であると主張する。それゆえ，遊びは教授されるものではなく，子どもによって伝承されるべきものとなる。しかも，現在の子どもの遊びにはそうした伝承のシステム自体が危機に瀕しており，保育者のかかわり方が一層重視されている[9]。

小川の論は伝承のメカニズムに焦点をあてたものであるが，それは今日の保育場面における遊びのあり方を問い直すきっかけにもなっている。たとえば，『幼稚園教育要領解説』においては，「能力や態度などの獲得のためには，遊びを中心とした生活の中で，幼児自身が自らの生活と関連付けながら好奇心を抱くこと，あるいは必要感をもつことが重要である」と述べられ，幼児の主体的な活動としての遊びを十分に確保することが強調されている[10]。指導事例においても，1日の大半を自由遊びにあてる例もみられる。

小川は，遊びの伝承と保育場面における自由遊びとを直接結びつけているわけではない。だが今日，保育者は子どもの遊びの援助者であるという側面が強調されていることも事実である。そうだとすれば，保育における「援助」とは，「教授」や「教えこみ」以上に困難な行為ということになる。したがって，遊びが子どもの全面的な発達に果たす役割を認めつつ，保育者のかかわり方を考えながら，それを保育内容にどのように位置づけるのかは重要な課題である。

4. 保育所保育指針の視点

4-1. 成立と構成

保育所保育指針は，1964（昭和39）年の中央児童福祉審議会での提言を受けて，同審議会の保育内容研究会において作成され，翌1965（昭和40）年8月に厚生省児童家庭局長が通達したものである。その背景には，1963（昭和38）年に出された通達「幼稚園と保育所との関係について」および1964（昭和39）

年に改訂された幼稚園教育要領とがある。この通達において，幼稚園教育の内容をふまえながら，保育所における保育内容の基準が示されたのである。

その後，1989（平成元）年に幼稚園教育要領が改訂されると，翌年3月には保育所保育指針も改訂された。さらに1998（平成10）年には，児童福祉法の改正，エンゼルプランや緊急保育対策等5ヶ年事業の実施といった諸政策および幼稚園教育要領の改訂等を受けて，保育所保育指針検討小委員会が設置された。そして翌1999（平成11）年10月29日に厚生省児童家庭局長通知「保育所保育指針について」が出され，現在に至っている。

現行の保育所保育指針は13章から構成されている。第1章は総則であり，保育の原理および保育の内容構成の基本方針について記されている。また第2章では子どもの発達について述べられている。第3章から第10章までは，発達段階ごとの保育の内容についてである。その際，乳幼児の発育，発達がとくに著しいことを考慮して，6ヶ月未満児，6ヶ月から1歳3ヶ月未満児，1歳3ヶ月から2歳未満児，2歳児，3歳児，4歳児，5歳児，6歳児と区分している点が特徴である。さらに第11・12章では保育計画の作成および健康・安全に関する留意事項について，第13章では保育所における子育て支援等についてそれぞれ述べられている。

4-2. 基本的な考え方

児童福祉法第39条では，「保育所は，日日保護者の委託を受けて，保育に欠けるその乳児又は幼児を保育することを目的とする施設とする。」と規定されている。保育所保育指針も，この目的にもとづきながら「乳幼児の最善の利益を考慮し，その福祉を積極的に増進すること」を強調している。それは具体的には「保護者の協力の下に家庭養育の補完を行」うことおよび「養護と教育が一体となって，豊かな人間性を持った子どもを育成する」という考え方に表れている。すなわち，幼稚園でおこなわれる「教育」の役割だけでなく，主として家庭における「養護」の役割の両面が，保育所にはもとめられているのであ

る。

　このような目的のもと,「第1章第1節　保育の原理」においては,保育の目標として6点が示されている。第一は養護に関する目標であり,十分に養護の行き届いた環境およびくつろいだ雰囲気のなかで子どもの欲求を適切に満たすことによって,生命の保持及び情緒の安定を図ることがめざされている。ほかの5点は教育に関する目標であり,幼稚園教育要領の総則にある目標と対応しながら,健康,人間関係,環境,言葉,感性と表現について記されている。

　また第1節においては,保育の方法および環境に関する原理も記されている。保育の方法については,保育士が研修等を通して人間性と専門性の向上に努める必要があることや,知性と技術,豊かな感性と愛情をもって一人ひとりの子どもにかかわることが述べられ,保育士の責任が従来よりも強調されている。そしてこれに続いて,具体的な留意点が9点示され,とくに人権への配慮,性差や個人差に対する留意,虐待,子どもに関する守秘義務の4点が新たに付け加えられている。一方,保育の環境については,人,物,場の3つが構成要素として示されるとともに,これらが相互に関連することの重要性を強調している。

　第2章では子どもの発達についての基本的な考え方が述べられている。そこでは,発達とは自発的,能動的な興味,好奇心や知識,能力をもとにして,生活環境内の対象との相互作用によって新たな態度や知識,能力を身につけていく過程であると定義されている。とくに,大人,あるいは子どもどうしの社会的相互作用を重視しながら,適切な刺激と援助により,能動的,意欲的に活動できる環境が構成されることが必要となる。こうした原理や発達観にもとづいて,各発達段階における保育の内容が組織されていくのである。

4-3. 保育の内容

　保育所保育指針において,保育の内容は「ねらい」と「内容」から構成されている。「第1章第2節　保育の内容構成の基本方針」で述べられているよう

に,「ねらい」は保育の目標をより具体化したものである。また「内容」は,子どもの状況に応じて保育士が適切におこなうべき基礎的事項および保育士が援助する事項からなる。とくに3歳児以上の章については,主として養護に関係する「基礎的事項」および幼稚園教育要領の5領域に対応した,健康,人間関係,環境,言葉,表現のそれぞれに分けて内容が示されている。

　第3章から第10章までの各章においては,まず「発達の主な特徴」について記されている。そこでは感覚器官や身体の発育,行動面での特徴が説明される。その上で,各章ではつぎに「保育士の姿勢と関わりの視点」について書かれている。これは,今回の改訂から新設された節である。そこでは,健康な生活リズム（6ヶ月未満児）,優しく受け止める配慮（3歳児）,社会性がめざましく育つことへの留意（5歳児）というように,具体的なかかわり方が示されており,発達の特徴とねらいおよび内容との橋渡し的な役割を果たしている。

　「ねらい」については,6ヶ月未満児においては,体の状態の観察,授乳,喃語（なんご）,感覚といった養護に関する項目が中心である。その後1歳3ヶ月,2歳と進むにしたがって,絵本や玩具等による興味および好奇心の芽生え,身の回りの大人や子どもとのかかわりといった項目が追加される。3歳児以降については項目数が増えるとともに,明示はされていないものの基礎的事項および5領域に対応した形でまとめられている。

　「内容」についても,2歳児までは養護に関する内容を中心に一括して示されている。そこでは「ねらい」と対応しながら,体・顔・手の清潔,授乳や食事,衣服の着脱,絵本や歌といった点について,具体的な内容が示される。とくに,嘱託医との相談が今回の改訂においては強調された。また,3歳児以降は各領域ごとの内容となっている。「基礎的事項」で取り上げられているのは,健康状態の把握,環境保健,保育士との信頼関係,生理的欲求の4点である。以下,各領域ごとに幼稚園教育要領に準ずる形で内容が示されている。

　さらに各章では,「ねらい」や「内容」をふまえて,「配慮事項」についても記されている。「内容」と同様に,2歳児までは一括して述べられており,と

くに 6 ヶ月未満児については，生理的諸機能の未熟性が指摘され，おむつのあて方，授乳のしかた，寝かせ方および抱き方といった点が改訂にあたって強調されている。

4-4. 保育所の新しい役割

保育所保育指針の第 11・12 章はそれぞれ，保育の計画の作成および健康・安全に関する留意事項について記されている。これらは改訂に際して，大幅に加筆された。

まず，「第 11 章 保育の計画作成上の留意事項」においては，内容に即して見出しが新たに設けられた。そのなかで，「3 3 歳未満児の指導計画」「4 3 歳以上児の指導計画」「5 異年齢の編成による保育」が新設され，年齢に応じて柔軟に指導計画を作成することが述べられている。また「6 職員の協力体制」や「7 家庭や地域社会との連携」についても記され，保育所全体の職員による協力体制のもと，家庭との連携をこれまで以上に密にしながら保育にあたることが強調されている。さらに，「9 障害のある子どもの保育」「10 長時間にわたる保育」「11 地域活動など特別事業」の各節が新設された。

つぎに「第 12 章 健康・安全に関する留意事項」においては，冷凍母乳による栄養法などの配慮や，離乳完了の目やすについて等，具体的な記述が増えている点が特徴である。また，「4 疾病異常等に関する対応」については，それまでの「伝染病」に代わって「感染症」に関して記されるとともに，「病気の子どもの保育」や「乳幼児突然死症候群（SIDS）の予防」「アトピー性皮膚炎対策」の項目が新たに設けられた。さらに，「7 虐待などへの対応」「8 乳児保育についての配慮」の 2 節が新設され，早期発見の方法や保育者の心構え等について述べられている。

最後に，「第 13 章 保育所における子育て支援及び職員の研修など」は，総則において「保育所には地域における子育て支援のために，乳幼児などの保育に関する相談に応じ，助言するなどの社会的役割も必要となってきている」と

書かれたことをふまえて，新たに設けられた章である。そこではまず，「1 入所児童の多様な保育ニーズへの対応」として，(1) 障害のある子どもの保育，(2) 延長保育，夜間保育など，(3) 特別な配慮を必要とする子どもと保護者への対応の3点について記されている。また，「2 地域における子育て支援」に関して，(1) 一時保育，(2) 地域活動事業，(3) 乳幼児の保育に関する相談・助言の問題が取り上げられている。その上で第三に「3 職員の研修等」についても，その必要性が述べられている。このように，社会や家庭の変化にともなって，「保育に欠ける」という概念も質的に変容しており，それが保育所の新しい役割として保育所保育指針の内容にも影響を及ぼしているのである。

5. 幼稚園教育要領の視点

5-1. 成立と構成

幼稚園は学校教育法第1条において規定された学校であり，その目的も，同法第77条において，「幼稚園は幼児を保育し，適当な環境を与えて，その心身の発達を助長することを目的とする」と定められている。また教育課程については，文部科学大臣が別に公示する幼稚園教育要領によるものと同法施行規則で定められている。

幼稚園教育要領の前身は，1948（昭和23）年に出された保育要領である。それは，同時期に出された学習指導要領と同様に，試案として作られたものであるとともに，保育所や家庭においても活用可能になっていた。1956（昭和31）年には幼稚園教育要領と改称され，1964（昭和39）年の再改訂時においては法的拘束力をもつ告示となった。その後しばらくの間，幼稚園教育要領は改訂されることはなかったが，1989（平成元）年には，学習指導要領の改訂に合わせて幼稚園教育要領も改訂された。さらに1998（平成10）年に改訂されたのが現行版であり，それは小・中・高等学校に先立って2000（平成12）年4月1日から実施されている。

幼稚園教育要領は，総則，ねらい及び内容，指導計画作成上の留意事項の3章から構成されている。「第1章　総則」は3節に分けられ，幼稚園教育の基本，目標，教育課程の編成について述べられている。「第2章　ねらい及び内容」では，5領域である健康，人間関係，環境，言葉，表現のそれぞれについて，ねらい，内容および内容の取扱いが記されている。なおこの「内容の取扱い」は，1989（平成元）年版では「留意事項」とされていた。最後の「第3章　指導計画作成上の留意事項」では，一般的な留意事項およびとくに留意する事項がそれぞれ述べられている。

5-2. 基本的な考え方

幼稚園教育要領の改訂は，1998（平成10）年7月に出された教育課程審議会答申「幼稚園，小学校，中学校，高等学校，盲学校，聾学校及び養護学校の教育課程の基準の改善について」にもとづいている。そこでは，「生きる力」の育成を目的としながら，改善のねらいとして，1）豊かな人間性や社会性，国際社会に生きる日本人，2）自ら学び考える力の育成，3）基礎・基本とゆとり，4）特色ある学校づくりの4点が示されている。

また幼稚園教育要領の改訂については，1）遊びを通した一人ひとりに応じた総合的な指導，2）教師の基本的な役割についての明確化，3）豊かな生活体験を通して自我の形成を図り，生きる力の基礎を培うための「ねらい」および「内容」の改善，4）小学校との連携の強化，5）地域に開かれた幼稚園づくりや幼稚園運営の弾力化といった内容が提言された。

幼稚園教育要領の総則においては，「1　幼稚園教育の基本」として，環境を通しておこなう教育があげられている。そのために重視される事項として，幼児期にふさわしい生活の展開，遊びを通しての総合的な指導，一人ひとりの発達の特性に応じた指導の3点がある。また教師の役割として，幼児と人やものとのかかわりをふまえた物的，空間的環境を構成することや，幼児の活動場面に応じてさまざまな役割を果たすことがあげられている。

この基本に即して「2　幼稚園教育の目標」では，5つの目標があげられている。それは，1) 基本的な生活習慣・態度，2) 人への愛情や信頼感，3) 身近な事象への興味や関心，4) 言葉への興味や関心，5) 多様な体験と豊かな感性であり，健康，人間関係，環境，言葉，表現の5領域に対応したものとなっている。また，これらの目標を達成するための教育課程の編成についても示されている。そこでは，自我が芽生え，他者の存在を意識し，自己を抑制しようとする気持ちが生まれるといった幼児期の発達特性をふまえることが強調されている。

5-3. 内容および留意事項

現行の幼稚園教育要領は，基本的には1989（平成元）年版をもとにしており，先にあげた改訂の方針に即して部分的な修正がおこなわれている。ここでは，各領域ごとに「第2章　ねらい及び内容」で示されているねらい，内容，および内容の取扱いについて整理する。

第一の領域である「健康」では，「健康な心と体を育て，自ら健康で安全な生活をつくり出す力を養う」という観点のもと，明るく伸び伸びと行動し，充実感を味わうことや，進んで運動するとともに，健康，安全な生活に必要な習慣や態度を身につけることがねらいとされている。内容については，進んでいろいろな遊びをすることや，幼稚園における生活のしかたを知ること，病気の予防と安全な行動等，9項目にわたって示されている。とくに，幼児の興味や関心が戸外にも向くようにすることや，動線に配慮した園庭や遊具の配置を工夫することが「内容の取扱い」において新たに記述された。

第二の領域である「人間関係」では，「他の人々と親しみ，支え合って生活するために，自立心を育て，人とかかわる力を養う」という観点のもと，自分の力で行動するとともに身近な人とかかわり，愛情や信頼感をもつことが主なねらいである。内容は，個人生活，友だちとの関係，および社会生活に関して12項目にわたって示され，とくに友だちのよさや思いやりについて，および

高齢者や地域の人びととのかかわりについて新たに示された。またこれらを通して人とかかわる力を育てることも「内容の取扱い」で示されている。

　第三の領域である「環境」では，「周囲の様々な環境に好奇心や探究心をもってかかわり，それらを生活に取り入れていこうとする力を養う」という観点のもと，身近な環境や事象にかかわるなかで，興味をもったり発見を楽しむこと，および数，量，文字に対する感覚を豊かにすることがねらいとされている。そのために，自然，身近な物，数量や図形，国旗に親しむ等11項目があげられている。なお，標識や文字に対する関心が，従来の「言葉」領域から移動している。また，幼児が考える過程を大切にすることおよび自然とのかかわりを深められるように工夫することが「内容の取扱い」で新たに示されている。

　第四の領域である「言葉」では，観点として，自分なりの言葉で表現することや聞こうとする意欲や態度を育てることおよび言葉に対する感覚が重視されている。これをふまえてねらいおよび内容においては，聞くこと話すことを通して伝え合う喜びを味わうことや，絵本や物語などに親しむこと等が示されている。さらに「内容の取扱い」については全面的に改訂され，心を動かすような体験や，想像を巡らせたりする楽しみ，文字に対する興味や関心といった，心情的な面が強調されるようになった。

　第五の領域である「表現」では，「感じたことや考えたことを自分なりに表現することを通して，豊かな感性や表現する力を養い，創造性を豊かにする」という観点のもと，豊かな感性やイメージをもつことおよび自分なりにさまざまな表現を楽しむことがねらいとされている。内容は，感覚やイメージを豊かにすることや，音楽，製作，演技による表現等，8項目にわたって示されている。さらに，表現しようとする意欲を受け止めて幼児らしいさまざまな表現を楽しめるようにすることが，内容の取扱いにおいて強調されている。

　最後に「第3章　指導計画作成上の留意事項」についても，上記のねらいおよび内容の改訂を受けて，順序の変更や加筆がおこなわれている。なかでも，「2　特に留意する事項」においては，障害のある幼児との交流，地域の幼児

教育のセンターとしての役割および時間外の教育活動について新たに記されている。それらは保育所と同様，地域や保護者との連携のもと，子育て支援機関としての新しい機能が幼稚園にもとめられていることの現れであるということができる。

【注】
（1） 文部省　1989　小学校指導書　生活編　教育出版，p.5.
　　　文部省　1999　小学校学習指導要領解説　総則編　東京書籍，p.42.
（2） ペスタロッチ　1826　白鳥の歌（ペスタロッチー全集　第12巻）平凡社，p.40.
（3） 日本子ども家庭総合研究所（編）2002　日本子ども資料年鑑2002　KTC中央出版，pp.155-158.
（4） 日本子どもを守る会（編）2001 子ども白書2001年版　草土文化，pp.252-271.
（5） フレーベル　1826　人間の教育（フレーベル全集　第2巻）玉川大学出版部，p.59.
（6） ベンヤミン（丘澤静也訳）1969　教育としての遊び　晶文社，p.64.
（7） 川村晴子・中西利恵・増原喜代・内山明子 1997 子どもの育ちと遊び　朱鷺書房，pp.61-62.
（8） 仙田満　1992　子どもとあそび　岩波新書，pp.171-175.
（9） 小川博久　2001　遊びの伝承についての再考—集合的記憶の視点から—　「遊び」の探究　生活ジャーナル，pp.10-22.
（10） 文部省　1999　幼稚園教育要領解説　フレーベル館，p.10.

第6章　保育の方法

"子どもが好きなので保育者になりたい"という，いわば原点のような大切な気持ちは，保育の現場で保育者として複数の子どもとかかわっていく時には，どのように生かしていくのが望ましいのだろうか。またそれに必要なことは何だろうか。

"子どもが好き"という気持ちは，保育者として必要な大きな条件のひとつである。その気持ちのなかには，小さな子どものもつ愛らしさや純粋さに魅力を感じていることも多いと思う。しかしそれだけでなく，子ども時代も含めて人間そのものに対して，愛おしさ，不思議さ，面白さを感じられることがより大切ではないかと思われる。保育者と子どもという関係も，いってみれば人間と人間の関係である。人と人のかかわりのなかで，お互いに何を学んでいくの

コーナー保育例

か，子どもより年長者である保育者は子どもの育ちに何ができるのかを考えていくことが必要である。

この章では，まず保育方法についてその原理と，しつけや生活指導について考えていきたいと思う。つぎに集団保育の形態，クラス編成や指導法について考えていくが，この三者は互いに密接な関連をもっており，別々に論じるのは難しい側面がある。節別に概要を述べるが，互いの関係を考えながら総合的に把握していくことが望ましい。

1. 保育方法の原理

1-1. 保育者の"子ども観"の確立

保育方法とは保育にあたる際，どのように保育していくかという全般にあたるもの，および具体的な方法であるが，それはマニュアルのように存在するものではない。なぜならそれは，保育者や子どもはその一人ひとりが個体差ともいえる個性をもった存在であり，その関係もお互いの成長とともに絶えず変化し続けているからである。

まず保育方法を考えるにあたり，保育者としてつぎの3点をおさえることが必要である。第一に，目の前の子どもそのものをどのように捉えているのか，第二に子どもをどんな目標に向かって保育しようとしているのか，第三に乳幼児期の発育発達の特質をどう理解しているのかである。そのうえで，それぞれの状況のなかで考えられる最善の方法が，保育方法となるのではないだろうか。保育方法の基本は，幼稚園教育要領や保育所保育指針の保育観が中核となるが，いわば個人レベルでは保育者としての"子ども観"が基本にあったうえではじめて導き出されるものである。

子どもをどう捉えるのか　私たちは子どもを理解しようとして，その言動や行動に注目してそれらにさまざまな解釈を試みている。それはそれが生み出される原因やその根底にある心を読み取ろうとしているものであるが，あくまで見

る側の限られた見方や考え方の枠組みのなかでしていることが多い。当然その枠組みの外で起きていることや解釈できない行動は，見落としてしまいがちである。しかし人間の行動を考えてみれば，解釈は見方，捉え方や考え方で変わってくるものであるし，すべてが説明できる行動ばかりではないことが多いことも事実である。実際，行動は本人にもわからない事情で規定されていることも数多くある。子どもをよく見ようとする姿勢は大切であるが，子どもがいる時間的，空間的な拡がりのある生活のなかで，子どもの姿そのものをあるがままに捉えることが大切なのではないだろうか。そうしていくことで，見ようとしているだけでは見えてこなかったことを感じることができたり，見えないもののなかにこそ何かが潜んでいることがわかってくるのかもしれない。

保育目標の設定　保育現場では，子どもの入園から卒園までをひとつの大きなまとまりと考え，卒園までに身に付けさせたい事柄や育ってほしい事柄を，成長段階に沿って獲得できるように配列している。卒園は一区切りであるものの，子どもの成長は卒園で終わるものではなくその後も続くものである。そのように捉えると，保育目標とは卒園を到達点に考えるものではなく，人生の大きな節目としてその後も見据えた視点から逆算されるべきものではないだろうか。

　保育者としては，子どもに人間としてどう育っていってほしいのか，豊かな人生を送るためにはどんな力が必要なのか，そのためには乳幼児期の今に何が必要なのかを考えることが重要である。それは取りも直さず，保育者自身の価値観や人生観が問われることになるのである。

発育発達の理解　子どもの成長は発育と発達を含んでいるものであるが，その成長の様子は客観的な数値や指標で表すことができるもの，すなわち発育であれば身長や体重などの身体計測値の増加，発達であれば外面から見ることや測ることのできる能力や技能の向上と考えられがちであった。しかし子どもの内面には，心情や意欲，イメージなどが漸進的(ぜんしん)に変化し続けている。それらの客観的評価は難しいが，それらの変化の様子こそが子どもの発達，言い換えるなら"育ち"と捉えることができるのではないだろうか。保育者は子どもの内面

にある心の動きに注目しながら，測ることができるものばかりでなく，一人ひとりの子どもが自分のなかにある発達課題をどのように乗り越えていっているかという過程を見守る姿勢が必要なのではないだろうか。

1-2. 保育方法の原理

保育方法とは，保育現場で子どもの育ちを指導・援助するためにおこなわれることすべてが含まれる。主体が保育者か，子どもかでその方法には若干の違いがあるが，保育者主導の場合は計画的・系統的な側面が，子ども主体の場合には自然的・偶然的な側面が色濃く出るであろう。前者の場合を指導，後者の場合を援助ということが多い。共通していえることは保育者の意図する保育課題が，子どもにとっての自己課題として受け止められるように保育方法を工夫していくことである。

一般に保育方法の原理といわれるものには下記に示すものがあげられる。重要性の高いものから順番にそれぞれをみていくことにしよう。

自発性 子どもの自発性がもっともわかりやすい形で表現されたものは"遊び"である。本来の遊びは参加を強制されていないもので，子どもの内にあるものが外に向かって表現されたものである。子どもがみずから環境に働きかけられるよう，保育者は子どもが自発的に活動できる環境整備に配慮することが必要である。

興味性・関心 子どもはその生活のほとんどが未知の体験のため，いろいろなことに興味を示す。物事に興味や関心を抱くというのは，まず好奇心が心と体を突き動かし何かの対象に向けて自分の行動を起こしていることである。保育者はその興味の芽を望ましい方向へ向けることや，興味をもたない新しいものへの興味も育てることに留意することが必要である。

経験 疑似体験の遊びも多いなか，腹にこたえる，腑に落ちるといった自分の体の実感を伴った経験は貴重である。子どもはいずれ言葉を使って論理的思考をするようになるが，その前に自分の五感と運動能力を駆使した経験を数多

くさせたいものである。具体的な行為の過程で生じる成功や失敗は子どもにとって貴重であり，試行錯誤を繰り返すことで経験を自分の知恵にすることが可能になる。保育者は子どもが幅広い経験を得られるように，組織的に経験の機会の提供を考えることが必要である。

自　由　ここでいう自由とは，放任やわがままを許すことではなく，保育の基本精神である児童の権利や自由の尊重をいう。正しく規制されたなかでの自由が考えられるべきである。

個性化　子どもも含めて人間はその一人ひとりがかけがえのない存在である。集団のなかでも自分らしさが発揮でき，それと同時に他人の他人らしさも認めることができることが望ましい。個性は尊重すべきものではあるが子どもの調和的発達を考えた場合，あまり偏らないような配慮がされるべきである。

社会化　社会化とは個人が社会に適応し同化することを意味する。社会生活に必要な精神，態度を培うにはまず人とかかわる力を育てていくことが必要である。保育者は子どもに協力を必要とする機会を与え，連帯や責任を体感させることが必要である。

練　習　大人の目には単調に見えることであっても，子どもにとっては反復による習慣化が必要である。

2. 生活指導の保育と役割

"子どもが成長していく"ということばのなかにはつぎの3つの要素が含まれるのではないだろうか。ひとつめには，"発育"とよばれる身体的発育，すなわち量的にサイズが大きくなっていく側面，2つめには"発達"とよばれる精神的・機能的発達，すなわち質的に向上していく側面，3つめには"その子どものおかれた社会の文化を身につけていくこと"である。成長は加齢という観点に立てば，成長期に限らず一生涯続くものである。人間は自分の意志とは関係なく，ある時代のある社会のなかに生まれおちる。そこにはそれぞれ文化があり，その文化のなかで一人前の大人とよばれるまでに身につけなければな

らないことが数多くある。子どもはそれらを一つひとつまわりの大人たちから見習い手習いし学習していく。子どもにとっては、その習得は与えられた環境によって左右されるものが大きい。

　それぞれの社会にはその社会が要求する習慣、すなわち人として健全な社会生活を送るのに習得すべき習慣がある。大人にはそれらを順序立てて、子どもが獲得していくのを見守りながら援助していくという役割がある。ところが最近ではその役割の重要性を自覚している大人が少なくなってきているように見受けられる。少子化や親世代の高学歴化が進み、子どもの教育には熱心なのだが、現代の子どもの問題を見る限り、この習慣の獲得が不完全なために引き起こされている子どもの諸問題が多い。

　それでは社会への適応への第一歩は何であろうか。それは就学前までの基本的生活習慣の自立である。基本的生活習慣とは食事・睡眠・排泄・着脱衣・清潔の自立であるが、生理的な食事・睡眠・排泄に関しては生理的基盤とよばれ、社会の文化とつながりの深い着脱衣・清潔は文化的基盤とよばれている。自分のことが自分でできるようになると、自分の行動の自由が確保でき、自己信頼感も高まる。それらが自立しながら社会生活への参加も可能となるのである。

　子どもが生まれた家庭から一歩を踏み出してはじめて出会う社会、それが保育所であり幼稚園である。家庭のなかでは一見自立したかにみえた基本的生活習慣も、集団生活のなかでは再学習の必要も生まれてくる場合がある。まわりの様子を見ながら我慢しなければならないことがあったり、順番を待ったり、ときには人とコミュニケーションをとりながら園でのきまりを守らなくてはいけないことも出てくるであろう。子どもにとっては、はじめての社会である園での集団生活のしつけ、すなわち生活指導を体験し、この社会で生きていく習慣を獲得していくのである。

　以前しつけは子どもが家庭や地域の生活のなかで身につけてきたが、今では大人のしつけ観やモラルの欠如といったことから保育現場にしつけの期待が寄せられている一面もある。本来園や学校では、個人のしつけの上に積み重ねら

れる生活指導がおこなわれるべきであるが、子どもの生活リズムの安定など家庭との協力が不可欠なことも多いので、保育者は家庭との連携を取りながらしつけと生活指導を考えていく時期に来ていると思われる。この問題は保護者への指導といった形のみを考えるのではなく、現在の社会状況をトータルに捉えて考えていく視点が必要である。というのは、現代社会は高度に組織化され、24時間眠らない社会になっており、そこで働く人の就業時間や余暇時間もさまざまになり、加えて国際化、価値観の多様化、少子化などにより、子どもや子どもの生活に対する考え方も一様ではなくなってきているからである。しかし保育者としては、それぞれの子どもの置かれた状況と園生活のバランスをとりながらも、しつけや生活指導は子どもが健やかな一生を送ることのできる基盤を築くことにつながるという意識をもって望むべきであろう。

現代社会は便利さや快適さと引き換えに、私たちの生活から生活のなかでごく自然に身につけてこられたことや自然に触れ合う機会とそこから学ぶ多くのことを失ったが、それらのいくつかをもし保育の現場で補うことが可能ならば、家庭や地域との協力も得ながらやっていくべきことであろう。ますます加速度的に変化する社会や時代は、さらに私たちに以前とは違った新たな能力も要求してきている。生活指導は子どもたちが大人になる時代も見すえ、時代のニーズに答えるものと時代が変わろうとも人間として大事な普遍的なもののバランスを考えながら、その内容を吟味していくことが大切であろう。

3. 集団保育の形態

集団保育の形態は、その主体が保育者中心か子ども中心かで大きく分かれる。一般に一斉保育、自由保育とよばれるものである。しかし実際の活動の過程では当初保育者の意図した形態とは変化してくることもあり、結果としての形態も考えられる。またその主体が保育者と子どものどちらにもあるという形で、一斉保育、自由保育以外のいろいろな保育形態も考えられる。それぞれの保育形態に定義はあるが、さらに厳密に考えれば場合によってはそれぞれの保育形

態は重なり合う部分も多く，保育現場では一概に一貫して同じ形態をとっているとは言い切れないことが多い。

また子どもの園生活を入園から卒園，もしくは1年単位で考えた場合，その時期に応じた保育形態も考えられるべきである。たとえば入園当初であればまず子どもは保育者との信頼関係を得ることや園を自分の居場所として認識することが必要であろうし，園生活のペースがわかってくる頃であれば，心の安定とともにその行動範囲も広がり活動も充実してくるであろう。さらに周りが見えてくれば共通意識やクラスへの愛着が湧き，集団としての子どもの動きも変わってくるであろう。

大切なことは，保育者の意図や子どもの状況や時期によって保育形態は多種多様に変化する可能性があることをおさえ，その時々の状況を最大限に生かすような保育形態をとるべきであるということである。

自由保育 保育者がかかわれる子どもの数が比較的少人数の時に展開しやすい形態である。自由保育とは子どもを自由気ままに勝手にさせておくのではなく，子どもの活動の自由度を保証することである。保育者側が子どもの自発性，創造性などを重視する場合，それらが発揮されやすいように保育者の教育的意図は環境設定に展開されるべきであり，放任とならない配慮が必要である。

一斉保育 保育者が明確な到達目標をもって子どもを指導計画のもと導いていく保育形態である。比較的大人数の子ども全員に同一の活動をおこなわせる保育である。一斉保育は子どもの意志や自発性が生かされない管理的な保育形態と理解されることもあるが，子どもの狭い行動範囲では見つけられなかった新しい活動が体験できるとすれば，結果的には子どもの世界を広げることにつながる。またときには個人の意向を我慢しなければならない場面があったとしても，集団としての達成感などを得られるチャンスとして捉えることもできる。一斉保育においては，その内容が画一的，管理的にならないような配慮がされるべきであろう。

設定保育 保育者が保育課題を設定し，これに全員を参加させる保育形態をい

う。一斉保育と違う点は，保育課題は共通であるが子どもの活動は必ずしも同一であるとは限らない点である。

コーナー保育 保育者が子どもの活動を予測し，それらの活動に必要なものを用意したコーナーを何ヶ所か設けて保育をおこなう。

合同保育 クラスの枠を取り除き，全保育者が全園児を保育する形態である。運動会，お遊戯会の演技などのように園全体の行事や自由登園日などに取り入れられることが多い。この場合は保育者間の充分な話し合いが必要である。

解体保育 合同保育のようにいったんはクラスなどの枠を取り払うが，子どもの興味，関心が近いもの同士でグループを作り，それぞれのグループに保育者がつきグループごとの活動をおこなう保育形態である。

混合保育 異年齢の子どもの集団保育形態をさす。現在，都市化や核家族化，少子化が進み，近所や家庭のなかで異年齢の子どもがともにかかわれる機会が減ってきている。本来は普段の生活のなかで子どもが体験できていたことができにくくなっている現在，それを保育現場で取り入れようとするもので，縦割り保育ともよばれている。もちろん子どもの人数などの諸事情によりやむなくといった場合もある。保育形態は保育者側の教育的意図を優先に成り立ってきたが，子どもの生活そのものを自然な存在形態として捉え直した場合，最近ではこの保育形態がごく自然であるという意見もある。このような集団では年齢および集団生活の経験の差があり，それらが子ども同士のかかわり合いに生かされることも考えられる。年長者はかつて自分がそうしてもらったように，そこの園での決まりや生活の仕方を年少者に伝えることができる。子どものなかにも上下関係が生まれ，生活や遊びのなかに役割分担が生まれたりする場合もあるが，その際特定の子どもの負担が大きくならない配慮が必要である。

統合保育 子どもの障害のあるなしにかかわらず，健常児，障害児ともに保育していく形態である。この場合，医療，福祉などの専門機関との連携が重要である。

4. クラス編成の方法と分類

　クラス編成をするにあたっては，クラスを構成するメンバーを年齢や保育年齢といった観点で同質にするか，あえて異質にするかという選択がある。さらにクラス編成は保育形態をより反映されやすくするために保育形態と同じようなクラス編成にするか，あるいはクラスはクラスとしてあえて保育形態とは切り離して考える場合の2つがある。実際の保育現場では子どもや保育者の人数やその他の条件により暫定的にクラス編成をせざるをえない場合もあろう。しかしそのいずれの場合にしても，クラスは単なる人の集まりにとどまらず，集団としてひとつのカラーをもち機能していく方向をめざすことが望ましい。それは集団が活力をもつなかで子どもも育っていくからである。子どもにとっては年間を通じて同じ先生と仲間に囲まれ，クラスへの帰属観を得ることで園生活の安定にもつながるであろうし，保育者にとっては自分の受け持ちの子どもに責任を持つという点でクラスの存在は重要である。

　ここでは一般的によく知られているクラス編成を紹介していきたいと思う。

年齢別クラス　まず考えられる一般的なクラス編成は，子どもの年齢すなわち同一年齢によるクラス編成である。従来保育所や幼稚園ではこのクラス編成がとられてきた。子どもにとっては発達段階の近い仲間や同年齢の友だちを得られる。これが通常クラスとよばれる形態で，ひとりの保育者が担任という形で付く。

保育年齢別クラス　保育年齢すなわち子どもの保育経験年数によるクラス編成である。同じ4歳児と言っても，年少組生活を1年経験した子どもと入園したての子どもでは集団生活への適応度が違うので，入園してからの年数によりクラスを分けるやり方である。

混合クラス　あえて年齢の違う子どもによって編成されたクラスである。通常のクラスが同一年齢の発達段階の近い子どもを集めているのに対し，年齢や集団生活経験などが異なる子どもたちで構成するクラスである。クラス編成をグ

ルーピングという概念でみた場合，きょうだいグループという意味のシブリング・グループともよばれている。子どもにとっては，保育者より年齢の近い年長者がその良きモデルとなるであろうし，年少者とかかわる時には同年齢の友だちとは違ったさまざまな配慮が必要になることもある。いろいろな発達段階の子どもがいることで，子どもは自分自身の成長を振り返ったり，これからの自分を想像してみたりとお互いの成長にプラスになることが考えられる。

以上のクラスは原則的に1クラスに1名の保育者を想定しているが，1クラスを複数の保育者で担任する場合や，クラス担任とは別に1学年に各クラス全体に目を配る学年付きの保育者を配置する場合がある。1人担任の場合は自分の受け持ちということで子どもの担任への愛着も得やすいが，保育者の個性といったものがクラスの子どもたちの雰囲気に大きく影響することもある。それを緩和する意味でも，また子どもたちの発達段階に差がある場合や特別手のかかる子どものいる場合などに採られるシステムである。これを複数担任制，ティームティーチングとよび，この場合保育者間の意思疎通や連携が重要である。

5. 保育方法と指導法の種類

5-1. 指導法の根拠を考える

指導法を保育者の子どもの育ちへの働きかけと捉えると，大きく分けてつぎの3つの方法があるように思われる。ひとつめには保育者が子どもの到達目標とそれにいたる過程をかなり明確な姿で想定し，それに向けて導いていくという教導的な指導法，2つめには到達目標はあるがそれにいたる過程はそれぞれの子どもの個性に任せる誘導的指導法，3つめには子どもがどの方向へ向かっていくかも見守る姿勢でその方向への援助を主とした指導法である。これらの指導法の違いは，保育者が何に価値を見出しているかということにつながるのではないだろうか。

たとえば"絵を描く"という活動に対しての保育者としての考えや気持ちを思いつくままに書き出してみることにする。

・絵を描きたいという気持ちが子どもの心に芽生えない限り，その活動を強要するのは自発性を尊重しないとする考え
・今のところ興味や関心がなくてもいずれ絵を描く経験をさせてあげたいと思う気持ち
・絵を描きたくなるような雰囲気は作り出しておき，子どもの意志を待つ考え
・子どもに意志がなくても描かせることが必要だという考え
・個性を尊重し，自分の好きなものを好きなように自由に描かせるべきという考え
・これを使ってこれを描いて欲しいという気持ち
・描くにはクレヨンのもち方，紙の使い方など必要なやり方を教えるべきという考え
・林檎の絵であれば，林檎は丸く，赤く描くべきという考え
・上手に描けるように何度も練習すべきという考え

以上のようにひとつの活動についてもさまざまな考えや気持ちがあることがわかる。そこにはそれぞれ保育者の価値観，教育観があり，それによって子どもをどう指導していくかが決まることになる。実際の保育現場では，上記のような保育者の考えや気持ちがあったとしても，それがそのまま保育方法や指導法に反映されるとは限らない。しかし，保育者側の子どもに対する願いしだいでその展開は多くの可能性があるということは認識すべきである。

また子どもへの指導の際に，どんな態度でどんな言葉をかけるかということも大切なことである。毅然（きぜん）とした態度（「いけません」），子どもの気持ちに共感する態度（「偉かったね」「すごいね」），子どものすべてを受け入れる受容的態度（よく頑張ったね）など，実際に子どもは保育者の働きかけを態度や言葉を通じて受け取るわけであるから，この点にも配慮が必要である。

5-2. 指導の前提条件

　保育が，養護と教育という2つの側面をもつことを考えるとまず生命の保持と情緒の安定，健全な心身の発達の助長が果たされなければならない。保育者は，まずは生理的欲求を満たし安定した生活リズムのある生活のなかで活動の動と静のバランスをとること，そして子どもが大人の想像以上にいろいろなことを感じ，考えていること，しかし表現方法が未熟なためにその思いがうまく伝えられないこと，子どもの気持ちが行動として表れるまでには時間がかかることなどを理解し，子どもの指導にあたるべきではないだろうか。子どもの育ちは多分に偶然性をもちながらも必然に応じて流れていくものである。保育方法や指導法は技術的なものではなくて，保育者が子どもそのものをふっと受け止められた時に，自然とその状態においてとるべき方法が見えてくるものではないのだろうか。

　保育者側が子どもに対してどうにかしたい，どうにかするべきである，と思っている間は，子どもにこちらの緊張や思いがいつのまにか伝わり，なかなか思いどおりに受け入れられにくいことが多いように見受けられる。しかし子どもに対して，自分自身の心から感じることや確信をもっていえる確かな気持ちや思い，願いがあり，それをあえて伝えようとはせずに，深く心に沈めていられるようになると，子どもの側からこちらに前とは違ったかかわりをもつようになるのではないだろうか。それは子どもがこちらの心に生まれた余裕を感じ取り安心するようになるのかもしれない。子どもとのかかわりのなかでは，偶然にいろいろなことが起こることがある。それに託された意味を考えることや解釈を試みることももちろん大事なことではあるが，むしろこちらの気持ちをありのままにその時の子どもの姿に自然体で寄り添うことができた時に，自分の保育の方法や指導法が生まれてくるのではないだろうか。

【参考文献】

安部富士男　1999　感性を育てる保育　国土社
太田悦生(編)　2000　新・保育内容方法論　みらい
林信二郎　2000　幼児教育指導法〔第2版〕同文書院
村山貞雄・岡田正章(編著)　2000　保育原理〔5訂版〕学文社
森上史朗・渡辺英則・大豆生田啓友(編)　2001　保育方法・指導法の研究　ミネルヴァ書房
森上史朗　2001　幼児教育への招待―いま子どもと保育が面白い―　ミネルヴァ書房
佐伯胖　2001　幼児教育へのいざない―円熟した保育者になるために―　東京大学出版会
友定啓子・山口大学教育学部附属幼稚園(編著)　2002　幼稚園で育つ　ミネルヴァ書房
谷田貝公昭(監修)　2002　6歳までのしつけと子どもの自立　合同出版
山本和美(編著)　2002　保育方法論　樹村房
荒井洌　2002　ファミリー・サポートの保育園―家庭と園とが手をたずさえて―（シリーズ・保育園生活のデザイン⑩）　明治図書

第7章 保育における計画の基本姿勢

1. 保育の計画としての教育課程・保育計画

1-1. 保育において計画を立てることの必然性

　現代の保育について説明するときに,「幼児の主体性重視」や「環境を通して行う保育」というフレーズは必ずといってよいほど登場する。そしてこれらのフレーズは,幼稚園教育要領や保育所保育指針でも目にすることができる。つまり,現代の保育の基本姿勢を端的に示した言い回しなのである。それゆえ,さまざまな場面で使用頻度が高くなるのは当然といえよう。ところが,「幼児の主体性重視」や「環境を通して行う保育」,の解釈が正しくなされているかというと,そこには疑問符がつく。なぜなら,これらのフレーズが,「保育者が手を出さず,幼児を自由にのびのびと遊ばせることこそ保育である」と解釈されることが少なくないからである。断っておくが,筆者はこの解釈を全面的に否定するつもりはない。部分的には同意する点もある。保育者が幼

運動会（5歳児）

児に対して必要以上の援助をすることは，幼児が物事に主体的に取り組む機会を奪うことにつながると考えられるからである。では，なぜこの解釈に疑問符をつけるのか。結論を先取りすると，その理由は，この一文からは保育者が幼児に対して計画的に手を出さなかったのか，無計画に何もしなかったのか，が読みとれないからである。

言うまでもなく，学校教育法にもとづく幼稚園や児童福祉法にもとづく保育所は，意図的に保育をおこなう場として存在している。幼稚園は，その目的が学校教育法につぎのように明記されている

幼稚園は，幼児を保育し，適当な環境を与えて，その心身の発達を助長することを目的とする。(学校教育法第77条)[1]

また，保育所の目的は児童福祉法につぎのようにある。

保育所は，日日保育者の委託を受けて，保育に欠けるその乳児又は幼児を保育することを目的とする施設である。(児童福祉法第39条)[2]

そして，幼稚園，保育所の具体的な保育目標はそれぞれ，幼稚園教育要領，保育所保育指針につぎのように書かれてある。

幼児期における教育は，家庭との連携を図りながら，生涯にわたる人間形成の基礎を培うために大切なものであり，幼稚園は，幼稚園教育の基本に基づいて展開される幼稚園生活を通して，生きる力の基礎を育成するよう学校教育法第七十八条[*1]に規定する幼稚園教育の目標の達成に努めなければならない。(幼稚園教育要領)[3]

---

*1　学校教育法第78条：幼稚園は前条の目的を達成するために，次の各号に掲げる目標の達成に努めなければならない。
　一　健康，安全で幸福な生活のために必要な日常の習慣を養い，身体諸機能の調和的発達を図ること
　二　園内において，集団生活を経験させ，喜んでこれに参加する態度と協同，自主および自律の精神の芽生えを養うこと
　三　身辺の社会生活及び事象に対する正しい理解と態度の芽生えを養うこと
　四　言語の使い方を正しく導き，童話，絵本などに対する興味を養うこと
　五　音楽，遊戯，絵画その他の方法により，創作的表現に対する興味を養うこと

> 子どもは豊かにのびていく可能性をそのうちに秘めている。その子どもが，現在をもっともよく生き，望ましい未来をつくり出す力の基礎を培うことが保育の目標である。(保育所保育指針)[4]

　幼稚園や保育所が，上記のような明確な目的や目標をもった機関であるということはすなわち，保育行為をおこなう当事者である保育者が，無計画に（無目的に）幼児とかかわるということは，理屈上ありえないことを意味する。もし，保育者がなんの計画もなく幼児とかかわっているとしたら，それは，幼稚園や保育所が機関としての役割を放棄することになるからである。

1-2. カリキュラム（教育課程・保育計画）

　一般に，人が目的をもち，その目的を達成するためには，目的達成のための手立てを考える作業が必要になる。そして，この手だてを考える作業を「計画を立てる」と表現することができるだろう。そしてこの作業は，老若男女を問わず，日常的な暮らしのなかでごく普通におこなわれているものである。定期試験のときの勉強スケジュール，ドライブに出かけるときの運行スケジュールなどはその一例だが，全く計画を立てずに生活している人はほぼ皆無といってよいほど，計画を立てる行為はわれわれにとって身近なものになっている。

　試験勉強を例にあげて考えてみよう。試験が迫っている生徒は，試験当日までにどのような計画を立てるだろうか。多くの生徒はただひとつの計画だけでなく，さまざまなサイズ（量的にも質的にも）の計画を作成しているのではないだろうか。たとえば，何週間前から準備を始めるか，目標の点数は何点か，1日何時間勉強するか，どの科目に重点をおいて勉強するか，どの科目を何曜日に勉強するか，どの参考書を使うか，などが考えられる。つまり，一口に計画といっても全体的な計画（勉強期間）から具体的な計画（勉強時間，使用参考書）まで，さまざまなのである。

　保育における計画では，この全体的な計画に相当するものをカリキュラム（curriculum）と呼ぶ。カリキュラムは日本語では通常，教育課程と訳され，小

学校以上の学校教育にも存在する。カリキュラムの語源はラテン語で競走場の走路を意味するクレーレ（currere）にあるといわれている。つまり，もともと子どもが走る道，子どもが経験する過程をさすこの言葉に対して，教育的立場から幼児が経験や学習をするべき内容という意味づけをしたのがカリキュラムなのである。ところで，カリキュラムを教育課程と訳すのは現状では学校教育の場に限られている。カリキュラムは，児童福祉施設である保育所では保育計画と訳されており，教育課程という言葉は使われない。ただし，日本語訳は異なるが，教育課程と保育計画は，共に保育の全体的な計画という意味において，同じものである。最新保育用語辞典には両者はつぎのように説明されている。

教育課程：「学校教育」の目的や目標を有効に達成するための教育内容を幼児・児童の心身の発達に応じ，組織配列した，学校における教育計画の全体である。[5]
保育計画：保育所の目的や目標を有効に達成するための保育内容を乳幼児の心身の発達に応じ，組織，配列した保育所における教育計画の全体である。[6]

(森上・大場・高野：2000)

このように，両者の意味に大きな差がないことから，本章では原則的に，保育の全体的な計画を表す言葉として，幼稚園，保育所の両者に共通する内容に関してはカリキュラムを使用したい。そして，幼稚園独自の内容については教育課程を，保育所独自の内容については保育計画を適宜，それぞれ使用していくこととする。

2. 教育課程の編成

2-1. 幼稚園教育要領に見る教育課程

教育課程の編成に関して幼稚園教育要領にはつぎのように説明されている。

各幼稚園においては，法令及びこの幼稚園教育要領の示すところに従い，創意工夫を生かし，幼児の心身の発達と幼稚園及び地域の実態に即応した適切な教育課程

を編成するものとする。(文部省：1998)⁽⁷⁾

幼稚園生活の全体を通して第二章に示すねらい*² が総合的に達成されるよう，教育期間や幼児の生活経験や発達の過程などを考慮して具体的なねらいと内容を組織しなければならない(文部省：1998)⁽⁸⁾

入園から修了に至るまでの長期的な視野をもって充実した生活ができるよう配慮しなければならない(文部省：1998)⁽⁹⁾

2-2. 教育課程編成の留意点

上記の説明から重要と思われる指摘をあげると以下のようになる。
1）教育課程は幼児の心身の発達状態に合わせて編成される
2）教育課程は地域の実態に合わせて編成される
3）教育課程はねらい（5領域：健康・人間関係・環境・言葉・表現）が総合的に達成されるよう編成される
4）教育課程は長期的な見通しをもって編成される

　1）幼児の心身の発達状態を考慮するという点は，現代の保育が，保育者の決めた活動内容を一方的に幼児におろし，その内容を幼児がこなすものではなく，幼児の実態に即して，保育者が幼児を跡づける形で援助することを基本としていることと符合する。幼児の発達状態を無視して，無理な要求を幼児にすることは，教育課程を編成する際に避けなければならないのである。そのために保育者には，年齢に応じた幼児の発達段階の理解（一般的傾向の理解）だけでなく，幼児一人ひとりの発達の姿の理解（個別的理解）がもとめられる。
　2）地域の実態を考慮するという点は，幼稚園での幼児の生活が，家庭や地

---

*2　幼稚園教育要領第二章：この章に示すねらいは幼稚園修了までに育つことが期待される生きる力の基礎となる心情，意欲，態度などであり，内容はねらいを達成するために指導する事柄である。これらを幼児の発達の側面から，心身の健康に関する領域「健康」，人とのかかわりに関する領域「人間関係」，身近な環境とのかかわりに関する領域「環境」，言葉の獲得に関する領域「言葉」及び感性と表現に関する領域「表現」としてまとめ，示したものである。

域における生活と連続したものであることを考えれば、当然の指摘といえよう。とくに、幼児の遊びは家庭や地域での日常的な生活の姿が反映されることが多い。幼稚園でのママゴト遊びに家庭での母親や父親の姿が再現されたり、幼児が友だちの家でおこなったごっこ遊びの続きを幼稚園でしたがることも珍しくない。ところで、家庭や地域での幼児の生活は、周囲の地域環境が異なれば当然違ったものとなる。農村の幼稚園と漁村の幼稚園では幼児の生活パターンは異なるし、都市部の幼稚園と山間部の幼稚園でも同様のことがいえる。そして、家庭や地域でのの生活パターンが異なれば、それに連動して幼稚園での幼児の遊びのありようも変わってくる。

保育者は幼児がどのような遊びに興味があるのか、どこで誰と遊びたいのか、予測をして適切な援助の手だてを考える。その際、幼稚園での生活の前後を占める家庭や地域での幼児の生活に関する情報は、援助を的確なものにする上で重要な役割をもつ。保育者は勤務する幼稚園の周囲の地域環境を知り、その実態を保育実践に活かしていかなければならないのである。

3）ねらいを総合的に達成するように教育課程を編成する、という点を理解するためには、「領域」概念の正しい理解が前提となる。「領域」は小学校以上の学校教育の「教科」とは根本的に意味の異なるものである。「教科」はそれぞれの教科（国語、算数など）が独立して存在し、一つひとつの教科が生徒の活動内容を限定している（例：国語の時間は漢字など国語に関する勉強をおこない、算数の時間は計算など算数に関する勉強をおこなう）。それに対し「領域」は、保育者が幼児の活動を見る際の視点として存在するもので、5つの領域（健康、人間関係、環境、言葉、表現）は互いに関連し合っており、それぞれが独立したものではない。

つまり、ひとつの領域だけを抜き出して単独でねらいを設定し、それを達成するために必要な内容を教育課程として編成するのではなく、すべての領域を視野に入れながらねらいを立て、その達成をめざすことが教育課程においては必要なのである。

4）教育課程が長期的な見通しをもって編成されなければならない理由としてはつぎの2点が考えられる。第一の理由は，教育課程が各々の幼稚園の保育に関する全体的な計画である，ということである。教育課程には，入園してきた幼児を卒園までにどのように育てたいか，という幼稚園としての「願い」が記されている。目標達成の時期を卒園時に設定している計画が教育課程であるとすれば，長期的な見通しをもつことは自明のことといえよう。

第二の理由は，保育という営みそのものがもつ特性である。現代の保育では，保育者が一方的に決めた活動内容を幼児にさせることは原則的におこなわない。保育者は，幼稚園にあるさまざまな環境（人や物や場）に教育的意図を込め，その環境に幼児みずからが自分の意志でかかわることによって，さまざまな学習をおこなえるような環境設定をする。保育者の意図は環境という媒介物を通じて幼児に伝達されるため，時にはその伝達がうまくいかなかったり，幼児が保育者の意図していなかった学びをすることがある。保育者の意図や読みが「はずれる」ことは珍しいことではないのである。つまり，小学校の授業のように，教えるもの（漢字や計算など）が明確になっていて，教師が直接的に言葉で指示をして生徒に意図を伝える方法に比べて，保育者が幼児に意図を伝達する効率は明らかに低く，時間も多くを要するのである。また，保育におけるねらいは，幼児の心情や意欲，態度を育てることにある。これらの項目は，一朝一夕に身に付くものではなく，漢字や数字の学習のように，幼児の学びが第三者の目で容易に確認できるものでもない。幼児の心情や意欲，態度に育ちがあったかどうかは，入園から卒園に至る，保育者と幼児の幼稚園での長期的な暮らしのなかで確認されるべきものなのである。

現代社会は情報化社会といわれる。情報化社会では，非効率的であったり，時間がかかることは，「無駄」として排除されることが一般的である。しかし，保育においては，一見「無駄」と思えるような回り道を許容することによって，幼児の物事への主体的な取り組みの機会を保障している。そうすることによって，みずから考え，みずから選択し，みずから行動できる幼児が育つことを期

待しているからである。

3. 保育計画の作成

3-1. 保育所保育指針に見る保育計画

保育計画の作成について,保育所保育指針にはつぎのように説明されている。

保育所では,入所している子どもの生活全体を通じて,第一章に示す保育の目標[*3]が達成されるように,全体的な「保育計画」と具体的な「指導計画」とから成る「保育の計画」を作成する(厚生省:1999)[(10)]

「保育の計画」は,すべての子どもが,入所している間,常に適切な養護と教育を受け,安定した生活を送り,充実した活動ができるように柔軟で,発展的なものとし,また,一貫性のあるものとなるように配慮することが重要である。(厚生省:1999)[(11)]

保育計画は,第三章から第一〇章に示すねらいと内容[*4]を基に,地域の実態,子どもの発達,家庭状況や保護者の意向,保育時間などを考慮して作成する(厚生省:1999)[(12)]

3-2. 保育計画作成上の留意点

上記の説明から重要と思われる指摘をあげると,以下のようになる。
1)保育所における保育の計画は全体的な保育計画と,それに具体化した形の指導計画からなる。
2)養護と教育がすべての入所児に対して,入所期間を通して一貫して保障されるよう配慮して作成する。

---

*3 保育所保育指針第一章:引用文献(4)を参照
*4 保育所保育指針第三章(六ヶ月未満児の保育の内容)から第一〇章(六歳児の保育の内容)にかけて年齢別に,発達の主な特徴,保育士の姿勢とかかわりの視点,ねらい,内容,配慮事項が記されている。

3）子どもの発達の姿や保育所を取り巻く周囲の状況を把握し作成する。

1）においては保育計画と，保育実践により近い具体的な計画（指導計画）との関係が端的に示されている（指導計画については次節で詳述する）。日名子（1980）は，保育計画とは，その施設全体の総合的計画であり，指導計画は直接保育にあたっての具体的，かつ詳細な実践計画であるとし，保育計画のなかに指導計画は包含される[13]としている。つまり，大目標としての保育計画があり，それを実践に移す際に，保育計画をより細分化した実践的な計画（指導計画）を作成するという関係である。

2）に記されている，養護と教育を入所児に対して施すという点については，保育所保育指針第一章総則にある，『養護と教育が一体となって，豊かな人間性を持った子どもを育成するところに保育所における保育の特性がある』[14]という一文にその重要性が簡潔に示されている。ところで，養護と教育が一体となるとはどのような状態なのだろうか。養護的な活動と教育的な活動をそれぞれ用意し，保育計画に組み込めばよいのだろうか。答えは否である。小川（1991）は養護と教育の関係についてつぎのようにいう。

保育の中味は，教育の意味と養護の意味があって，そのそれぞれの意味は，それぞれ固有の目的をもった独自の（他の目的と区別される）一連の行為から成り立っているという考えは正しくない。（小川：1991）[15]

「養護」とか「教育」というのは解釈の視点なのである。（小川：1991）[16]

給食の場面を例にあげて考えてみよう。給食は栄養の補給，健康の保持という視点からみれば，養護の活動の範疇（はんちゅう）に含まれるように思われる。けれども，視点を変えて，給食の場を箸を正しく使う，食前に手を洗う，食後に食器を片づけるなどの基本的生活習慣にかかわることを教える場としてとらえれば，それは教育の活動ととらえることも可能である。つまり，給食は養護と教育の両面からみることができるのである。そして，このことは給食の時間に限ったことではない。遊びをはじめとする，保育所における保育活動すべてに対してい

えることなのである。保育者は常にこのことを自覚し，養護と教育の両方の視点をもちながら保育計画を作成することが必要である。

　3）は幼稚園における教育課程でも指摘されていた点である。とくに，近年，保育所が地域の子育てセンターとして機能することがもとめられてきているのを受けて，保育計画を作成するに当たり，地域の保育ニーズに対して耳を傾けることは非常に重要なこととなっている。現行の保育所保育指針は平成11年に改訂されたものである。そして，その改訂の際，地域の子育て支援の役割を担うことも保育士の重要な職務の一部であることが明記された。核家族化や都市化の進行，女性の社会進出，近隣関係関係の希薄化などさまざまな要因によって，家庭や地域の教育力（育児力）は低下してきている。そこで，保育所をはじめとする第三者的な機関（児童館，保健所，幼稚園，公民館など）が各家庭の子育てをサポートすることが必要になったのである。

　では，保育所の育児支援は保育計画にどのように組み込んでいけばよいのだろうか。従来の保育所内の保育活動に関する計画とは別に，新たに「育児支援用」の計画を作るというのもひとつの方法である。保育所内に育児相談用のスタッフを置いたり，育児講演会などを計画したりするのはその代表的な例だろう。また，普段の保育活動が結果的に育児支援に結びつくような計画を作成するという方法もある。乳幼児をもつ若い母親が育児不安におちいる理由として，育児についての事例認識が不足していることがあるといわれている[17]。少子化の進行や近所つきあいの少なさによって，母親たちは同じように子育てをしている人と身近に関係を作ることが難しくなっている。そのため，育児についての情報は育児書やテレビなどから得る，育児知識の「平均値」にもとめざるをえなくなっている。このような情報は「平均値」であるがゆえに，実際の育児活動との間にはズレが生じる。そのときに，実際の育児事例を豊富にもたない母親はこのズレの修正に戸惑い，育児不安になりやすいというのである。

　当たり前のことだが，保育者は日々の保育実践を通して多くの保育事例をもっている。この事例を有効に活用し，保育者が日々出会った保育事例を保護者

に提供することは、保育所の育児支援活動に大いに貢献するのではないだろうか。保育計画を作成するときに、（表面的に紙面に登場するのは幼児の姿だけかもしれないが）、幼児の背後にいる保護者の存在を意識することによって、日々の保育実践を子育て支援活動としても機能させることは十分可能だと思われる。

4. 指導計画の長期・短期の分類

4-1. 指導計画とは

指導計画という言葉は保育現場において、「園の指導計画」「年間の指導計画」「実習生の立てる指導計画」などさまざまな場面で、使われることの多い言葉である。それだけ、保育者にとって馴染みやすい「一般的な用語」となっているともいえるだろう。けれども、「一般的な用語」として使われることは、その言葉の意味が正しく理解されていることを、必ずしも意味しない。そこで、ここではまず、指導計画の意味について確認し、つぎに指導計画の具体的な内容について触れていきたい。

最新保育用語辞典によれば指導計画はつぎのように説明されている。

指導計画とは、教育課程や保育計画を基本として、各年齢別に、また、クラス別に保育者が乳児及び幼児を指導するにあたって必要とされる事項をもりこんで実際的・実践的な形式でまとめ、指導の効果をあげるために作成した保育実践のための計画である。(森上・大場・高野：2000)[18]

教育課程や保育計画が保育のための基本的・全体的な計画であるのに対し、指導計画は、保育の実践的・部分的な計画である。(森上・大場・高野：2000)[19]

また、幼稚園教育要領、保育所保育指針にはそれぞれ、つぎのように説明されている。

指導計画は、幼児の発達に即して一人一人の幼児が幼児期にふさわしい生活を展

開し，必要な体験を得られるようにするために，具体的に作成すること（幼稚園教育要領）[20]

指導計画作成に当たっては（中略），具体的なねらい及び内容を明確に設定し，適切な環境を構成することなどにより活動が選択・展開されるようにすること。（幼稚園教育要領）[21]

指導計画はこの保育計画に基づき，子どもの状況を考慮して，乳幼児期にふさわしい生活の中で，一人一人の子どもに体験が得られる保育が展開されるように具体的に作成する。（保育所保育指針）[22]

指導計画は，子どもの個人差に即して保育できるように作成すること。（保育所保育指針）[23]

　これらの説明をみてみると，指導計画はカリキュラム（教育課程・保育計画）を基盤にして，それを実践レベルで具体化したもので，かつ，幼児の実態に即した形で作成されるもの，であることがわかる。言い換えれば，幼児の育ちに対する，園としての全体的なねらい，目標が実現されるための，より具体的な計画が指導計画なのである。

4-2. 指導計画の種類

　カリキュラムを具体化するための指導計画は，計画の期間に応じて長期の指導計画と短期の指導計画に分けられる。長期の指導計画としては年間指導計画，月案（月間指導計画），短期の指導計画としては週案（週間指導計画），日案がある。
　年間指導計画は，1年を見通しての保育の計画をまとめたものである。通常，四季ごと（期ごと）に幼児の姿や，ねらい，内容，指導上の留意事項などが記される。入（卒）園式，運動会，生活発表会などの園行事にかかわる事柄も，そのねらいや内容などと共に記入される。月案（月間指導計画）は1ヶ月を単

位に，年間指導計画の内容をより具体的，実践的にまとめたもので，前月までの保育の様子（保育の実態）を踏まえて，それぞれの月の計画を作成する。

週案（週間指導計画）は，年間指導計画や月案，前週までの保育の様子を視野におきながら，1週間単位で作成する計画である。幼児の遊びの様子や，保育者の環境設定などについても具体的に示される。日案は，1日の保育の流れを，週案や前日の保育の様子から予測し，ねらいや，内容および，保育者の援助の手だてなどを最も具体性の高いレベルでまとめたものである。また，日案は保育者にとって，保育記録の役割を果たすこともある。なぜなら，その日の日案が，翌日の保育の「根拠」として機能するからである。

長期の指導計画と，短期の指導計画の違いは，単に計画の「期間」の差だけではない。長期の指導計画は多くの場合，短期の指導計画に比べ，保育実践を「先取りする形」（何月にどこで何をするか，ということが計画の上ですでに決められている）で作成される。短期の指導計画の場合は，前週や，前日の保育の様子を身近に意識しながら計画しやすく，また，計画そのものの期間が短いため，実態に即した形での立案が無理なくできる。つまり，現代の保育の基本である，幼児を主体とし，保育者が幼児を跡づける形での援助を計画化しやすいのである。一方，年間指導計画など長期の指導計画の場合はそれが難しい。前年の保育の様子を参考にするとはいえ，年間を見通した予測が常に幼児の実態に即したものであるかどうかは，きわめて不確実なものである。そのため，長期の指導計画には，あらかじめ保育の内容を保育者の側が決める形にならざるをえないという性質がある。そして，このことは，幼児の主体性を保障することを原則とする現代の保育の考え方と相容れない，という見方もできる。このことについて，小川（2000）はつぎのように答える。

長期指導計画は，幼稚園・保育所における幼児と保育者がつくりだす集団生活の全体像をイメージとしてつくるものである（小川：2000）[24]

幼稚園・保育所の集団生活は，それが生活であるかぎり，集団としての慣習性に

拘束される。幼児一人ひとりの主体的な生活を確立することが保育の営みであるとしても，その生活は，幼稚園・保育所という大人のつくった制度やそこで生まれた保育者の慣習性や幼児集団のつくった慣習性に拘束されているという一面をもっている。そのことを保育者が自覚化するための営みが　長期指導計画づくりである。（小川：2000）[25]

長期指導計画は，幼児が主体的に取り組むための環境構成に対応したものである。（小川：2000）[26]

　小川によれば，幼児の主体的な活動への取り組みを助成していくための案としての短期の指導計画に対し，長期の指導計画は，その幼児一人ひとりの取り組みが，いかに集団的生活状況（慣習性）に影響されて自立的になっていくか，ということを理解するためのものなのである。これは，別の言い方をすると，幼児の活動の実態から翌週あるいは翌日の保育を予測しておこなう短期の指導計画づくりの背景として，長期の指導計画が存在する，ということになる。つまり，長期の指導計画単独でみると，あらかじめ内容が保育者の側から決められていて，そこに幼児の主体性をみつけるのは難しいが，短期の指導計画と合わせて，計画全体としてとらえれば，そこに幼児の主体的取り組みをみいだすことは十分可能なのである。

5. 保育者の取り組みの姿勢

5-1. 保育における「計画」の独自性

　一般に「計画をたてる」行為は，現在という時間を起点にして，その後（未来）についてのタイムスケジュール（いつ・どこで・何をするか）を決めること，と解釈される。そして，計画作成者の意識は"過去"よりも"未来"に重点が置かれる。また，その未来についての予想は，行為レベルで未来を規定する形をとることが多い（月曜日の夜8時に英語の勉強をする，朝8時に駅に集合する，小学校2年生の時に九九を学習するなどのように）。そして，あらか

じめ規定された行為通りに事が進めば，それは「計画通り」（成功）にいったといわれ，規定された行為が実現できなければ，それは「計画倒れ」（失敗）といわれる。つまり，計画がうまくいったか否かは，現在の時点においてあらかじめ決められた行為が，予定通りにできたかどうかによって判断されるのである。

　再三述べているように，現代の保育の基本は幼児の主体性の尊重である。保育者があらかじめ用意した内容を幼児に提示して，その内容を幼児こなす，という形を基本とはしない。保育者は，園で生活する幼児の姿を過去にさかのぼって実態をとらえ，その実態記録から今後の幼児の活動の志向性（どこで，誰と，何を使って，どんな遊びをしたいか）を読み，予想される幼児の姿に沿う形でねらい（幼児に育ってほしい心情，意欲，態度）をたて，環境構成をする。この一連の流れを，書面上に表したものが保育における「計画」なのである。

　とすれば，前述した一般的な「計画」のとらえ方と保育における「計画」の間にズレがあるのは明白である。以下にそのズレをまとめてみた。

1）保育における「計画」は，"未来"だけでなく"過去"も同等に意識して作成される

　これは，保育者の幼児へのかかわりは幼児の姿を跡づける（幼児の主体性に沿う）形でおこなわれるという，現代の保育の基本原理との関係において，非常に重要な点である。幼児についての過去の情報（昨日，先週，先月‥）がない状態で，指導計画を作成しようとすると，保育者の一方的な思いを幼児に押しつける形になる可能性が高い。長期的，連続的に幼児とかかわることが難しい保育実習生が，保育実習時に指導計画を作成して責任実習をするときに，幼児の興味関心と離れた計画を作成してしまい，満足のいく結果が得られなかった，というケースを耳にすることがある（事前に一生懸命練習した手遊びがまったく幼児に受け入れられなかった，詳細に保育室の環境設定をしたにもかかわらず，幼児はほとんど園庭に出ていってしまったなど）。むろん，保育実習生は，幼児についての過去の情報が保育者に比べて圧倒的に少ないので，こ

のような結果になることはある程度はやむをえないともいえる。けれども，この保育実習生のケースは，幼児の主体的な活動を保障する形で計画をたてる際に，幼児の過去の様子を把握するという作業がいかに重要であるかを示したものといえるだろう。

2）**保育における「計画」は，計画のねらい（目標）が心情・意欲・態度という方向目標である**

小学校以上の学校教育においては，指導計画のねらいは到達目標（漢字が書ける，計算ができる，跳び箱が跳べる，鉄棒の前回りができる）であることが普通である。そして，到達目標は，その目標が達成できたかどうかを視覚的に確認することが比較的容易である。それに対し，保育の場合は，ねらいは方向目標といわれる。保育者は幼児の行為のなかの心情を読みとりながら，ねらいが達成の方向に向かっているかを評価するのである。行為レベルでの規定でなく，心情レベルでとらえるということは，必然的に計画を立てるときの，行為レベルでの「縛り」はゆるくなる。たとえば，鉄棒で前回りができる（到達目標：小学校教育的）と鉄棒運動に楽しんで取り組む（方向目標：保育的）を比べてみよう。前者には鉄棒という遊具に対して，"前回りをする"という使用方法の縛りがあるのに対し，後者にはそれがない。鉄棒運動に楽しんで取り組むというねらいが達成されるためには，幼児は鉄棒で，前回りをしようと，逆上がりをしようと，単にぶら下がるだけであろうと，その行為の選択は幼児に委ねられているのである。

これらの点から，保育における計画では，あらかじめ，行為レベルで幼児の活動を狭く規定することはないことがわかる。もちろん，予想される幼児の活動を計画に盛り込むことはするが，それはあくまでも予想であり，心情レベルでのねらいが達成するなかで，行為レベルでの予想がズレることは少なくない。

5-2. 指導計画を"書く"意味

　幼稚園や保育所での幼児の活動の中心は遊びである。遊びが幼児の心身の発達にとってきわめて重要な役割を果たしていることは，今さら述べるまでもないだろう。遊び場面では，幼児はみずから遊ぶ場をみつけ，みずから友達や保育者とかかわり，みずから遊びに必要な道具を用意する自由を原則的に有している。けれども，このことは，幼児が何から何まで自由に好き勝手に動き回ることを保育者が許す，ということを意味するわけではない。ところが，「自由保育」は保育者は何もしなくていいから楽でいいとか，遊び中心保育では幼児への教育はできない，という声を耳にすることは少なくない。なぜか。

　その理由として，"遊び（幼児の主体的な活動）を指導（保育者が教育的意図をもってかかわる）する"という表現が一般的な日本語として，矛盾をもったものとしてとらえられていることが考えられる。また，その背景として，遊び（主体的活動）と教育は両立しないという考えが依然として支配的であることも忘れてはならない。小学校以上の学校教育の授業と休み時間を思い浮かべれば，学校教育現場において両者がいかに切り離されて存在しているか，よくわかる。保育の場合，授業と休み時間あるいは勉強と遊びの時間という区別はない。園での生活全体を通して保育者の教育活動がおこなわれる。園での生活そのものが教育活動といってもよいだろう。ところが，そうであるがゆえに，保育者自身が生活の流れに漫然と乗っているだけで，自分が幼児に対して教育的な意図をもってかかわらなければならないことについて自覚的になりにくい，という面もある。

　遊びを含めた園での生活が，幼児にとって教育的に意味をもつものになるために，環境設定に代表されるようなさまざまな働きかけを保育者は考えなければならない。このことに対して，指導計画を書くという行為は，保育者一人ひとりが自覚的になることに貢献する。指導計画は前述の通り保育記録の役割も担うから，指導計画を作成することによって，それまでの自分の保育を振り返

ることができる。また，紙面に書くことによって，第三者から自分の保育についてアドバイスがもらえる。さらに，指導計画に保育のねらい，援助の手だてを書くことによって，自分が教育的意図をもって計画的に幼児にかかわっていることを改めて意識することができる。これら一つひとつが，放任保育や野放し保育を防止することにも繋がっているのである。

【引用文献】
（1）保育法令研究会(監修) 2000 保育小六法 中央法規 p.211
（2）同上書 p.34
（3）幼稚園教育要領 建帛社 1998 p.2
（4）保育所保育指針 フレーベル館 1999 p.4
（5）（6）森上史朗・大場幸夫・高野陽(編) 2000 最新保育用語辞典 ミネルヴァ書房 p.80
（7）（8）（9）前掲 幼稚園教育要領 pp.2-4
（10）（11）（12）前掲 保育所保育指針 p.59
（13）日名子太郎 1980 新保育方法論 学芸図書 pp.376-377
（14）前掲 保育所保育指針 p.4
（15）小川博久 1991 保育原理2001 同文書院 p.74
（16）同上書 p.76
（17）小川清実 乳幼児を持つ母親の育児不安とその克服 埼玉純真女子短期大学紀要 1985
（18）（19）前掲 最新保育用語辞典 p.81
（20）（21）前掲 幼稚園教育要領 p.7
（22）（23）前掲 保育所保育指針 p.59
（24）（25）（26）小川博久 2000 保育援助論（生活ジャーナル）pp.87-88

第8章　指導計画と保育の実際

1. 指導計画のねらいと留意点

1-1. 指導計画（長・短期）の位置づけ

　幼稚園・保育所には，それぞれの園独自の教育・保育方針あるいは目標があり，それに基づき教育課程や保育計画（カリキュラム）が編成されている。しかしながら，実際にはこれだけでは保育は進んでいかない。保育者は，このような保育の全体的な計画を土台に，子どもの発達や生活の実情などに応じて，充実した園生活が生み出されるようにと生活のプランともいえる，より具体的で実践的な計画（指導計画）を作成することになる。いいかえれば，保育者が

お昼に，サンドイッチを作ろう

子どもへの指導や援助を具体化し，保育を展開していくためには指導計画が必要になるということである。幼稚園・保育所で見受けられるように，子どもたちが生き生きと遊び，生活している姿の背後には，保育者の作成した指導計画が存在しているのである。このことは幼稚園や保育所での実習を経験したとき，養成校での学習による理論上の理解を超えて，より一層認識することになるようである。つまり，それだけ指導計画は，保育の実際と結びついているともいえよう。

ところで幼稚園教育要領や保育所保育指針では，指導計画についてどのように作成されるものと示めされているだろうか。幼稚園教育要領では，「幼稚園教育は，幼児が自ら意欲をもって環境とかかわることによりつくり出される具体的な活動を通して，その目標の達成を図るものである。幼稚園においてはこのことを踏まえ，幼児期にふさわしい生活が展開され，適切な指導が行われるよう」に指導計画を作成するとしている。保育所保育指針においては，「指導計画はこの保育計画に基づき，子どもの状況を考慮して，乳幼児期にふさわしい生活の中で，一人一人の子どもに必要な体験が得られる保育が展開されるように具体的に作成する」とされている。いずれも指導計画が単なる机上の計画とならないように，保育の実践を通して，保育者と子どもを結びつける（保育者が子どもの姿をとらえる）役割をもつものとして意義づけていることがうかがえる。そこで指導計画の重要性を確認した上で，つぎに，個々の保育者が創り出す指導計画のねらいと留意点について概観していくことにする。

1-2. 指導計画におけるねらいと留意点

指導計画のねらいと留意点については，幼稚園教育要領第3章に8項目にわたり，保育所保育指針第11章に7項目にわたり詳細に示されている。また，幼稚園教育要領解説第3章には説明も加えられている。これらに沿いながらみていくことにする。

子どもの生活する姿から発達を理解する 幼稚園教育要領では，「指導計画は，

幼児の発達に即して一人一人の幼児が幼児期にふさわしい生活を展開し，必要な体験を得られるようにするために，具体的に作成すること」と指導計画作成についての重要なポイントが示されている。子どもの生活を保障し，発達を援助していくためには，子ども一人ひとりの発達の実情をとらえた指導計画の作成が基本となる。そのために，まず必要なことは，その対象である子どもの発達について理解することである。指導計画は，一般に保育者がクラス担任として自分のクラスのために作成する。したがって，自分のクラスの子どもの生活や遊びへの取り組みについて観察し，子どもがどのようなことに興味・関心をもち，どのようなイメージをもってかかわろうとしているのか，今どのような発達段階にあるのかということをとらえることからはじめなくてはならない。

　子どもの発達を理解するという場合，そのひとつとして年齢における平均的，標準的な発達（年齢別の特徴）を踏まえた理解というものがある。しかし，これは子ども理解のひとつの方法（手段）ではあるが，時として子どもを比較するためのデータとなってしまうことがある。もちろん，これらについての理解は，指導計画作成にとって不可欠である。しかし，ここで大切なのは，子どもと生活し，子どもとかかわり，その行動，言動の意味に迫ることを通して，子どもの実態を把握し，具体的に一人ひとりの子どもの発達を理解することである。

具体的なねらいと内容を設定する　保育者は，子どもが主体的に生活し，遊びを展開できるような指導計画を作成し，その上で保育の実践に臨むことになる。このような指導計画は，「指導計画作成の手順や形式には一定したものはない。幼児の生活に応じた保育を展開するためのよりどころとなるようにそれぞれの幼稚園で工夫してつくり出すことが求められている」（幼稚園教育指導資料第1集「指導計画の作成と保育の展開」）とあるように固定化しているものではないが，留意すべきことがある。まず，指導計画作成にあたっては，より具体化された目標やねらいを設定することである。目標やねらいの設定は，まず地域の実態を把握し，その地域に育つ子どもの状況や家庭環境を知ることが第1段階

である。つぎに，一人ひとりの子どもの発達を把握すること。そして，幼稚園・保育所の環境（施設・設備）について把握することである。これらを総合的に検討した上で，このような条件において子どもたちにとってふさわしい生活とはどのようなものかを考え，ここで目標やねらいが設定されることになる。

指導計画は，保育者一人ひとりが保育を実践するための計画であり，そのために具体性がもとめられる。それは具体性をもった指導計画の目標やねらいを設定するということであり，その内容は当然子どもの実態に合った具体的なことがらを選ぶことが大前提となる。

さらに，指導計画の作成にあたっては，具体的なねらい及び内容を明確に設定し，適切な環境を構成することなどにより活動が選択・展開されるようにすることが大切である。そのさい，子どもの発達の過程を参考にし，その時期の子どもの発達する姿に見通しをもち，前の時期の指導計画のねらいや内容がどのように達成されつつあるかその実態を把握し，また，そのつぎの時期での生活の流れや遊びの展開を見通すことが必要になってくる。

子どもの生活の実態を理解するには，子どもの興味・関心や生活や遊びへの取り組みの変化，保育者や友だちとの人間関係の変化，自然や季節の変化などを視点とする。その上で，子どもの生活の連続性や季節の変化などを十分に考慮して，子どもの興味・関心，発達の実情などに応じて，具体的なねらい及び内容を設定することになる。

子どもにふさわしい環境（生活）を構成する　環境の構成は，子どもが具体的なねらいや内容を身につけていくために必要な体験が得られるように場や空間，ものや人，身の回りに起こる事象，時間などに関連づけながら状況を創り出していくことである。幼稚園教育要領には，「環境は具体的なねらいを達成するために適切なものとなるように構成し，幼児が自らその環境にかかわることにより様々な活動を展開しつつ必要な体験を得られるようにすること」と示されている。

具体的には，指導計画において，子どもが主体的に活動できる場や空間，適

切なものや友だちとの出会い，さらに，子どもが十分に活動できる時間や流れなどを考えることが必要となる。そのさい，保育者によって創り出された環境だけを想定するのではなく，子どももそのようななかで必要な状況を生み出すことを踏まえることも大切である。つまり，子どもの気づきや発想・イメージを大切にしたり，創り出した場や物の見立て，工夫などを取り上げてあげることが重要になる。

　以上，幼稚園教育要領，保育所保育指針を中心に指導計画作成のねらいと留意点についてまとめてみたが，さらにこれらに加えて配慮すべきことを記しておきたい。
　指導計画は，子どもの年齢区分に対応させるが，子どもの保育年数（保育歴）についても配慮すべきである。たとえば，同年齢であっても初めて幼稚園・保育所で保育を受ける子どもと，すでに保育を受けてきている子どもとには差異があるからである。また，幼稚園における3歳児入園については，幼稚園教育要領に示されているように「3歳児の入園については，家庭との連携を緊密にし，生活のリズムや安全面に十分配慮すること」が重要になるし，保育所では，3歳以下の場合の，子どもの個人差や変化が著しいということを踏まえなくてはならない。
　長期と短期の指導計画ということにおいても，長期的な計画は，子どもの発達する姿をとらえ，保育目標を立て，その目標を達成するための内容を考えることが強調されるが，一方，短期的な計画では，長期的な計画との関連から具体的な日々の生活に即して，子どもの生活や発達の姿，興味や関心のあり方に応じながら，保育のねらいを立て，そのねらいが達成されるような内容が考えられなければならない。
　そして，さらに加えておきたいことは，指導計画の枠組みや形式にのみ目を向けることに対して注意を払わなければならない。このような指導計画は，現実の子どもの姿から乖離したものとなり，単に計画を書き記し，それで保育を

進めていけると安心してしてしまうことになる。指導計画は，あくまでも計画でありその通りにはいかないこともある。しかしその通りにいかなくてもねらいの達成と活動の発展がどのようなところまでみられたかを常に点検し，修正していくことが重要となる。

2. 保育時間（長短）と保育

2-1. 幼稚園・保育所の保育時間

　指導計画を作成する段階においても，実践の段階においても，保育時間について考慮することは不可欠なことである。幼稚園及び保育所における保育時間は，制度上その機能によりつぎのように決められている。幼稚園は，「教育時間は，4時間を標準とすること。ただし，幼児の心身の発達の程度や季節などに適切に配慮すること」と幼稚園教育要領に定められており，さらに教育週数についても「特別の事情のある場合を除き，39週を下ってはならい」と示されている。一方，保育所については，「1日につき8時間を原則とし，その地方における乳児又は幼児の保護者の労働時間その他家庭の状況等を考慮して，保育所の長がこれを定める」と児童福祉施設最低基準第34条に定められている。一般に，これらの時間を踏まえて保育は構想され，指導計画が作成されることになる。

　また，子どもの在園する期間が2～3年である幼稚園は，学校教育機関に位置づけられていることから，小学校などと同様に夏休みや冬休みといった長期にわたる休みがある。これに対して，保育所は，在所期間が長期にわたり，その大多数の子どもが朝早くから夕方，あるいは夜までの10時間から12時間を過ごし，休業日はほとんどなく1年を通して保育がおこなわれている。したがって，1日の生活が子どもにとって快適で安定したものになるようにするためには，子どもの生活リズムに十分配慮しながら，食事や睡眠（午睡）を中心に基本的な活動の時間を設定しなくてはならない。そのため，とくに長時間保育

のおこなわれる保育所では，1日の流れのなかでとくに指導する部分の計画となる日案とは性格を異にするデイリープログラム，いわゆる日課（表）が作成されている。これは登園（所）から降園までの生活のスケジュールであり，保育時間も含め，活動内容など全体的に調和のとれた配分になっている。子どもたちの生活リズムを確立し，見通しをもった生活を過ごせるようにするために日課は不可欠といえる。以上のように保育時間は指導計画とのかかわりにおいて，そして保育の実際とのかかわりにおいても重要な位置を占めている。つぎに幼稚園・保育所がその運営上，時間に特別の配慮をする場合についてみていくことにする。

2-2. 長時間保育 ―預かり保育，延長保育，夜間保育など―

　指導計画を作成する場合，幅広い視点から作成していくことをもとめられるが，そのひとつが保育時間への配慮である。最近では，保護者の要請に応じて，地域の子育て支援への取り組みといった観点から幼稚園や保育所の役割がより重要になってきている。具体的には，幼稚園の預かり保育や保育所での延長保育，夜間保育などである。これらに関しては，幼稚園・保育所の制度面，そして保育者側の指導体制の整備などが重要課題としてあるが，指導計画との関連からすれば，これらによる保育時間を子どもにとっていかに充実させ，無理のない1日の流れを創り出せるかということが重要になってくる。

　幼稚園教育要領では，「教育課程に係る教育時間の終了後に希望する者を対象に行う教育活動」，いわゆる「預かり保育」が明文化されたのである。保育時間は，通常の保育時間終了後から保護者が迎えに来る時間までとし，ただし，午後5時を最終時間とすることになっている。正規時間外であるが，単に預かるということではなく，友だちとのかかわり方や基本的な生活習慣の育成などを援助することにおいてほかの時間と変わらない。また，戸外や室内での活動などのバランスを考え，地域の実情や子どもの実態に合わせて活動の内容が豊かになる工夫が必要となる。そのため，子どもの心身の負担や家庭との緊密な

連携などに配慮しておこなうことが大切である。

　近年，女性の社会進出の拡大，就労形態の変化，核家族の増加といったことから保育所の役割が変化し，子育て支援の充実などの施策の展開を図るために特別保育事業を実施するなど保育サービスの整備が進められている。保育所は，保育時間が原則8時間であるが，保護者からの要請を受け，保育時間の延長が図られ，特例保育として開所時間が11時間を超えるところが増えている。保護者の就労状況やその他の事情により，日曜日，祝日または年末に保育を必要とする乳幼児に対して休日保育も実施されている。

　また，やむをえない事情のため，保育時間を超えて午前10時頃から開所できるようにもなり，基本保育時間は午前11時から午後10時までとしているが，開所時間の前後に延長保育がおこなわれている。また，夜間保育では，午前11時から午後10時までの11時間を基本とし，延長保育と組み合わせて午前7時から深夜0時までの範囲内での保育がおこなわれている。これらは保護者からの切実な要求に応えたものでとても重要な育児支援であるが，教育課程や保育計画のなかで，どのようにとらえるかは保育の根幹にかかわってくることである。さらには，このように幼稚園や保育所での預かり保育や延長保育が一般化し，在園時間が長時間化してくると，子どもの生活経験が乏しくなってくる危険性が生じることも視野において指導計画を作成しなくてはならない。

2-3. 保育時間延長における指導計画の留意点

　先に述べてきたように，幼稚園や保育所での指導計画作成上の留意点のひとつとして保育時間の長さをあげることができる。幼稚園は，1日の保育時間を4時間を標準としており，保育所は8時間を原則としている。幼稚園にしてみれば，1日の大部分を過ごす保育所とは異なるのは当然である。短期の指導計画は，日々の子どもの生活に応じた最も具体的な計画であり，クラスの実情や一人ひとりの子どもの生活する姿をとらえながら，どのように保育を展開すればよいかについての具体的な予想である。保育時間の長短は，日々の保育の計

画に影響を与えることになる。

長時間保育については，子どもの年齢や健康状態，生活習慣，生活リズム及び情緒の安定に配慮した保育をおこなうことが大切であると，保育所保育指針につぎのように明記されている。「長時間にわたる保育については，子どもの年齢，生活のリズムや心身の状態に十分配慮して，保育の内容や方法，職員の協力体制，家庭との連携などを指導計画に位置づけて行うようにする。」

3. 予想される保育の流れ

3-1. 幼稚園・保育所の保育時間

指導計画は，予想して保育の準備をすることにより，予想なしの行き当たりばったりで対応せざるをえなくなることを避けるためにある。保育は，一瞬一瞬の子どもの姿への対応が大切だがそれだけでは十分だとはいえない。やはり明日の保育のなかで起こりうることを予想して，あるいは子どもに経験させたいことを考え，どのような環境を構成し，どのようにかかわったらよいのか，保育の流れをどのようにつくっていったらよいかなどを構想するため，設計図として指導計画は必要である。つまり，見通しをもって対応できるようにするためにといってもよいだろう。

保育の流れは，当然子どもの活動が中心となるわけで，あくまでも指導計画において組み立てられていくのは，子どもの実態をとらえた上での，予想される活動である。したがって，まず子どもを把握し，そしてクラス単位で考える場合，子ども一人ひとりに沿って考えなければならない場合，さらに，長期と短期の計画においても予想される保育の流れは極めて重要となってくる。

また，指導計画と子どもの活動にはズレが生じることを考慮しなくてはならない。つまり，実際に展開される活動は，保育者の予想とズレることも当然のこととして考え，指導計画のなかに位置づける必要がある。保育者が，用意周到に計画を立てても，それがすべて受け入れられるとは限らないのである。そ

こで保育者は，子どもの活動を調和よく取り入れることに努めることになる。たとえば，日案では，幼稚園・保育所における1日の生活の流れ，すなわち保育の流れを子どものどのような活動によって，どのように組み立てるかということが重要になる。保育所保育指針に，「子どもの行う具体的な活動は，生活の流れの中で様々に変化することに留意して，子どもが望ましい方向に向かって自ら活動を展開できるように必要な援助をすること」とあるように，あくまでも子どもが主体的に活動することを考える。

3-2. 保育の流れにおける留意点

日々の保育の展開には，1日の生活の流れのなかに，静的なものと動的なもの，屋内と屋外，個と集団の活動などがいろいろと組み込まれている。子どもは長時間にわたり同じことをするのは非常に負担になってくるため1日の生活のなかで，活動と休息のバランスに配慮することがとても重要である。つまり，動きの激しい活動と静かにおこなう活動をバランスよく取り入れ，疲れた時などは休息を取り，子どもの心身の様子に気を配った計画を立てていく必要がある。例をあげるならば，夏季は暑く疲れやすいので，午睡を長めにとり，水分の補給をし，長時間，炎天下で遊ぶことのないように，寒い冬は，外での遊びが萎縮し室外にこもらないように配慮したい。

4. 日常生活（保育）の指導と援助

4-1. 指導と援助の意味

教育課程や保育計画，これらについてより具体的な指導，援助を加えた計画が指導計画である。したがって，指導と援助は，実際の保育においてどのようになされるかがとても重要であるが，計画においても同様である。ここでは指導と援助についてみていくことにする。幼稚園教育要領には，「幼児の行う具体的な活動は，生活の流れの中で様々に変化するものであることに留意し，幼

児が望ましい方向に向かって自ら活動を展開していくことができるよう必要な援助をすること」と示されている。

　保育の現場などでされてきた議論では，一般に「指導か援助か」という問いかけがなされることが多かった。この問いかけは両者（の示す意味）に対して少し無自覚といえる。指導と援助を比較すること，両者を相容れない対立した概念としてとらえること，指導か援助といった，いわゆる二者択一的に選択するということは誤りである。このように「指導」と「援助」を二元的にとらえるのは，おおよそ両者の対比的イメージによるものであり，このようなとらえ方は保育実践にとってあまり有効とはいえない。

　指導という行為は，子どもの自主的活動に働きかけるもので，指導と自己活動とは背反するものではない。指導は保育者の意に沿うように子どもの行動を規制することではなく，保育の方向を具体的，実践的に示す動きとして理解すべきである。援助は，子どもの自発的活動がさらに展開するように保育者がみずから子どもにとっての環境（人的環境）となったり，環境（物的環境）を構成（設定）するような活動ということにおいてとらえるとよいだろう。

　時として保育者が援助すればするほど子どもの主体性を損なうことになったり，自立を阻む事態になるおそれがあるが，根本的には，援助をするかどうかという判断は保育者自身に任されている。それだけ保育を構想することに細心の注意を払うことになる。援助について注意すべきことをつぎにあげる。

・援助によって子どもの主体性を育てる
・援助によって子どもの視点の転換をもたらす
・援助によって子どもに遊びを展開する際の情報を与える

　教育は，成熟した者が未成熟な者を指導するといった形でおこなわれるが，乳幼児期における指導は援助の形をとるのが普通である。なぜなら子どもはみずから育つ力をもっているという発達観に基づく，乳幼児の特性を考慮するからである。援助の実際としては，その時々の状況に合わせて，適切な手段・方

法を考えなければならない。「幼児の展開する活動に対して必要な助言・指示・承認・共感・励ましなど，保育者が行う援助のすべてを総称して，指導と呼んでいる」（幼稚園教育指導資料第一集「指導計画の作成と保育の展開」）とあるように，援助としてことばかけ，教える，モデルを示すなどがある。子どもへの共感，励まし，賞賛，相手の考えを引き出す，ヒントを与える，など指示や命令もとらえることができる。指導計画を作成しての保育の実際には，これら援助の方法をどのようにして，どこで用いることになるかということにかかわってくる。

4-2. 一人ひとりに応じた指導

　保育者は，状況に応じた多様なかかわりがもとめられる，と同時に一人ひとりに応じた指導をおこなうことにもなる。一人ひとりに応じた指導とは，具体的な子どもの要求や行動から，その奥にある一人ひとりの子どもの内面に気づいて応えようとすることである。一人ひとりの子どもの内面を理解し，信頼関係を築きながら発達に必要な経験を子どもみずから獲得していけるように導くことでもある。

　一般に，指導計画は担任にとって，クラスの設計図ともいわれる。それは，子どもの発達との関係でポイントを押さえ，環境にかかわる子どもへの援助，園生活の過ごし方に関する援助，集団で育つ発達への援助，活動を充実させるための援助を考え，どこでどのようにおこなうかということを構想するからである。幼稚園においても，保育所においても，子どもと生活を共にしながら子どもの生活する姿を見守り，子どもが発達に必要な経験を得ていけるように援助することが大切である。

4-3. 子ども理解と援助

　子どもが環境のなかで，興味・関心をもった対象にかかわって活動を展開し，充実感を味わうことができるようになるため，子どもとの信頼関係を築くこと

が大切になってくる。その上で，必要な援助を子どもの姿から見出すことになるが，それゆえに保育者の援助は，子どもの受容と理解からはじまるといえる。つまり，保育者が子どもの姿から，子どもがどのような興味をもち，それに向かってどのように行動しているか。そこで生み出された活動を通して経験していることは何か。活動がうまく展開していないとすればどのような問題がそこにあるのか。あるいはつぎに必要な経験は何なのか，ということを理解することである。

5. 保育の評価

　指導計画は，あくまでも保育者の仮説に基づいた計画であり，実際と一致することはほとんどない。しかし，立てた目標やねらいの達成と活動の発展がどの程度あったかを常に点検する必要はある。このように保育者が計画を立て，実践し，それらを振り返り，反省・評価するまでの一連の活動が，まさに保育者の仕事である。ここでは保育の評価の方法についてみていく。

5-1. 保育者の仕事―反省・評価―

　幼稚園教育要領において「幼児の実態及び幼児を取り巻く状況の変化などに即して指導の過程についての反省や評価を適切に行い，常に指導計画の改善を図ること」と，保育所保育指針においても「指導計画は，それに基づいて行われた保育の過程を，子どもの実態や子どもを取り巻く状況の変化などに即して反省・評価し，その改善に努めること」と，反省・評価をし，改善を図っていくことが明示されている。指導計画は，ひとつの仮説にすぎないが，その仮説がねらい，内容，展開において適切であったかどうかは，保育者がみずからの保育を問い，反省，評価し，そして改善していかなければならない。この反省・評価という作業は，それだけが単独であるものではない。ここでは保育者の仕事という観点から考えてみる。保育者の仕事として，まず想起されるのは保育の実践ということになろう。しかし，これまでみてきたように保育の実践

の段階の前には，保育の計画（指導計画）を立てるということがあるわけで，これなしでは実践はありえない。そして，実践の段階に移ると，そこではすぐに計画そのものとその実践に対しての反省・評価という作業がおこなわれることになる。

　ここで実践を終えてとしなかったのはつぎの理由がある。評価は，指導の成果について，目標やねらいの達成度を図るために結果を基に判断されることがあるが，しかし，保育においてはその過程での反省・評価ということが重要となってくる。「保育における反省や評価は，このような指導の過程の全体に対して行われるものである」（幼稚園教育要領解説）と示されているように，反省・評価は実際の保育の場で常におこなわれ，指導計画は常に修正されることを含んでいる。

5-2. 指導計画の反省・評価及び改善の視点

　指導計画に対する評価は，つぎの2点においておこなわなければならない。それは子どもの発達の理解という面と保育者の指導の改善という面からである。幼稚園・保育所においては，教育・保育目標に基づいて指導計画が作成され，計画に沿って指導がおこなわれる。そして，その指導の結果が，反省そして評価され，その評価に基づいて計画が修正され，ふたたび指導がおこなわれる。指導計画をはじめ，教育課程，保育計画，これらは保育者の予想や願いを基につくられるため，子どもの興味・関心や欲求，生活の流れやリズムによって当初とは異なってくる。これはどんなに綿密に作成された計画であったとしてもありえることである。そのさい，子どもの主体性を考慮するならば，計画と異なる活動を尊重し，環境を再構成しながら，子どもの活動を見守っていくことが大事である。計画は，計画通りにいくかどうかということに価値をおくのではなく，あくまでも予想であり，むしろ偶発的な出来事の多い子どもの生活では，それをも子どもの学びの場としてとらえていくことに価値を置き，反省・評価においても計画通りにいったかどうかだけでおこなうことは極力避けるべ

きであろう。

　反省・評価において難しいのは、保育者が客観的な観点において自分自身を評価することにある。しかし、つぎへの保育につなげるということにおいて、保育者はおのずと客観的にしていかざるをえないし、また客観的に眺められるように先輩、同僚保育者の手をかりて指導計画の反省・評価をおこなうことにもなる。

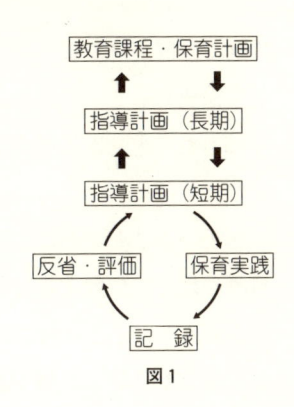

　指導計画は、計画作成の時点で成否が問われるのではなく、実施そのものが重要になってくる。したがって、指導計画は、実践のなかで、常に反省・評価し、改善していくことになる（図1）。このように考えていくと指導計画を作成するにあたって考慮しておくべきことは、常に改善できるように余裕のある内容にしておくことである。長期にわたる指導計画は、時間的にも経過日数が多くなるため、途中で変更しなければならないことが多いが、短期の場合も時々変化する子どもに即して、修正できるようにしておくことである。いずれにしても計画そのものには柔軟性や弾力性が必要である。

　保育は、計画のみではなく、各自の保育・教育観、子ども理解、保育内容、保育方法とによって構成されている。したがって、これら全体を通して保育は反省・評価されなければならないことを付け加えておく。幼稚園教育要領解説には、「指導計画はねらいと内容の設定、それに基づく環境構成、活動の展開、発達に必要な経験が得られるような適切な援助、反省や評価、新たな指導計画の作成という循環の中で行われる。そして、常に指導の過程について実践を通しての反省や評価を行い改善が図られなければならない」、保育所保育指針には、「保育の計画を踏まえて保育が適切に進められているかどうかを把握し、次の保育の資料とするために、保育の経過や結果を記録し、自己の保育を評価し反省することに努めることが必要である。」と示されている。実際の保育の

図1

現場では評価・反省することによって，はじめて保育の向上，保育者としての成長が望めるといえる。ここで重要なことは，子どもの発達の理解と保育者の指導のあり方をよりよくするためのものとして評価をとらえることである。そして，評価にさいしては，いくつかの項目をつくり，評価の基準を具体的に設けるということである。

目標やねらいに対する評価　指導計画が，実際の保育においてどのような結果をもたらしたかということを，目標やねらいの設定が適切であったかどうかという観点から問う。指導計画作成における保育者の意図が最も問われるところでもある。

保育者の指導法に対する評価　子どもの活動を指導していく過程で，実際の子どもの活動が，指導計画作成時に意図していた通りに達成されているかどうかを検討する。

子どもの活動に対する評価　子どもの実態が把握された上での計画であったかどうかを点検する。これらの観点から評価することによって，その原因を明確にし，つぎの指導計画作成への改善へとつながることになる。

5-3. 評価の方法―保育の記録―

　ここまで指導計画と評価について述べてきたが，加えて保育の記録と評価とうことについてもふれておきたい。

　保育の記録は，何のためにおこなうのか。日々，保育の実践をおこないながら，保育の記録をするということはとても大変なことである。また，日々の保育に追われ，翌日の準備に時間をとられ，とても無理ではとも感じることが多いようである。そのためか，保育の記録に対して，あまり積極的になれず，なかにはその意味について疑問視する声を，とくに新任保育者から聞くことも少なくない。しかし，保育を記録していくということが，保育の質の向上につながることを忘れてはならない。簡潔につぎの点で意味あることを記しておきたい。

よくあることであるが実習から戻ってきた学生は，実習日誌の大変さを口にする。それでも大半が日誌の必要性を認めている。それは日誌に1日の行動を記録していくことにより，自身の実習を振り返えることができるからである。日常の多忙さのなかで，現場では多くの記録という作業がある。連絡ノート，保育日誌など，自身の保育実践を振り返り，記録することは保育の向上につながる。つまり，これら記録が反省・評価と連動し，その自己評価が保育者としての成長につながることになる。

　幼稚園，保育所では年度末に，1年間の保育の評価・反省がなされる。子どもの側に立つ保育を実現していくには，日々の保育実践を反省・評価し，指導計画を立て直していくことの繰り返しのなかで，より子どもに即した適切な保育の計画を立てる。1日の保育のなかでエピソード，すなわち保育者の心に触れる出来事を記録することによって，日々の生活に現れる子どもの気持ち，興味・関心，欲求などの内面と，その背景をとらえることができる。またこのような作業によって，自分の関心が特定の子どもに向けられていたり，自分の視野に入りにくい子どもがいることにも気づくようになる。その記録の方法は多様であるが，そこには自身の保育を振り返り，向上させるという目的がある。

【参考文献】
文部省　1999　幼稚園教育要領解説　フレーベル館
文部省　2002　指導計画の作成と保育の展開（幼稚園教育指導資料第1集）　フレーベル館
文部省　2000　一人一人に応じる指導（幼稚園教育指導資料第4集）　フレーベル館
森上史朗・阿部明子編著　1999　幼児教育課程・保育計画総論　建帛社
高杉自子・塩美佐枝編著　1999　教育課程・保育計画論　光生館
大場幸夫・中田カヨ子［他］　1999　新訂保育原理　教育出版
保育研究所　2001　保育制度―現状と改善・拡充の制度　草土文化

第9章　3歳未満児保育の形態

1. 3歳未満児の就園の拡大

　これまで保育所における乳児保育は一般的な保育ではなく，一部の子どもを対象としたものであったが，現在では子どもや子育てをする親たちを取り巻く社会状況が変化して，乳児期から子どもを預けて働くことが特別なことではなくなってきた。それに伴って，保育所に入所を希望しているにもかかわらず，入所することができない子どもたち（これを「待機児童」という），そのなかでもとくに乳児の数が多い。そのため，政府はさまざまな施策によって保育ニーズにこたえてこの待機児童を減らすようにしている。

何を思うの（0歳児）

1-1. 保育所に対する考え方の変化

3歳児神話 乳児期，幼児期前期の養育や保育は子どもの発達や性格形成にとって重要であるといわれる。とくに3歳までの養育は昔から「三つ子の魂百まで」といわれているように重要視されてきた。なかでも「3歳児神話」(母性神話) は，3歳までは母親が家庭において育てるべきだという考えであった。小児科医や，精神科医などの専門家が，乳児期より保育所に預けることによって，子どもが情緒不安定に陥る危険性が高くなるという理由から，母親が「完全な家庭」のなかで乳児を保育するべきである，と主張していた。

しかし，母親が外で働いている場合には「完全な家庭」のなかで保育することが不可能である。そのため，その欠損部を補う位置づけとして保育所保育がおこなわれてきた。そのころ，乳児保育は，「必要悪である」という偏見が強く，ほとんど乳児保育がおこなわれているところはなかった。それでも子育てをしながら働く人のために乳児保育がおこなわれていた。ほとんどの認可保育所では乳児保育がおこなわれていなかったので，乳児を預かる施設は無認可保育所やベビーホテルが多かった。無認可保育所のなかには質の高い保育をしているところもあるが，補助の受けられないこともあって質の低い無認可保育園も数多く存在している。

これまでの家庭で養育すべきという根強い考え方が体勢を占めていたために，母親の手によって養育されず温かみのない「施設」で養育された子どもたちは「人間として劣る」と考えられてきた。これは母性剥奪 (マターナル・デプリヴェーション) であると考えられ，保育施設において養育された子どもはその後の生涯に大きな影響を与えるといわれた。

しかし，「3歳児神話」のなかでは，ボウルビィのアタッチメント理論の考え方が引用されたが，実際には愛着形成は特定の大人との関係を作ることであり，愛着の相手は必ずしも母親でなければならないということはなかった。現在では，認知的側面からもバウアー (T. G. R. Bower, 1979) の乳児研究から，

これまでの母性的養育の解釈とは異なり,「母親が養育すること」=「母性的養育をおこなうこと」ではない,と考えられている。さらに菅原ら (1999) がおこなった研究によると,子どもの精神的健康は単に乳児期に母親が主に養育従事しているかの要因のみに規定される訳ではなく,多要因の時系列的な相互作用によって子どもの問題行動が発生していた。現在ではむしろ集団保育施設において保育されていることが,子どものその後の精神的健康についてマイナスの影響を及ぼさないと考えられている。これらの研究から,現在では乳児に対して適切な保育がなされているならば,子どもの発達に悪影響を及ぼさないことがわかっている。

女性の仕事に対する意識・勤務体制の変化　近年女性のライフスタイルの変化が著しい。女性も高学歴になり,専門的な仕事を携わって社会進出をするようになった。男性と同様の仕事や勤務をする女性も増加して,彼女たちの仕事に取り組む意識が変化した。以前とは異なり,結婚だけでなく,出産というライフイベントを経た後も,これまでのように仕事を辞めて家庭に入り育児に専念する道を選択せず,育児をしながら仕事を続けるという女性が増加してきた。子どもを出産した後も子育てだけをするのではなく,自分自身の生き方や生きがいをもとめるようになったことが原因とみられる。

　社会雇用機会均等法の成立により,労働者としての地位も確立してきて性別による待遇の差が少しずつなくなりつつある。また仕事と両立しながら子育てをおこなうための社会的支援も得られるようになってきた。育児休業の普及によって,働く母親を取り巻く環境も整ってきた。乳児保育に対する社会的な認知も得られ,働く母親の数が増加してきたため,良質の乳児保育をおこなう必要性がでてきた。

3歳未満児の就園の拡大　これまで述べてきたように現代は親だけで子どもを育てることが困難な時代である。そこで子育てを社会全体で支援するという考え方が生まれてきた。

　女性の地位向上とライフスタイル・価値観の多様化に伴い出生率が低下して

きた。女性が自分の生活や生き方を大事にしていこうと考えると,出産や育児をひとりで担うことは負担が大きい。そのために子どもを産まないという選択をする女性が増加してきた。育児に関して夫や周囲の人の理解やサポートは当然だが,それだけでは出生率の低下を防ぐことはできない。少子化は個人レベルではなく,国にとっても深刻な問題である。そのため,施策として子育てに介入していかざるをえない。そこで以下に述べるエンゼルプランや新エンゼルプランが作られた。

エンゼルプラン「今後の子育て支援のための施策の基本的方向について」は,「少子化対策としての子育て支援のための総合プログラム」として1995年に策定された。その一環として「緊急保育対策等5カ年事業(1995～1999)」がおこなわれた。これは省庁の縦割り行政ではなく,当時の文部・厚生・労働・建設の4省庁が横断的に作った子育て支援である。その内容は,

1)子育てと仕事の両立支援
2)家庭における子育て支援
3)子育てのための住宅及び生活環境の整備
4)ゆとりある教育の実現と健全育成の推進
5)子育てコストの軽減

であるが,なかでも「乳児受け入れ対策」が緊急保育対策等5カ年事業「当面の緊急保育対策等を推進するための基本的考え方」として決定された。その目的は,「保育サービスの拡充」と「保育所の基盤整備」である。具体的には,

(1)保育所入所定員枠の増加
(2)低年齢児保育
(3)乳幼児健康支援一時預かり事業

であった。

さらにエンゼルプランの実施に引き続いて,新エンゼルプラン(「少子化対策推進基本方針」)が2000年より施行され,現在実施されている。これは乳児保育のニーズについてエンゼルプランを発展したものである。

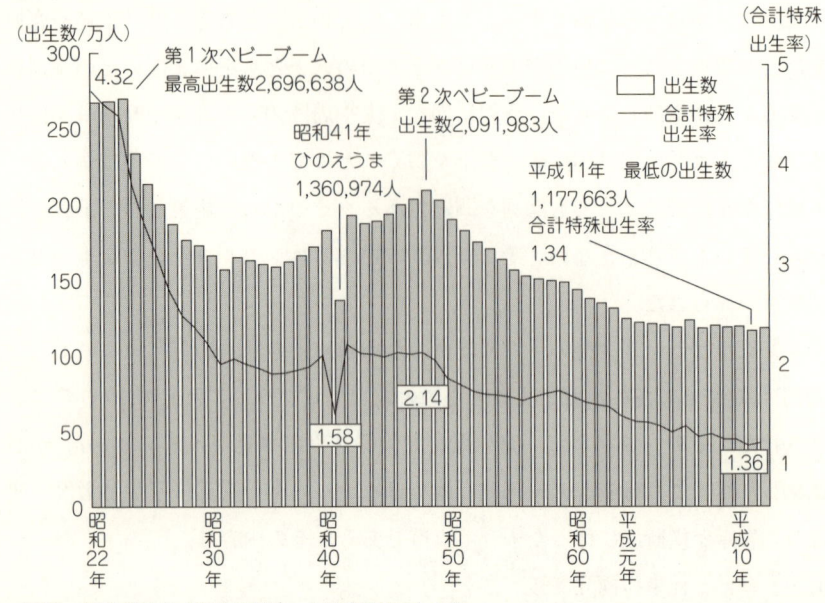

図1 出生数および合計特殊出生率の推移

資料）厚生労働省「平成12年度　人口動態統計」より。

入所児童数の増大　現在，わが国の出生率は年々減少している。出生率は1970年代後半より減少し始めていたが，1989年に「1.57ショック」が起きてからは深刻な社会問題として取り上げられるようになった。これは1989年の合計特殊出生率（ひとりの女性が一生のうちに平均して生む子どもの数）が1966年の丙午の1.58よりも低い1.57を記録したことである。その後もさらに低下し続け，2001年には1.33になっている（図1）。

このように出生率が減少しているにもかかわらず，多くの子どもたちが入所を希望している。そのため，保育施設の数は年々増加しており，2000年度は，認可保育所2万2278ヶ所に191万8910人，無認可保育所1万174ヶ所に23万6162人の子どもが在籍していた。しかしながら，保育所の数はまだ十分ではなく入所を希望しても保育所に在籍することができない待機児が毎年多くみら

れる（図2）。

とくに入所する乳児の数は増加していることが近年の大きな問題である。その一因は、出産しても仕事を辞めることなく、働き続ける母親が増加したために乳児期より保育所に入所を希望する子どもの数が増大してきたことである。図3より明らかであるように、3歳児以上の子どもの保育所在籍数はほとんど増減していないのに対して、2000年度は1989年に比べて、0歳児が約1.7倍、1・2歳児は約1.4倍も保育所に在籍している。

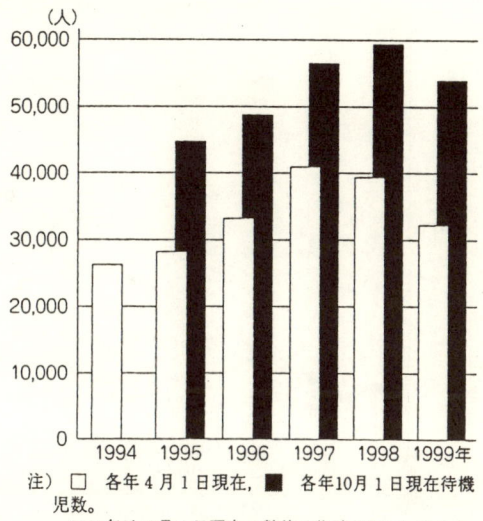

注）□ 各年4月1日現在，■ 各年10月1日現在待機児数。
1994年は10月1日現在の数値は集計されていません。
資料）厚生省児童家庭局保育課調べ。

図2　待機児数の推移

保育所の変化　保育所における保育士の配置基準は、1950年代や1960年代半ばまでは0～1歳の乳児10人当たり保育士ひとりであったのに対して、現在では0歳児については子ども3人当たり保育士ひとり、1～2歳児では子ども6人当たり保育士ひとりとなっている。それぞれの保育士が担当する子どもの数が少なくなることで一人ひとりの子どものニーズに対応でき、質の高い保育を実現することが可能になった（表1）。実際には、複数担任制をとっている施設が多く、複数の保育者が一定の発達の子どもたちを共同で保育しているが、アタッチメントを形成できるように担当保育者を決めて保育しており、子どもたちに影響が及ばないように配慮している。

担当保育者の数だけでなく、保育内容についても保育所から改善がなされている。乳児保育実践において、これまでのように子どもを集団の一員として画

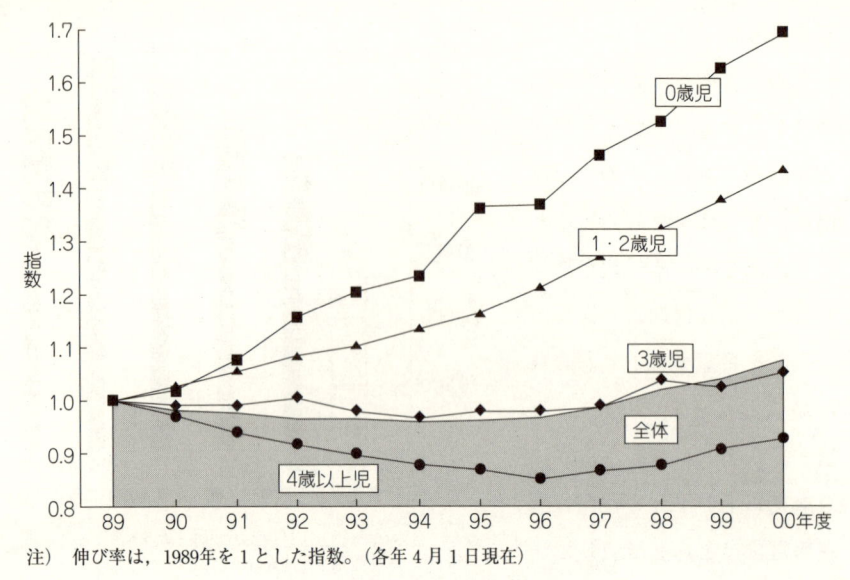

図3 保育所の年齢別在籍者数の推移

注) 伸び率は，1989年を1とした指数。（各年4月1日現在）

表1 保育所における保育士の配置基準

	乳児	1歳	2歳	3歳	4歳以上
23～26年度	10：1			30：1	
27～36	10：1		（10：1）	30：1	
42	6：1			30：1	
現在	3：1	6：1		20：1	30：1

備考1．配置基準は，最低基準による。
　　2．（　）内は，措置費上の定数。乳児については，乳児指定保育所の場合。
資料）「最新保育資料集2002」より作成

一的に保育するのではなく，集団のなかでの一人ひとりの子どもに目を向けて保育するようなシステムを考えるようになった。

　保育所保育指針のなかで保育内容については，3歳未満児について年齢ごとではなく「6か月未満児」「6か月から1歳3か月未満児」「1歳3か月から2歳未満児」「2歳児」「3歳児」というように，乳幼児の発達の過程に沿って細かく取り上げられている。とくに低年齢の乳児に対しては，このなかで保育者が一方的に集団に子どもを合わせる保育をするのではなく，愛着を形成することができるように，まず子どもの特徴や状態を詳しく観察して把握してから，保育者がその子どもにあった相互応答的な関係を形成するようにもとめている。

保育所保育指針の改訂　1999年に改訂された保育所保育指針では「6ヶ月未満児の保育」を明確に位置づけている。その内容は「発達の主な特徴」「保育士の姿勢と関わりの視点」「ねらい」「内容」「配慮事項」である。乳児の特性をより深く理解し，子どもが生活している環境，とくに周りの大人との温かく豊かで継続的な相互応答的な関係のなかで発達するように保育者が接することがもとめられている。

　乳児保育の重要性の認識を反映したものであるが，包括的に子どもの姿を捉えるというよりも，一人ひとりの子どもの発達の過程を見極めて保育するようにもとめている。乳児は身体機能の未熟性が高いため，年長の幼児よりもより細かい配慮をすることがもとめられる。

　身体的側面に関しては，生理的機能の未熟さから病気にかかることがあるので，生命の危険につながらないように十分に注意して保護・世話をしなければならない。具体的な配慮事項としては「特におむつのあて方や衣服の着せ方，寝具の調節，保育室の温度や湿度の調整，安全の確保に心がけるなどをきめ細かく行う」「授乳は，必ず抱いて，子どもの楽な姿勢で行う。一人一人の子どものほ乳量を考慮して授乳し，ほ乳量を考慮して授乳し，ほ乳後は，必ず排気させ，吐乳を防ぐ」などである。

　心理的側面については，アタッチメントが形成できるようなかかわりをする

必要がある。愛情豊かな特定の大人との継続性のある応答的で豊かなかかわりが子どもの人格形成にとって重大である。「目覚めているときは、できるだけ個別に抱き上げたり、玩具を見せてあやすなど人に対する関心や周囲に対する興味が育つように配慮する」など、身体的側面と心理的側面の発達の観点から、保育するようにもとめている。

2. 零歳児保育の施設の拡充

　乳児を保育するためには、幼児を保育する施設だけでは不十分であり、特別の施設が必要である。乳児は月齢による各々の子どもの生活リズムの差が大きい。とくに零歳児は寝ている時間が多く、食事も月齢によってミルクから離乳食と異なる。また、食事の回数もミルクのみから1回食、2回食へと移っていく。運動発達も著しく寝ているだけの赤ちゃんから、はうことができるようになり、生後1年たつと歩行ができる子どもが多い。

　このように乳児期は、子どもの月齢や一人ひとりの状態によって、必要な設備が異なる。とくに産休明けで入所するような寝返りもしない赤ちゃんにはベッドが必要である。一方、はいはいができる赤ちゃんに対してはそのためのスペースを確保することが望まれる。このように一人ひとりの子どもの生活状態が異なるために、一度に食事をしたり、睡眠をとったりすることができないので、それぞれの子どもが安全にかつ快適に生活していくことができるように施設を整えることが必要である。

認可保育所の施設　保育所は、「児童保育施設最低基準」が決められてあるので、乳幼児を保育するためにはこれを満たすことが必要である。

　かつては「乳児保育指定保育所」があったが1998年に廃止されたので、現在ではどの保育所においても乳児を受け入れることが可能になってきた。さらに待機児解消のために徐々に規制緩和する方向性へと転換している。2002年に厚生労働省より「保育所入所定員の弾力化等について」という通知が出された。それによると、乳児施設の基準は以下の通りである。

(ア) 保育室の面積基準：乳児保育室およびほふく室は，ほふくしない乳児1人当たり1.65平方メートル，ほふくする乳幼児は1人当たり3.3平方メートル必要である。
(イ) 保育者基準は**表1**を参照する。0歳3：1，1・2歳6：1，3歳20：1であり，乳児であるほど手厚い保育がなされている。しかし，臨時として非常勤の職員が保育する方向性が打ち出されている。
(ウ) 臨時措置は待機児童解消に向けて出されたもので，児童保育施設最低基準を満たせば，積極的に乳児受け入れるように通達が出ている。
(エ) 保育所内の余裕室・子育て支援相談室も保育室として活用して良い。
(オ) 屋外遊戯場は公園・広場・寺社境内等でも良い。また，遊戯場は必ずしも保育所と隣接する必要がない。
(カ) 保育所定員は，年度後半（10月以降）は，認可定員の25％を乗じて得た員数を超えても差し支えない。これに伴う増員職員は非常勤の保育士も可能である。

このように画一的な基準ではなく各園の実態にあった方法が採れるように作られていて，柔軟に運用されており，工夫がされている。

また，分園も作ることができるようになった（「保育所分園の設置運営について」1998年）。乳児の待機児童解消に向けて一定の役割を果たしている。

無認可施設の設備　無認可保育施設のうち，「乳幼児の保育施設であって，夜間保育，宿泊を伴う保育，又は時間単位での一時預かりのいずれかをおこなっているもの」を「ベビーホテル」といっている（幼児保育研究会：2002）。

ベビーホテルなど無認可施設についてはこれまではほとんど規制がなかったが，乳幼児の死亡事故が相次いで発生したために，「認可外保育施設に対する指導監督の実施について」が策定された（2001年）。その内容は「認可外施設指導監督の指針」および「指導監督基準」である。

これまでも1981年の児童福祉法の改正によって，行政庁に報告書の提出，及び立ち入り調査の権限が規定されていたが，さらに効果的な指導監督を図る

ために策定されたものである。指導監督の内容は，まず認可外施設を把握し，設置予定者に対する事前指導から，施設の通常の運営状況，事故などが起きた場合にも報告を義務づけている。

指導監督基準は，保育に従事するものの数や資格，保育室の施設の概要や非常災害に対する措置，保育内容，給食や健康管理など多様にわたっている。

とくに乳児の保育は，「幼児の保育と別室にすること」や「二人以上での乳児用ベッドを使用しないこと」を実施するように安全を確保するという観点からもとめている。

また「しつけと称して身体的苦痛やネグレクトなどの心理的処遇をしてはならない」など，子どもの人権対しても配慮するようにもとめている。

立ち入り調査の結果，問題があると認められた場合には，改善指導や改善勧告，業務停止命令または施設閉鎖命令を出すことができると明記されている。

さらに厚生省（現厚生労働省）は2000年に「よい保育施設の選び方　十か条」を通知して，よりよい保育施設を選ぶときのチェックポイントを挙げている。これはそれぞれの認可外施設によってその運営や設備がかなり異なるために，利用者自身の目で見てから適切な施設を選択するようにもとめている。

3. 安全保育と乳幼児の就園

乳児の事故の特徴　乳幼児はみずから危険を判断して対処することができない。そのため，周囲にいる大人が乳幼児を事故から守る必要がある。乳児の事故に関しては，大人が目を離したすきに事故が起こることが多いので，十分注意すれば防ぐことができる事故が多い。

家庭だけではなく保育施設においても，乳児の事故は数多く発生している。とくに保育所では保育中の屋内で多く発生している。その55%は保育室で発生しており，約20%が遊戯室や講堂，約10%が廊下において生起している（加藤：2000）。

事故は，午後4時前後の夕方に起こることが最も多い。これはちょうど保育

者が交替，引き継ぎをする時間帯であり，子どもがひとつの部屋に密集していることが多い。この時間帯は子どもたちも一日の疲れが出るころであり，機嫌が悪くなる子どももいる。また，親が迎えに来はじめるために目が行き届かないし保育室が落ち着かなくなり，子どもたちがざわざわして落ち着かなくなるために事故が起こりやすくなると思われる。

保育室で起こる事故　乳児期前半では，自分から身体を動かすことが少ないので，落下物にあたるなどの事故が多い。やわらかい布団の上にうつぶせに寝ていて気道を詰まらせることもある。

　乳児期後半になると，小さなおもちゃを誤飲したり，子ども同士のトラブルによるけがが出現したりすることが多い。危険を予知するほど経験もしていないにもかかわらず，運動能力や認知能力が発達して行動半径が大きくなる時期である。周囲のものに興味をもつので振ったり，小さなものを自分で口に入れたりして誤飲が起こる。模倣遊びやふり遊びを始める時期であるが，まだ現実と遊びの区別が明確ではないために，ままごと遊びをしている子どもが食べ物でないものを保育者が目を離した一瞬の隙に口に入れてしまうといった誤飲がよくみられる。筆者の経験でも花壇を植え替えるために，たまたま園庭においてあった観賞用のトオガラシの赤い実でおままごとをしていた2歳の子どもたちが目をこすったり，口に入れてしまったりしたということがあった。このような子どもの特徴を考慮して保育施設の環境を十分に吟味することが望まれる。

　また，1歳児頃は子ども同士のかみつきが多く出現する時期である。この年齢は特別なトラブルによってかみつきが起こるということよりも，たまたま自分の口の前にほかの子どもの手があったということだけでもかみついてしまうという事故が起こる。子どもたちが夕方など狭い範囲に密集して集まる際には，保育者が目を離さないなど十分注意することが必要である。年齢が高くなるにつれて仲間に対する興味や関心も強くなるがまだうまくかかわることができないために，トラブルが発生することが多くなる。乳児の爪は鋭いため，短く切っておくと大きな傷にならない。

屋外で起こる事故 園舎外の事故は，交通事故や水の事故などがある。園外に散歩をする際など，歩き始めた幼児が不意に道路に飛び出さないように注意することは当然であるが，乳児がカートから身を乗り出して落ちないように気をつけることなども必要である。車で送迎されている乳幼児も多く，道路の歩き方や横断歩道の渡り方など家庭で養育されている子どもよりも十分に経験できない子どももいる。そのため，乳児の頃より信号に注意を払うなど安全教育をおこない，事故を防ぐようにつとめることが望まれる。

また，とくに夏には幼児は30cmくらいの浅い水深でも溺れることがあるので，水遊びをする時には十分子どもの行動を把握し，子どものわずかな体調の変化を見逃さないようにする。

送迎時の事故 送迎時は保育室に出入りする人が多くなり，注意が分散するために子どもの行動を把握することが難しい。夕方になり保護者が迎えにくると子どもは1日の緊張が解けて，保育中のように慎重に行動をしないことある。そのため，ものに頭をぶつけたり，ほかの子どもとのトラブルも起こったりしやすい。登園・降園時には，目を離したすきによちよち歩きをして遊具にぶつかったり，門扉に挟まれたりすることがある。

また，保育者も保護者がいるために，子どもから目を離しやすくなる。子どもが安全に過ごすことができるように管理体制について，あらかじめすべての保育者や保護者と相互に理解して子どもを事故から守るように努力することが大切である。

避難訓練の実施 避難訓練の実施が保育施設では義務づけられている。子どもを事故や災害から守るため，子どもたちが落ち着いて避難できるように日常から保育者や保護者が万全の準備をしておくことがもとめられる。

4. 健康管理面における体制の強化

乳児期の子どもは，生前や出生児の影響があったり，心身が十分に発育していないので，子どもの状態に即したきめ細かな配慮が必要である。

乳児は疾病に対する抵抗力が弱く、疾病にかかった場合には重症に陥ることがある。

乳児期初期は、母体からの免疫があるため、疾病にかかることは少ない。しかし、この時期にはSIDS（乳幼児突然死症候群）が発生することがあるので注意する必要がある。

SIDSとは、ほとんどが元気であった乳児が睡眠中になくなってしまう病気である。原因は脳幹部の呼吸中枢の未熟さ、あるいはごくわずかな異常によって、睡眠時の無呼吸からの回復が遅れるためであるといわれている。うつぶせ寝で発見されることが多いので、とくに6ヶ月未満児は仰向けで寝かせること、頻繁に睡眠中の乳児の様子を観察することがもとめられる。

生後6ヶ月から1歳代になると、免疫もなくなり抵抗力も弱いので、よく病気をする。毎日を集団で生活しているために、ひとりが水痘（水ぼうそう）、はしか、風疹、流行性耳下腺炎（おたふくかぜ）などの伝染病にかかると全体に広がることが多い。また、とびひや下痢症なども蔓延しやすい。子どもの様子が通常と違っていたら、早めに看護師や保健師に連絡し、嘱託医の指導を受けることが望ましい。また病気が広がる前に保護者に注意をうながしたり、タオルやコップなどを共有したりしないなどの配慮によってある程集団への感染を防ぐことができる。

一方アレルギーをもっている子どもはおよそ30%から50%いるといわれている。アレルギーの原因となるアレルゲンは子どもによってさまざまなので、日頃から保護者と密接な連絡を取り注意する必要がある。アレルギーによってアトピー性皮膚炎や気管支喘息の症状を呈する子どもが増えている。個人差はあるが、乳幼児期の対応によって成長してからは症状が出なくなることも多いので専門医の指導を受けて適切に処置する。

5. 保育者の資質の向上

改訂された保育所保育指針のなかでは、保育所では、毎日通園してくる子ど

もだけを対象に保育しているだけではなく，子育て支援として乳幼児の保育に関する相談・助言をおこなうことも業務のひとつであると位置づけられている。利用者が安心して悩みをうち明けられるような環境を整え，さまざまな機会を作ることがもとめられる。その相談や助言にあたっては，十分に相手の話に傾聴し，受容して，相互信頼関係を築くことが必要である。また，保育所での相談業務の限界も知っておかなければならない。そのためには，保育者の一人ひとりがカウンセリングマインドをもつことが望ましい。

また，現在保育所に対して望まれている質の高い保育を実現したり，年々多様化してくる入所してくる子どもたちの保育ニーズに対して適切に対応したりするためには，すべての保育者が社会情勢にあった高い専門性をもたなければならない。そのため，保育の知識や技術を学び，施設運営の質を高めることはもちろんのことであるが，自己の人間性を高めるように現場に出てからも努力しなければならない（現職研修）。

これらの理由から，保育所では研修の意義と必要性について十分に認識し，研修に積極的・主体的に参加できるような環境作りに心がけ，資質の向上に努めなければならない。また，職員や保育そのものを自己評価することがもとめられる。近い将来には，保育所の第三者評価もおこなわれるように現在準備が進められているので，ますます現場に出てからの研修の受ける重要性が増してくると思われる。

【引用・参考文献】

阿部明子・網野武博・大戸美也子・岡田正章・森上史朗（編）1997　わが国における保育の課題と展望

石井哲夫・岡田正章・増田まゆみほか　2000　〈平成11年改訂〉対応保育所保育指針解説　フレーベル館

加藤忠明　安全対策（森上史朗・柏女霊峰編　2000　保育用語辞典　ナカニシヤ出版）

乳児保育研究会　1994　改訂版資料でわかる乳児の保育新時代　ひとなる書房

保育者と研究者の連携を考える会　2000　保育における人間関係　ナカニシヤ出版

幼児保育研究会　2002　最新保育資料集2002　ミネルヴァ書房

T. G. R. Bower 1979 *Human Development* W. H. Freeman and Company（鯨岡峻訳　ヒューマン・ディベロプメント　1982）

菅原ますみ　北村俊則　戸田まり　島　悟　佐藤達哉　向井隆代　1999　子どもの問題行動の発達：Externalizing な問題傾向に関する生後11年間の縦断研究から　発達心理学研究　第10巻第1号　32-45

第 10 章　保育の現状と課題

日本の社会は今，世界に類をみないほどの速さで迎えた少子高齢化という社会環境の大変化を直視しながら，多岐にわたる課題をかかえている。

1. 保育の多様化に対する受入れ

1-1. 出生率・過去最低の 1.34 人

1999 年の人口動態統計（厚生省）によると，1998 年の 1 年間の出生数は 117 万 7663 人で前年を 2 万 5484 人下回り，この結果，ひとりの女性が一生の間に産む子どもの平均数（合計特殊出生率）は，1998 年の 1.38 から 1999 年の 1.34 まで低下，どちらも過去最低となった。厚生省では「2000 年ベビー」を狙っ

先生と

第10章　保育の現状と課題　　175

た産み控えによる一時的減少では……との指摘をしたが、原因は不明である。一方、国立社会保障・人口問題研究所では、近年の出生率の低落傾向は、「未婚者の増加などにより、出産が先送りされている状態ではないか」と説明している。1975年に2.0を下回って以来わが国の出生率は年ごとに減り続き、少子化に歯止めがかからない状況にある。少子化が進むことは超高齢化社会を支える働き手（労働力）が減り、年金や税制など社会制度全般に影響が出るなど、深刻な社会問題へとつながるし、この動きが子どもを取り巻く状況はもとより、幼稚園や保育所にも有形無形の変化をもたらしはじめている。

1-2. 1.57ショック（少子化対策のはじまり）

わが国の少子化対策が動きはじめたのは、1990年の「1.57ショック」からである。そのきっかけは1989年の合計特殊出生率が1.57と過去最低を記録し、いわゆる「1.57チャイルドショック」といわれたことにある。それまでの最低は1.58であった。この年は丙午(ひのえうま)で、子どもを産み控える夫婦が多かったようである。以降、出生率は丙午の年を下回ることはないだろうと考えていた。しかしそれが1989年にいとも簡単に下回ったため、「チャイルドショック」といわれ、当時は大きな社会問題となった。

わが国の少子化対策のはじまりは「1.57ショック」といわれた頃から本格化した。その後政府は、「結婚・出産は当事者の自由な選択にゆだねられるがべきもの」という考えにたって、出生率向上を直接的にめざすのではなく、「男女共同参画社会の推進」など環境対策に重点をおきつつ、1994年、子育てと仕事の両立をめざす「エンゼルプラン」をかかげ、保育所機能の充実などに1.2兆円を投じて、「緊急保育対策5ヶ年事業」を策定、1995年から実施に入った。

1-3. 国の子育て支援策（エンゼルプラン）

女性の高学歴化、自己実現意欲の高まりなどから女性の社会進出、職場進出

が進む一方で子育て支援体制が十分でなく，子育てと仕事の両立のむずかしさが存在していると国は考えた。そして少子化に歯止めをかけるには，子育て支援体制を確立することがいちばんであると，1994年12月，文部・厚生・労働・建設の4省が共同で，「今後の子育て支援のための施策の基本的方向について」をまとめ，「エンゼルプラン」と呼んだ。

4省が作成した子育て支援策は，①子育てと仕事の両立支援 ②家庭での子育て支援 ③子育てのための住宅，生活環境の整備 ④ゆとりある教育の実施 ⑤子育てコストの軽減などを基本方針とし，おおむね2004年までに各省が取り組むべき施策を示した。そしてその後，厚生・労働・建設の3省が共同で「緊急保育対策5ヶ年事業」を発表し，エンゼルプランが具体的に動きはじめた。

さてこのエンゼルプランは，保育サービスの多様化などを施策の目玉にすえた子育て支援策である。日本の経済発展が右肩上りの時代に「女性の労働力を確保したい。その一方で働く女性の子育て支援は国がしてあげます」と，駅型保育所，一時保育所，低年齢児保育の受入れ，延長保育，子育て支援センター，乳幼児健康支援一時預かり事業，学童保育，多機能保育などを設置し，働く女性の子育て・育児支援の受け皿をエンゼルプランに託した。

しかし一方では私立幼稚園に在園する子どもの90％前後（当時）の母親（専業主婦）にとっても，子育て支援策は同じように緊急なものであるはずなのに，結果として働く女性（母親）に子育て支援という国の光があたり，専業主婦の子育てに国の光があたらないという税の不公平感をエンゼルプランはつくりだした。

幼経懇（日本経済団体連合会・業種団体・私立幼稚園経営者懇談会）の緊急子育て調査（平成11年3月実施）では，63％の家庭が子ども2人，19％の家庭が子ども3人を養育している。理想の子どもの数は53％の家庭が子ども3人，37％の家庭が子ども2人と答えている。産みたいのに産めない状況は，幼稚園の母親も同じである。幼稚園に子どもが在園し，そのうえでさらに弟妹の子

どもの育児に励む母親への育児支援（対策）が後回しでは，保育所の「緊急」はわかっても釈然としないものがある。子育てにおいて専業主婦が肩身の狭い思いをせざるをえない今の保育行政・育児行政のあり方では出生率の向上・回復はのぞめない。

1-4. 新エンゼルプラン

ところで国は1999年までの少子化対策「緊急保育対策5か年事業」について，目標をどの程度達成したかという数値をまとめて発表した。保育所の延長保育など緊張度の高い事業は目標に届いたが，主に専業主婦を対象とした一時保育などは親のニーズがみえにくく，自治体の整備（対応）が後回しになったこともあって目標の半分程度の達成率にとどまった。少子化対策としてのエンゼルプランは1999年度をもって終わり，国は新たに2004年までの目標値を設定した「新エンゼルプラン」を「少子化対策推進基本方針」にもとづく重点施策の具体的実施計画を文部・厚生・労働・建設・大蔵・自治の6省の合意で発表した。主な施策にはつぎのような内容がかかげられ，その目標値は次の通りである。

① 保育サービス等子育て支援サービスの充実
② 仕事と子育ての両立のための雇用環境の整備
③ 働き方についての固定的な性別役割分業や職場優先の企業風土の是正
④ 母子保健医療体制の整備
⑤ 地域で子どもを育てる教育環境の整備
⑥ 子どもたちが伸び伸びと育つ教育環境の整備
⑦ 教育に伴う経済的負担の軽減
⑧ 住まいづくりや町づくりによる子育ての支援

さて「エンゼルプラン」，「新エンゼルプラン」はともに大人の目線で考えられた支援策であり，子どもの幸せや健全な発育を願う施策，親子関係や家庭教育のあり方など，子どもの目線から考えた施策がみえてこないところに一抹の

不安を覚える。「3歳児神話」なる考え方もあるようだが，子育てはせめて3歳児ぐらいまでは子をもつ親が，わが子の育児に喜びと責任をもって専念できる状況を社会が構築していく必要がある。

　緊急事業は保育所などを担当する厚生省が中心となって推進した。幼稚園は文部省が担当するのでこの事業からははずれたが（文部省の子育て事業については p.181「預かり保育」を参照），国が子育て支援を本気で考えるならば，関係する機関が保育所（保育）と幼稚園（教育），私立と公立，文科省と厚労省といった垣根を取り払って知恵を出し合うことが必要であろう。ほんとうに子どもたちにとってプラスとなる子育て支援の窓口がもとめられる。現に市町村レベルでは「子ども課」，「子育て支援課」などで窓口を一本化した動きがでてきている。筆者は国に「児童省」ができることを念じてやまない。

2. 保育のニーズの拡大への対応

2-1. 育児支援の実際

　多様な保育機能がもとめられる今日，保育所の役割が大きくかわってきた。現在実施されている公的な保育対策は，1日8時間を基本保育としているが，そのほか国が示す「特別保育事業」として以下のような育児支援の保育形態がある。

低年齢児（0～2歳児保育）及び，産休・産休明け保育の充実　0～2歳児までの低年齢児の施設保育制度を設け，働く女性の選択の幅を広げた。

時間延長型保育の充実，開所時間の延長　法律で決められている保育時間は原則として8時間であるが，勤務体制の多様化や通勤時間の長時間化などの理由から，11時間以上と長時間開所したり，早朝・夕刻の保育ニーズに積極的に対応する保育機能をもとめた。

一時保育の充実，リフレッシュ保育の実施　パートタイムで働く女性の増加などから，短時間保育や特定の曜日だけの保育が必要となってきた。また保護者

の突然の入院などで緊急に保育が必要となるケース,孤立しがちな母親の育児不安をやわらげる機会としての保育所の活用,ボランティアや地域活動など親のリフレッシュを応援する保育も時代の要請として考える時代となった。

放課後児童クラブの充実 一般にいう学童保育である。保育に欠ける乳幼児には保育所が整備されているが,小学生のための制度や施設は不十分である。児童館や公民館,学校の余裕教室の活用などでの充実をめざしている。

地域子育て支援センターとしての役割 保育所が地域子育て支援の中心的な機能を果たし,育児相談,子育てサークルの育成や応援,子育て情報の提供など,多様なニーズに対応できるシステムの推進に務めている。

乳幼児健康支援デイサービス事業の充実 一般に「病後児保育」と呼ばれている。突然の発生や体調不良の子どもを預かるわけにはいかない。軽い病気でも短時間で重くなることもあり,ほかの病気との合併症も心配。また職員体制として病気の子と1対1の対応もできない。働く母親からすると子どもの病気が仕事の不安定さの一因ともなる。

そこで医療体制を十分に配慮したうえで,病気回復期の子どもを預かろうとする施設の整備が全国で進んでいる。

休日保育の多様化 就労形態の多様化により休日,働く親もいる。そこで日曜日,国民の祝日,年始年末なども保育するシステムがある。

2-2. 保育需要の多様化

エンゼルプランを推進する際の重点施策のひとつに「多様な保育サービスの充実」(新しいタイプの保育サービスの育成・振興)があった。従来の措置制度によってもたらされた硬直した仕組みを打破しなければ,認可保育所はいつまでたっても,社会の変化に対応できないと,官・民から保育所制度改革の第一歩を踏み出した。いくつか紹介する。

駅型保育モデル事業 民間の子育て支援事業の振興をめざして,(財)こども未来財団は「駅型保育モデル事業」の助成対象施設を決定し,駅ビルや駅に隣

接するオフィスビルなど通勤に便利な場所でおこなう，新しいタイプの保育所をスタートさせ，注目をあびた。この駅型保育事業は，いわゆる保育に欠けていなくても利用者との直接契約による入所という点で，保育所制度改革の先取りをした意味は大きい。

在宅保育サービス事業　この事業は企業の従業員がベビーシッターを利用する場合に，その利用料金の一部を子ども未来財団が援助するというシステム。ベビーシッター会社という民間業者に光があたった。

ファミリー・サポート・センター（保育ママ制度）　この事業は，市区町村または公益法人が，育児サービスを提供したい人と育児サービスを受けたい人からなる会員組織「ファミリー・サポート・センター」を設置し，それらの会員が地域において育児に関する相互援助活動をおこなうことを支援するシステム。1994（平成6）年から労働省の事業としてスタートした。

保育ステーション（駅前保育所）　行政みずからが設置した"駅前保育"で平成8年度，埼玉県が全国ではじめてはじめた。駅前に設置した「保育ステーション」を拠点して，日中は近隣の保育所にバスで送迎するシステム。より利用しやすい保育所をめざした保育サービスとして注目された。

横浜保育室（全国ではじめての認定保育施設）　待機児童対策，地方版エンゼルプランの一環として横浜市は，1997年7月から，私立幼稚園や無認可保育所等の施設を活用した3歳未満児を対象とした保育事業をはじめた。この事業は2つのケースがある。

　（その1）**認定「横浜保育室」**　横浜保育室（無認可保育施設）の開設にあたっては，児童福祉施設最低基準に準じた横浜市独自の基準を設け，その基準をクリアした無認可施設を「横浜保育室」として「認定」した。認定された施設の運営主体は，私立幼稚園，企業，無認可保育所，認可保育所等であり，現在124ヶ所（2000.3）に3888人の児童が入所している（認可保育所／259ヶ所，2万4245人）。

この横浜保育室の特徴は，つぎの2点である。
① 市が独自の認定基準を設け無認可保育施設に光をあてたこと
② 私立幼稚園を保育資源のひとつと考え，幼稚園の保育スペースを賃借する形で「横浜型保育」を導入したこと

筆者の幼稚園（初音丘幼稚園）は認定第1号の園として平成9年10月から0歳児～就学前の子どもたちを対象に教育・保育の運営に携わっており（横浜保育室／初音丘子育てサポートセンター・PICCOLINO）「幼稚園」のはしりといえよう。

この動きがきっかけとなり，文部・厚生両省は，幼稚園・保育所の施設の共用化などの措置を講ずるようになり，この動きが全国の市町村を動かし，保育事業の多様化と「官と民」「幼と保」の垣根を低くする一因となった。

（その2）**預かり保育モデル幼稚園** 横浜市では平成9年9月から国に先がけて「預かり保育」をスタートさせた。この事業は，正規の教育時間の前（7：00～9：00）後（保育終了後～6：30）に預かり保育の時間を設定。長期休業中も開設するという保育形態であった。筆者の園がその第1号の認定を受け，平成12年からは「横浜市立幼稚園預かり保育事業」として定着，現在，31園が対応している。

この預かり保育事業は文部行政にも大きな影響を及ぼし，平成10年12月の幼稚園教育要領のなかに「教育課程外活動」として「預かり保育」が制度化する源となった。今日，公立幼稚園で20％，私立幼稚園で80％が預かり保育を保育事業のひとつに位置づけている実情から，今後の幼稚園教育の姿がみえてくる。

子育て支援型マンションが登場 子育て支援をうたい文句にしたマンションが登場してきた。建物内に保育ルームを設けたり，ベビーシッター会社と提携し，保育サービスを受けられる。設備面でも子ども用トイレ，洗面台など標準装備し，室内でも十分にあそべるスペースがあるなど，建物全体が子育てを楽しいと思える保育の場，生活の場をねらった事業が動いている。

共同預かり保育センター　栃木県の安佐地区の 12 の私立幼稚園が協力して『私立幼稚園センター』をつくり，共同で預かり保育を 1997 年 7 月からはじめた。

母親による子育てサークルの活発化　子育て中の母親による子育てサークル，グループ活動が各地で活発化している。幼稚園や保育所の情報を自分たちで独自に収集し，情報誌を作ったり，ほかのサークルネットワークを広げたりしている。幼稚園や保育所が選択される時代を迎えた今日，親が望む情報が十分に提供できていないことも背景にあるといえよう。

民間企業等の保育所経営参入　関東では JR 東日本・小田急商事・京急サービス，関西では神戸電鉄などの企業が，遊休地や建物を活用した保育施設の運営に参入してきた。

　JR 東日本の発表資料によると保育事業の展開は，「利用し易く質の高い保育サービスを提供すべく，専門の運営会社とパートナーシップを結び，働きながら子育てするすべての世代を支援し『少子化問題』の解決という社会的役割に貢献することを目的とする」とし，需要が見込める地域であれば企業が積極的な保育所経営をめざしていくなど，民間企業等の保育所経営もひとつの時代の動きとなってきた。

満 3 歳の"2 歳児"保育が幼稚園でスタート　文科省は平成 12 年度より幼児が満 3 歳を迎えた段階で幼稚園に受け入れることができるようにする方針を固めた。少子化が進む一方で，地域のニーズの変化もあって，はやい時期から幼稚園教育を希望する家庭が増えつつあることに対応するための措置でもある。満 3 歳を迎えた時点で保護者が入園を希望した場合の入園を可とし，幼稚園教育の年限を 4 年間とした。

幼保併設の複合施設がスタート　神奈川県秦野市では公立幼稚園の空き教室を保育所に転用し，新しいタイプの幼保併設施設をスタートさせた（1999.10）。公立幼稚園は園児減により大幅な定員割れを起こしている一方，保育所は入所待機児童が増加，その両方をうまく解決する方法として幼稚園の 2 階に保育所

を開設。国の規制緩和の動きに先がけた。自治体の動きのひとつとして注目された。

子育てママが設立。NPO法人　特定非営利活動法人，いわゆるNPO法人が保育や子育て支援に乗り出すケースが増えてきた。単なる任意団体でしかなかった市民ボランティアなどの非営利団体が法人格をもち，ファミリー・サポート・センター事業の運営を市から委託されたり，子育て中の母親が中心となって「子育ての仲間づくり支援のネットワーク」を地域につくるなど，育児等で悩める母親同士が手を結んだ自主活動が各地にできはじめている。横浜市に開設された施設は私鉄駅近くの商店街の一角。空き店舗を子育て支援に利用している。親子の憩いの場が商店街のにぎわいを取り戻すユニークな試みがはじまり，商店街の活性化にもつながっている。

公立保育所の民営化　厚生省は2000年3月30日付で，保育所の規制緩和に関する一連の通知を出し，株式会社や幼稚園なども認可保育所を設立，運営することが可能であるとした。規制緩和の柱はつぎの通りである。

1）保育所の設置経営を社会福祉法人以外の民間団体についても認める設置主体制限の撤廃

2）小規模保育所の最低定員を30人から20人に引き下げる定員要件の緩和

3）保育所の土地・建物の自己所有を原則とする仕組みを改め，賃貸方式も認める施設自己所有規制の見直し

　この規制緩和を受けて民間企業や幼稚園などの参入が可能となり，閉鎖的な認可保育所の体質に風穴があいた。

　大阪府池田市では公立保育所を民営化し，学校法人立幼稚園に運営委託を全国ではじめてはじめた。

認証保育所制度　東京都は2001年度から独自の「認証保育所制度」を創設し，多様な保育ニーズに柔軟に対応するため国の認可基準を弾力化した「認証基準」を設定し，これを満たした保育施設を「認証保育所」として，国基準ベースの運営費の補助をおこなう制度をはじめた。認可外保育施設や株式会社など

の参入を容易にし多様な保育サービスの拡大をめざした。地方分権と規制緩和が進むなか，東京都のような独自の保育施設を打ち出す自治体が今後どんどんと出てくることが予想される。

文科省が省内に認可外保育施設を開設　文科省では職員向け保育施設として文部科学省共済組合が設置する事業所内保育施設「かすみがせき保育所」の運営を株式会社に委託。同省の職員だけでなく，近隣の官庁や企業に勤務している人の乳幼児も受け入れ，午前8：30～午後20：00まで（延長保育も含む）をはじめた。施設や保育士の配置は最低基準をクリアしている。

私立幼稚園の80％が預かり保育　平成13年6月1日現在，私立幼稚園の80％，公立幼稚園の20％がなんらかの形で預かり保育をおこなっている。平成9年8月1日現在の実施率は，私立が46.0％で，公立が5.5％，全体で29.2％で，約4年間に私立は1.7倍，公立は4倍以上も実施園が増えたこととなる。

東京都が私立幼の早期保育にも補助　預かり保育の拡充をめざして早朝7時からの早期保育に補助を出すことで，朝7時からの早朝保育と正規の教育時間終了後の7時までの預かり保育を合わせると12時間の保育時間となる。外見的には保育所と変わらなくなるわけで，保護者からすると幼稚園と保育所の垣根はほとんどない状況になる。少子高齢社会を迎えた現在，教育施設としての役割に加え，子育て支援施設としての役割が期待されているといえる。都市部を中心に今後，子育て支援機能をもった幼稚園関連施策が増えるものと考える。

2000年スタート，休日保育　休日保育は実施保育所を自治体（市町村など）が指定し，サービス業などに従事する家庭の子どもを受け入れる。ほかの保育所の在園児だけでなく，休日保育を必要とする幼稚園や在宅家庭の子どもも受け入れているケースもある。

新しいタイプの幼保一元化施設　横浜市は幼稚園と保育所が一体となった「はまっ子幼保園（仮称）」構想を打ち出した。0～2歳児が保育所，3～5歳児が幼稚園という年齢区分方式による幼保一元化をめざしたもので，待機児童の

多い人口急増地域でモデル事業をスタートさせたいといっている。

　また東京都千代田区では「こども園」構想を打ち出した。区独自に「保育を要する」要件を設けて，保護者の必要に応じて柔軟に子どもを受け入れて0～5歳児を対象にした一貫した幼児保育・教育をおこなうとしている。今後，各地で幼保一元的な取り組みが進んでいくものと予想される。

3. 障害児保育と統合保育

3-1. 統合保育は今…

　わが国では特殊教育として障害をもつ子どもへの特別な教育をおこなうという考え方が根強くあった。いわゆる「障害児」という特別な保育施設のなかで，彼らだけの保育集団を形成し，療育訓練をするという特別な保育であった。

　しかし近年は，ハンディをもつ子ももたない子も，ひとりの人間として，あるいはひとりの幼児として保育の場を共にし，共に生き，共にかかわりあって育ち合っていくという「統合保育」の形態が定着してきている。

　ところが一方では，障害というハンディをもつ子と保育することはできない。あるいはよほど事情が変わらない限り障害児の受け入れは困難であるという考え方もある。立場のちがいはあれ統合保育は，今後ますますその必要性が高まると予想できる。

3-2. 法的な位置づけは……

　幼稚園教育では「幼稚園教育要領」に基づいておこなわれている。そのなかでハンディーをもつ幼児については「第3章，指導計画作成上の留意事項」の「2．特に留意する事項」の（5）に「心身に障害のある幼児の指導に当たっては，家庭及び専門機関との連携を図りながら，集団の中で生活することを通して全体的な発達を促すとともに，障害の種類，程度に応じて適切に配慮すること」とし，ハンディのある幼児が幼稚園教育を受けることがあたりまえの時代

になった。

　文科省は 1974（昭和 49）年度から，幼稚園における障害児保育制度をはじめた。3 歳から就学に達するまでで心身に障害のある幼児を対象とした。私立幼稚園が障害をもつ幼児を入園させて保育するケースに対しては，私立幼稚園障害児教育費補助金を交付し，この制度は現在もある。筆者の幼稚園に「平成 14 年度私立幼稚園障害児教育費補助事業計画について」（神奈川県民部私学宗教課）が届いた。ここにそのすべてを掲載する。

　（資料）1. 私立幼稚園設置者あての文面
　　　　 2. 私立幼稚園障害児教育費補助事業計画関係書類の提出にあたっての留意事項
　　　　 3. 保護者あての文面
　　　　 4. 診断書
　　　　 5. 私立幼稚園障害児教育費補助金に係る診断・判定基準
　　　　 6. 平成 14 年度私立幼稚園障害児教育費補助事業計画書
　　　　 7. 平成 14 年度私立幼稚園障害児教育費補助事業申請園児一覧表

　　　　　　　　　　　　　　　　　　　　　（神奈川県民部私学宗教課：2002）

　なお神奈川県では医師の診断書，保護者の同意を得ることを補助事業の実施のさいに義務づけている。また，補助単価等については，国庫補助，県単補助のほか，地方自治体によって独自財源のなかから補助金を交付しているケースもある。

　一方厚労省は昭和 53 年 6 月，「保育所における障害児の受け入れについて」（厚生省児童家庭局通知）を出し，受入れの方針と助成措置をした。その内容は，つぎの通りである。

　①保育に欠ける障害児で，保育所で行う保育になじむものについては，保育所に受け入れるものとする。

　②保育所に受け入れる障害児は，一般的に中程度までの障害児と考えられ，集団保育が可能で日々通所できるものとする。

③保育所に受け入れる障害児の数は，それぞれの保育所において障害児と健常児との集団保育が適切に実施できる範囲内の人数とする。

④障害児の入所に当たっては，障害児の保育についての知識・経験等を有する保育士がいること，障害児の特性に応じて便所等の設備及び必要な遊具等が備わっていること等受け入れ体制が整って保育所に入所させるよう配慮するものとする。

⑤保育所における障害児の保育は，障害児の特性等に十分配慮して健常児との混合により行うものとする。また，この場合事故の防止等安全の確保に十分留意するものとする。

⑥保育所における障害児の受け入れを円滑に推進するため，中程度の障害児を受け入れた場合に，国は助成措置を講ずるものとする。

3-3. 受入れにあたっては…

障害のある子どもを幼稚園や保育所で受け入れて保育するにあたっては，一人ひとりの障害の種類や程度に応じた保育ができるように配慮し，子ども同士のかかわりあいのなかから相互のコミュニケーションを育てることが望まれる。

受け入れにあたっては，つぎの点，職員間で十分に確認する必要がある。

園としての姿勢をはっきりともつ
- 入園案内などの書き方の確認（受け入れているかいないかなどの記述，別に相談に応じる，その他）
- 親の理解の確認（障害児をはじめて受け入れる時には，親が不信感をもたないよう十分に丁寧な説明をする。時代の流れやノーマライゼーションの流れなど）
- 保育者に統合保育の意味を確認する（ただ大変だと思われてしまうことはマイナスに作用するので）

受入れ前の準備
- クラスの人数。担任の経験や意識・加配やフリーの教諭の確保・バリアフ

リーや施設の確認・生活に必要な場所の細かい確認・保育室の位置の確認（ほかの職員から見やすい場所など）・専門機関との連携の確認（療育センター，保育所，児童相談所，医療機関など）・ケースワーカーとの事前相談・保護者の園の保育に対する期待と理解の整合性（親が過剰な期待感をもたないように保育の内容や指導法などを理解してもらう）・行事など手のかかる時の親の手伝いやボランティアの確認

受け入れがスタートしてからの確認
- クラス担任の心のケアー（悩みの相談先の確保，専門機関との連携）
- フリーの先生の配置や担任交代など園内の連携
- 保護者に対する説明や理解
- 園内研究や外部講師の招へい
- 園の保育の見直しの必要性（保育形態・保育内容・保育方法など）
- 保育行事の見直し（障害のある子に無理のない参加のあり方の検討）

就学を迎える時期の問題と就学後
- 就学の悩みの受け皿
- 養護教育総合センターなどとの連携や指導
- 希望する小学校の受け入れ態勢の確認
- 保護者の小学校の理解と連携の可能性
- 就学決定までの配慮
- 就学後の幼稚園の生活の理解の機会
- 親の心のケアー

4. 幼小の連携への課題

4-1. 幼小のボタンの掛けちがい

　幼稚園と小学校の一貫性，連続性については，わが国の義務教育制度のはじまりとともに始まったといえるほどに古くて新しい課題である。しかし幼稚園

と小学校はその発生の歴史や伝統が異なるためか，教育理念や内容，方法などの面に大きな違いがみられる。

　幼稚園の教育は，遊びや保護，教育が主体でそのなかでの生活体験が中心になっているのに対して，小学校では教科主体の学習が中心になっている。この違いを幼稚園側，小学校側がともに理解しあうことが連携をよりよくするための第一歩であり，基本である。このことは保育所と小学校の間についてもいえることである。

　ところが現実は幼小の両者間でのボタンの掛けちがいがけっこうある。一例をあげてみる。①幼児教育に直接携わる現場教師の声に，「入学するとどうしてあんなに赤ちゃん扱いするのだろう…」，「幼稚園のときには生き生きと意欲的な生活を送っていたのに，小学校へ行ったら人がかわったみたい…」などよく耳にする。②小学校の先生は，入学時に自分の名前が書けて，そして読めればそれで十分。あとは小学校で指導しますとの話が，実際の声は幼稚園に対してもっとしっかり指導してほしい…が本音のようである。③幼稚園では幼稚園幼児指導要録に指導の記録をまとめ，指導上の参考になればと卒園時に幼稚園幼児指導要録の抄本に記録を記して，入学先の小学校へ送付しているが，現実には十分に活用されているとはいえない。④小学校では地域（学校区）のいくつかの幼稚園と保育所から子どもを受け入れると，入学当初，子どもたちの生活のようすに一貫性がなく，指導しにくいという。⑤幼稚園，保育所の教育・保育はどうなっているのだろうとの声を耳にすることもある。

　上記のような例は幼小連携の活動の際に話題としてよくでる。幼小連携のなさを表した例といえる。

4-2．生活科は幼保小連携の接点のひとつ

　幼小の連続性をどう確保するのか，子どもは幼稚園や保育所から小学校へ行くわけであるから，スムースな連携が望まれる。
　ところで平成4年度から小学校では，1・2年生を対象とした新しい授業科

目として「生活科」という新しい教科ができたわけである。

　さてこの生活科は，その名の通り子どもの生活から学習を出発させるもので，身近な地域や学校などを学習の場とし，はじめに教える内容があるのではなく，子どもの思いや願いから学習を展開するという教科である。生活科は，子ども一人ひとりの活動を通じて直接体験を重視した教育でもある。

　幼稚園の教育は「遊び」を中心に，3～5歳の年齢にふさわしい育ちを促すための活動をしている。一方，小学校は，時間がきちんと区切られて，教科書中心に机の上での受身の教育がおこなわれている。したがって小学校に入学したとたん，「遊び」中心の幼児教育から急に机に座っての教科書中心の授業に入っていくことに無理がある。まして，幼児期後半から小学校低学年段階の児童は，具体的な活動や生活を通して思考するという発達上の特徴がみられる時期である，それゆえにこの時期の教育は，直接体験を重視した学習活動の展開が望まれる。このような理由から新設された教科「生活科」は，幼稚園教育との接続を考え，幼稚園の遊びのよい部分を継続した教科として，幼稚園教育の指導と同じように総合的な指導を重視するなど，幼保小連携の接点のひとつに位置づけた。知識獲得を学力とみなしたことへの反省と幼稚園教育と小学校低学年の教育とが一線上につながった意味は大きい。

4-3.「幼児教育振興プログラム」から見た連携

　文科省は平成13年3月（2001.3），幼児教育振興プログラムを策定し，幼稚園教育の質を高めることと幼稚園機能の多様化を図ることをもとめた。

　主な施策としては①教育活動，教育環境の充実，②子育て支援の充実，③幼稚園と小学校の連携，④幼稚園と保育所の連携　⑤その他　などであった。

　幼稚園と小学校の連携の推進が改めて大きな課題のひとつに挙げられていることに注目すべきである。

　ところでこの2～3年，幼稚園と小学校との間で交流を深めようという「幼・小連携」の試みが広がりはじめている。幼稚園から小学校へのスムーズ

な移行に一役買い，核家族化や少子化で異なる年齢層との触れ合いが少ない子どもたちの成長ぶりは教師らが目をみはるほどとか。各地で広がる連携は，小学生がリードしての校内案内のほか，子どもたちの行事や授業を一緒にしたり，入学時の引継ぎや合同の研修など教職員同士の交流もある。組み合わせも，一小学校と学区内すべての幼稚園，逆に一幼稚園の園児が入学する全小学校と連携をはかる例もある。いずれにしろ文科省は教育の連続性を重視し，平成13年度から幼小連携の調査研究をはじめた。

　幼児教育と小学校教育との接続や連続性を考え，学校の枠を取り外し，地域にある幼稚園，保育所と小学校の教育機関がともに，教育や保育を考えていくことは，一人ひとりの子どもの豊かな育ちを考えていく上で，大変重要な意味をもっている。

4-4. 横浜市の実践から

　横浜市は昭和58年度から幼・保・小教育連携を推進している。この事業の基本的な考え方は，①子どもの心身の成長発達の特性と連続性との観点から，②教育観の相互理解という観点から，③家庭・地域の教育力の向上の観点から…と連携事業の3つの観点を示し，これをもとに幼・保・小がどのような教育，保育をしているのか。それぞれの教育・保育の共通点や相違点を相互に理解し合っている。その内容や活動はつぎのようである。

相互理解を図る内容として
（1）子ども理解／①子どもの成長発達の特性　②一人ひとりに応じる子ども観や子ども理解のあり方（保育者と幼児のかかわり・援助・支援のあり方）
（2）指導　　　／①遊びや学習のかかわり　②教育課程や指導計画の考え方　指導案，保育案の作成など）　③幼保の5領域と小学校の教科，領域とのかかわり　④総合的な指導と生活科，総合学習のかかわり　⑤教科のとらえ方（教材分析，選択，系

統性）　⑥指導と評価の考え方　など
（3）環境　　　／①幼稚園や保育所の生活環境と小学校の環境構成
　　　　　　　　・幼保における保育時間と学習時間のかかわり
　　　　　　　　・幼保における生活形態・活動形態と小学校における空間
　　　　　　　　　的な環境，物的な環境，人的な環境とのかかわり
　　　　　　　　②家庭との連携のあり方
（4）共生　　　／障害児教育，人材教育，国際理解教育などとのかかわり

相互理解を図るための交流活動として
（1）参観・見学（招待）交流
　①小学校の授業参観，幼稚園・保育所の保育参観
　②行事の見学，参加（運動会，生活展，もちつき会など）
　③学習会（幼児教育理解，小学校教育の理解）
　④1年担任と幼保担任との連絡・話し合い（幼児指導要録抄本の活用）
　　など

日常的な交流
　①学校だより，園だよりの紹介
　②作品の展示
　③防災活動　など

　上記のような内容や活動の方向性を示しながら横浜市では，18行政区での地区交流，全体での連携研修会を中心に，自主的な研究グループに対する研究助成，小学校教員だけを対象にした研修会，研究開発モデル校・モデル園事業，全市的におこなう幼・保・小教育連携交流会などを実施し，幼稚園・保育園・小学校の相互理解を図るような取り組みをしている。

5. 異文化交流と多民族保育

　日本の経済が経済大国として大発展を遂げたことを契機に，日本企業の海外進出，外国人労働者，留学生の受け入れなどから日本の社会は，従来の民族か

ら多民族・多文化社会へと変化しつつあり，異文化と接する社会が年々増大している。この傾向は少子高齢社会化が進む日本では，今後ますます進むグローバリゼーションによって，在日外国人の増加は止まらないと考えられる。これに伴って外国人労働者や外国人子女は，中国人，韓国人，ブラジル人，フィリピン人などであり，現在は中国子女が一番多い。

さて外国人子女の受け入れの問題点は，言葉の問題，文化的背景の相違からくる食事，日常生活習慣の相違，子育て，教育観の相違などに集約されるだろう。文科省は2002年度から施行された新学習指導要領の目玉のひとつに"「国際理解教育の充実」を小中学校教育に位置づけ，「広い視野を持ち，異文化を理解するとともに，これを尊重する態度や異なる文化を持った人々と共に生きていく資質や能力の育成を図ること」に留意して教育を進めていく必要がある。"と国際化に対応した教育施策を打ち出した。しかし幼稚園や保育所では文化背景の異なる子どもたちに対しての現場での受け入れ体制は整備されておらず，個々園の自助努力にまかせられているのが実情である。

筆者の園で受け入れたE男の3年間を振り返ってみる。

（年少）中国・上海で生まれ平成10年11月下旬に来日。3学期より転入。2歳より来日まで両親と離れて過ごし，その間，祖父母との生活となる（生後間もなく24時間の乳母がいたとのこと）。言葉はすべて中国語，両親とのコミュニケーションを作っていく段階での園生活スタートとなる。E男は中国でも幼稚園に通っていたため，生活面のことは一度伝えることでまわりの子の動きをみながら取りくむ。わからないことは担任の手を引くなどしてだんだんと慣れてくる。明るく人なつっこいため，保育者，友だちともすぐに打ちとける。しかし，言葉で伝えられない分，思い通りにいかず，怒ってしまったり，仲良くしたい気持を，つついたりすることで表現するため，時々しつこくなってしまう。それを相手が嫌がってしまうことに戸惑ってしまうことも多々あった。後半は日本語の単語も増え，それが伝わることを喜ぶ。ゆっくりと話すことでこちらの言っていることも理解できるようになった。

(年中)　進級したことに期待をもち，いろいろな環境に積極的にかかわり，精一杯，自分を出しあそびを楽しんでいる。とくに絵を描いたり，製作が好きで真剣に取り組んでいる。最初は友だちに対してのかかわり方がわからないことや，上手に言葉で伝えられないことから，友だちに対してしつこくしてしまったり，手が出てしまうこともあった。少しずつ日本語力も高まってきた。保育者が間に入りながらＥ男の思いを受けとめたり，相手の思いを伝えようとした結果，少しずつ友だちとのかかわり方がわかってきた。しかし，まだ自分はやりたいのにどうしてできないのかという不満は残っている。今後，このような経験をたくさん積み重ねながら，自分自身で気づいていくことが必要であり，トラブルに対する温かい援助が必要である。

　(年長)　進級当初より，年中の時に同じクラスだった友だちと積極的にあそび，新しい友だちとも同じあそびを楽しむなかでのかかわりがみられた。しかし，そのなかにおいて自分の思いを強く出し，友だちや担任の話には耳を傾けられないところから，ケンカが多くみられ，何度も同じことをくり返してしまう姿もあった。少しずつ友だちの思いも考えてあそべるようになってはきたが，自分の思いを上手に言葉で伝えられないいらだちからか，涙したり，ケンカしたりという姿は続いた。また園生活のなかでそれほど，日本語での不自由さを感じてはいないようにみえたが，時々，担任の話を理解できていないのかと不安に思うときもあったが，言葉の理解力が増すにつれてＥ男の姿も少しずつ落ちついてくる。とくに製作面では納得するところまで取り組む姿にうれしくなった。

【引用・参考文献】
　横浜市幼稚園協会・研究部障害児班　どの子にもうれしい保育の探求
　幼児教育21研究会　遊育

資　　料

1．保育所保育指針

(厚生省)
(平成11年10月29日　改訂　平成12年4月1日施行)

第1章　総則

保育所は，児童福祉法に基づき保育に欠ける乳幼児を保育することを目的とする児童福祉施設である。

したがって，保育所における保育は，ここに入所する乳幼児の最善の利益を考慮し，その福祉を積極的に増進することに最もふさわしいものでなければならない。

保育所は，乳幼児が，生涯にわたる人間形成の基礎を培う極めて重要な時期に，その生活時間の大半を過ごすところである。保育所における保育の基本は，家庭や地域社会と連携を図り，保護者の協力の下に家庭養育の補完を行い，子どもが健康，安全で情緒の安定した生活ができる環境を用意し，自己を十分に発揮しながら活動できるようにすることにより，健全な心身の発達を図るところにある。

そのために，養護と教育が一体となって，豊かな人間性を持った子どもを育成するところに保育所における保育の特性がある。

また，子どもを取り巻く環境の変化に対応して，保育所には地域における子育て支援のために，乳幼児などの保育に関する相談に応じ，助言するなどの社会的役割も必要となってきている。

このような理念や状況に基づき，保育を展開するに当たって必要な基本的事項をあげれば次のとおりである。

1　保育の原理
(1) 保育の目標
子どもは豊かに伸びていく可能性をそのうちに秘めている。その子どもが，現在を最もよく生き，望ましい未来をつくり出す力の基礎を培うことが保育の目標である。

このため，保育は次の諸事項を目指して行う。
ア　十分に養護の行き届いた環境の下に，くつろいだ雰囲気の中で子どもの様々な欲求を適切に満たし，生命の保持及び情緒の安定を図ること。
イ　健康，安全など生活に必要な基本的な習慣や態度を養い，心身の健康の基礎を培うこと。
ウ　人との関わりの中で，人に対する愛情と信頼感，そして人権を大切にする心を育てるとともに，自主，協調の態度を養い，道徳性の芽生えを培うこと。
エ　自然や社会の事象についての興味や関心を育て，それらに対する豊かな心情や思考力の基礎を培うこと。
オ　生活の中で，言葉への興味や関心を育て，喜んで話したり，聞いたりする態度や豊かな言葉を養うこと。
カ　様々な体験を通して，豊かな感性を育て，創造性の芽生えを培うこと。
(2) 保育の方法
保育においては，保育士の言動が子どもに大きな影響を与える。したがって，保育士は常に研修などを通して，自ら，人間性と専門性の向上に努める必要がある。また，倫理観に裏付けられた知性と技術を備え，豊かな感性と愛情を持って，一人一人の子どもに関わらなければならない。

このため，保育は，次の諸事項に留意し，第3章から第10章に示すねらいが達成されるよ

うにする。
　ア　一人一人の子どもの置かれている状態及び家庭、地域社会における生活の実態を把握するとともに、子どもを温かく受容し、適切な保護、世話を行い、子どもが安定感と信頼感を持って活動できるようにすること。
　イ　子どもの発達について理解し、子ども一人一人の特性に応じ、生きる喜びと困難な状況への対処する力を育てることを基本とし、発達の課題に配慮して保育すること。
　ウ　子どもの生活のリズムを大切にし、自己活動を重視しながら、生活の流れを安定し、かつ、調和のとれたものにすること。特に、入所時の保育に当たっては、できるだけ個別的な対応を行うことによって子どもが安定感を得られるように努め、次第に主体的に集団に適応できるように配慮するとともに、既に入所している子どもに不安や動揺を与えないように配慮すること。
　エ　子どもが自発的、意欲的に関われるような環境の構成と、そこにおける子どもの主体的な活動を大切にし、乳幼児期にふさわしい体験が得られるように遊びを通して総合的に保育を行うこと。
　オ　一人一人の子どもの活動を大切にしながら、子ども相互の関係づくりや集団活動を効果あるものにするように援助すること。
　カ　子どもの人権に十分配慮するとともに、文化の違いを認め、互いに尊重する心を育てるようにすること。
　キ　子どもの性差や個人差にも留意しつつ、性別による固定的な役割分業意識を植え付けることのないように配慮すること。
　ク　子どもに、身体的苦痛を与え、人格を辱めることなどがないようにすること。
　ケ　保育に当たり知り得た子どもなどに関する秘密は、正当な理由なく漏らすことがないようにすること。
(3) 保育の環境
　保育の環境には、保育士や子どもなどの人的環境、施設や遊具などの物的環境、さらには、自然や社会の事象などがある。そして、人、物、場が相互に関連し合って、子どもに一つの環境状況をつくり出す。
　こうした環境により、子どもの生活が安定し、活動が豊かなものとなるように、計画的に環境を構成し、工夫して保育することが大切である。
　保育所の施設、屋外遊戯場は、子どもの活動が豊かに展開されるためにふさわしい広さを持ち、遊具・用具その他の素材などを整え、それらが十分に活用されるように配慮する。施設では、採光、換気、保温、清潔など環境保健の向上に努め、特に、危険の防止や災害時における安全の確保について十分に配慮する。また、午睡・休息が必要に応じて行えるようにする。保育室は、子どもにとって家庭的な親しみとくつろぎの場となるとともに、いきいきと活動ができる場となるように配慮する。
　さらに、自然や社会の事象への関心を高めるように、それらを取り入れた環境をつくることに配慮する。

2　保育の内容構成の基本方針
(1) ねらい及び内容
　保育の内容は、「ねらい」及び「内容」から構成される。
　「ねらい」は、保育の目標をより具体化したものである。これは、子どもが保育所において安定した生活と充実した活動ができるようにするために、「保育士が行わなければならない事項」及び子どもの自発的、主体的な活動を保育士が援助することにより、「子どもが身につけることが望まれる心情、意欲、態度などを示した事項」である。
　「内容」は、これらのねらいを達成するために、子どもの状況に応じて保育士が適切に行うべき基礎的な事項及び保育士が援助する事項を子どもの発達の側面から示したものである。
　内容のうち、子どもが保育所で安定した生活を送るために必要な基礎的な事項、すなわち、生命の保持及び情緒の安定に関わる事項は全年齢について示してあるが、特に、3歳以上児の各年齢の内容においては、これらを［基礎的事項］としてまとめて示してある。また、保育士が援助して子どもが身に付けることが望まれる事項について発達の側面から以下の領域が設けられている。心身の健康に関する領域である「健康」、人との関わりに関する領域である「人間関係」、身近な環境との関わりに関する領域である「環境」、言葉の獲得に関する領域である「言葉」及び感性と表現に関する領域である「表現」の5領域を設定して示してあるが、この5領域は、3歳未満児については、その発達

の特性からみて各領域を明確に区分することが困難な面が多いので、5領域に配慮しながら、基礎的な事項とともに一括して示してある。なお、保育は、具体的には子どもの活動を通して展開されるものであるので、その活動は一つの領域だけに限られるものではなく、領域の間で相互に関連を持ちながら総合的に展開していくものである。

保育の内容の発達過程区分については、6か月未満児、6か月から1歳3か月未満児、1歳3か月から2歳未満児、さらに2歳児から6歳児までは1年ごとに設定し、それぞれのねらいと内容を第3章から第10章に示してある。

なお、発達過程の区分による保育内容は組やグループ全員の均一的な発達の基準としてみるのではなく、一人一人の乳幼児の発達過程として理解することが大切である。

(2) 保育の計画

保育の計画は、全体的な計画と具体的な計画について作成する必要があり、その作成に当たっては柔軟で発展的なものとなるように留意することが重要である。

全体的な計画は、「保育計画」とし、入所している子ども及び家庭の状況や保護者の意向、地域の実態を考慮し、それぞれの保育所に適したものとなるように作成するものとする。

また、保育計画は、保育の目標とそれを具体化した各年齢ごとのねらいと内容で構成され、さらに、それらが各年齢を通じて一貫性のあるものとする必要がある。

また、保育計画に基づいて保育を展開するために、具体的な計画として、「指導計画」を作成するものとする。

さらに、家庭や地域社会の変化に伴って生じる多様な保育需要に対しては、地域や保育所の特性を考慮して柔軟な保育の計画を作成し、適切に対応することが必要である。保育の計画を踏まえて保育が適切に進められているかどうかを把握し、次の保育の資料とするため、保育の経過や結果を記録し、自己の保育を評価し反省することに努めることが必要である。

第2章 子どもの発達

乳幼児期は子どもの心身の発育・発達が著しく、また、基礎が形成される。しかし、一人一人の子どもの個人差は大きいため、保育に当たっては、発達の過程や生活環境など子どもの発達の全体的な姿を把握しながら行う必要がある。

1 子どもと大人との関係

子どもは、身体的にも精神的にも未熟な状態で生まれ、大人に保護され、養育される。その際、大人と子どもの相互作用が十分に行われることによって、将来に向けての望ましい発育・発達を続け、人間として必要な事柄を身につけることができる。中でも重要なことは、人への信頼感と自己の主体性を形成することであり、それは、愛情豊かで思慮深い大人の保護・世話などの活動を通じた大人と子どもの相互関係の中で培われる。子どもは、大人によって生命を守られ、愛され、信頼されることによって、自分も大人を愛し、信頼していくようになる。大人との相互作用によって情緒的に安定し、大人の期待に自ら応えようという気持ちが育ち、次第に主体的に活動するようになり、さらに、きょうだいを始め周囲の者に対して関心を持ち、関わりを広め、増やしながら、自我が芽生えてくる。

このように発達初期に自分の行動を認めてくれる大人と相互関係を持つことにより、その後の一層の発達が促される。子どもは自発的に身近な事物や出来事に興味や関心を示して働きかけたり、積極的に特定の大人との関係をつくろうとするなど、自分の気持ちを明確に表現し、自分の意思で何かをするようになる。

このようにして、自分が主体となって選択し、決定して行動するという自己の能動性に自信を持つようになり、言葉や思考力、自己統制力を発達させていく。

2 子ども自身の発達

子どもの発達は、子どもと子どもを取り巻く環境内の人や自然、事物、出来事などとの相互作用の結果として進んでいく。

その際、そこに主体的に関わっている子ども自身の力を認めることが大切である。すなわち、発達とは、子どもが心身の自然な成長に伴い、それぞれの子どもに応じた自発的、能動的な興味、好奇心や、それまでに身につけてきた知識、能力を基にして、生活環境内の対象へ働きかけ、その対象との相互作用の一結果として、新たな態度や知識、能力を身につけていく過程である。

特に、中心となることは人との相互作用である。子どもは、乳幼児期を通じて、大人との交

流,応答や大人から理解されることを求め,自分が大人に理解されたように自分からも大人を理解しようとする。この大人との関係を土台として,次第に他の子どもとの間でも相互に働きかけ,社会的相互作用を行うようになる。

このような大人との相互作用とは違って,自分とよく似た視点を持つ他の子どもとの間で行われる社会的相互作用は,子どもの情緒的,社会的,道徳的な発達のみならず,知的発達にとっても不可欠な体験である。

子どもが思考力をはじめとした多くの能力を発達させるために必要な論理の展開も,子ども同士の社会的相互作用なしには経験し得ない。すなわち,自分の考えを相手に理解してもらいたいという気持ちを持ったり,相手に説明しようという気持ちを持つのも,仲間との社会的相互作用によるからである。また,大人との上下の関係とは違う横の対等の関係の中で,自己主張や自己抑制の必要性や方法を学び取っていく。

また,子どもは,その生理的・身体的な諸条件や養育環境の違いによって,その発達の進み方や現れ方が異なってくることを認識することが重要である。

3 子どもの生活と発達の援助

子どもの発達は,子どもとその環境内の対象との相互作用を通してなされるものであり,子どもの発達を促すためには,大人の側からの働きかけばかりでなく,子どもからの自発的,能動的な働きかけが行われるようにすることが必要である。

したがって,保育所においては,一人一人の子どもが,安心して生活ができ,また,発達に応じた適切な刺激と援助が与えられることにより,能動的,意欲的に活動ができるような環境が構成されなければならない。

このため家庭や地域と連携を持った安定した子どもの生活と,子どもをありのままに見て,それを深く理解して受容しようとする保育士との信頼関係が必要となる。

子どもの活動には,大別して,食事,排泄,休息,衣服の調節などの生活に関わる部分と遊びの部分とがあるが,子どもの主体的活動の中心となるのは遊びである。

子どもの遊びは,子どもの発達と密接に関連して現れるし,また逆にその遊びによって発達が刺激され,助長される。つまり,遊びは乳幼児の発達に必要な体験が相互に関連し合って総合的に営まれていることから,遊びを通しての総合的な保育をすることが必要である。この際,保育士は子どもと生活や遊びを共にする中で,一人一人の子どもの心身の状態をよく把握しながら,その発達の援助を行うことが必要である。

また,様々な条件により,子どもに発達の遅れや保育所の生活に慣れにくい状態がみられても,その子どもなりの努力が行われているので,その努力を評価して,各年齢別の発達の一般的な特徴を押しつけることなく,一人一人の子どもの発達の特性や発達の課題に十分に留意して保育を行う必要がある。

第3章 6か月未満児の保育の内容

1 発達の主な特徴

子どもは,この時期,母体内から外界への環境の激変に適応し,その後は著しい発育・発達がみられる。月齢が低いほど体重や身長の増加が大きく,次第に皮下脂肪も増大し,体つきは円みを帯びてくる。

また,この時期の視覚や聴覚などの感覚の発達はめざましく,これにより,自分を取り巻く世界を認知し始める。感覚器官を含め,すべての身体発育や行動の発達は子どもが生来持っている機能の発達によることが大きいが,こうした生得的,生理的な諸能力の発達も,その子どもが生活している環境,特に周りの大人との温かく豊かな相互応答的な関係の中で順調に促進される。

身体発育や行動の発達は,まさしく子どもの身近な環境との相互作用の結果であり,この時期はその出発点である。

この時期の子どもは発達の可能性に満ちているが,大人の援助なしでは欲求を満たすことはできない。

しかし,子どもは,笑う,泣くという表情の変化や体の動きなどで自分の欲求を表現する力を持つ。このような表現により子どもが示す様々な欲求に応え,身近にいる特定の保育士が適切かつ積極的に働きかけることにより,子どもと保育士との間に情緒的な絆が形成される。これは対人関係の第一歩であり,自分を受け入れ,人を愛し,信頼する力へと発展していく。

生後3か月頃には,機嫌のよいときは,じっと見つめたり,周りを見まわしている。周りで物音がしたり,大人が話していると声のする方

をみる。足を盛んに蹴るようになる。寝ていて自由に首の向きを変えることができ、腹ばいで頭を持ち上げるようになり、動くものを目で追えるようになる。小型のガラガラ等を手にあてるとすこしの間握ったり、振ったりする。微笑みも生理的なものから、あやすと笑うなど社会的な意味を持ちはじめる。子どもの要求の受け止め方や大人の働きかけに対して快と不快の感情が分化してくる。

「ア・エ・ウ」等の音を出したり、「ブーブー」とか「クク」という声を出す。授乳中に哺乳瓶に触れていたり、いじったりする。満腹になり乳首をくわえたまま気持ちよさそうに眠ることもある。

保育士はこのような子どもの行動に気づき、感受性豊かに受け止め、優しく体と言葉で応答することにより、子どもは自分がした行動の意味を理解するようになり、特定の保育士との間で情緒的な絆が形成される。

生後4か月までに、首がすわり、5か月ぐらいからは目の前の物をつかもうとしたり、手を口に持っていったりするなど手足の動きが活発になる。

また、生理的な快、不快の表出は、感情を訴えるような泣き方をしたり、大人の顔を見つめ、笑いかけ、「アー」「ウー」などと声を出すなど次第に社会的、心理的な表出へと変化していく。さらに、身近な人の声を覚えたり、また、音のする方向に首を向けたり、近づいてくるものを見たり、ゆっくり動くものを目で追うようになる。生後4か月を過ぎると、腕、手首、足は自分の意思で動かせるようになり、さらに、寝返り、腹ばいにより全身の動きを楽しむようになる。

また、眠っている時と、目覚めている時とがはっきりと分かれ、目覚めている時には、音のする方向に向く、見つめる、追視する、喃語を発するなどの行動が活発になる。

2 保育士の姿勢と関わりの視点

子どもの心身の機能の未熟性を理解し、家庭との連携を密にしながら、保健・安全に十分配慮し、個人差に応じて欲求を満たし、次第に睡眠と覚醒のリズムを整え、健康な生活リズムを作っていく。また、特定の保育士の愛情深い関わりが、基本的な信頼関係の形成に重要であることを認識して、担当制を取り入れるなど職員の協力体制を工夫して保育する。

3 ねらい

(1) 保健的で安全な環境をつくり、常に体の状態を細かく観察し、疾病や異常は早く発見し、快適に生活できるようにする。

(2) 一人一人の子どもの生活のリズムを重視して、食欲、睡眠、排泄などの生理的欲求を満たし、生命の保持と生活の安定を図る。

(3) 一人一人の子どもの状態に応じて、スキンシップを十分にとりながら心身ともに快適な状態をつくり、情緒の安定を図る。

(4) 個人差に応じて授乳を行い、離乳を進めて、健やかな発育・発達を促す。

(5) 安全で活動しやすい環境の下で、寝返りや腹ばいなど運動的な活動を促す。

(6) 笑ったり、泣いたりする子どもの状態にやさしく応え、発声に応答しながら喃語を育む。

(7) 安心できる人的、物的環境のもとで、聞く、見る、触れるなど感覚の働きが豊かになるようにする。

4 内容

(1) 一人一人の子どもの健康状態を把握し、異常のある場合は適切に対応する。

(2) 一人一人の子どもの心身の発育や発達の状態を的確に把握する。

(3) 体、衣服、身の回りにあるものを、常に清潔な状態にしておく。

(4) 一人一人の子どもの生理的欲求を十分に満たし、保育士の愛情豊かな受容的な関わりにより、気持ちのよい生活ができるようにする。

(5) 授乳は、抱いて微笑みかけたり、優しく言葉をかけたりしながら、ゆったりとした気持ちで行う。

(6) ミルク以外の味やスプーンから飲むことに慣れるようにし、嘱託医などと相談して一人一人の子どもの状態に応じて離乳を開始する。

(7) 一人一人の子どもの生活のリズムを大切にしながら、安心してよく眠れるように環境を整える。

(8) おむつが汚れたら、優しく言葉をかけながらこまめに取り替え、きれいになった心地よさを感じることができるようにする。

(9) 一人一人の子どもの状態に応じて、嘱託医などと相談して、積極的に健康増進を図る。

(10) 室内外の温度、湿度に留意し、子どもの健康状態に合わせて衣服の調節をする。

(11) 授乳、食事の前後や汚れたときは、優し

く言葉をかけながら顔や手を拭く。
(12) 立位で抱かれたり、屈伸、腹ばいなど体位を変えてもらって遊びを楽しむ。
(13) 子どもに優しく語りかけをしたり、歌いかけたり、泣き声や喃語に答えながら、保育士との関わりを楽しいものにする。
(14) 優しく言葉をかけてもらいながら、聞いたり、見たり、触ったりできる玩具などで遊びを楽しむ。

5 配慮事項

(1) 身体機能の未熟性が強く、病気にかかりやすく、また、生命の危険に陥りやすいため、体の状態の急激な変化に対応できるように一人一人の子どもの状態を十分に観察する。

(2) 一人一人の子どもの発育・発達の状態を適切に把握し、家庭と連携をとりながら、個人差に応じて保育する。

(3) 低月齢の子どもであることから、保育士の愛情をこめた日々の世話や関わりが一人一人の子どもの発育・発達及び健康状態に大きく影響することを認識して保育する。

(4) 生理的諸機能の未熟性が強く、時には疾病異常の発生や生命の危険につながることもあり、十分に注意して保護・世話をしなければならない。特に、おむつのあて方や衣服の着せ方、寝具の調節、保育室の温度や湿度の調整、安全の確保に心がけるなどきめ細かく行う。

(5) 愛情豊かな特定の大人との継続性のある応答的で豊かな関わりが、子どもの人格形成の基盤となり、情緒や言葉の発達に大きく影響することを認識し、子どもの様々な欲求を適切に満たし、子どもとの信頼関係を十分に築くように配慮する。

(6) 授乳や食事は清潔に行えるように配慮し、子どもの個人差や健康状態に十分に注意を払う。授乳は、必ず抱いて、子どもの楽な姿勢で行う。一人一人の子どもの哺乳量を考慮して授乳し、哺乳後は、必ず排気させ、吐乳を防ぐ。

(7) 睡眠に当たっては、保育室から離れることなく、環境条件や衣類、寝具のかけ方などに注意するとともに、仰向けに寝かせ、呼吸や顔色、嘔吐の有無など睡眠時の状態をきめ細かに観察し、記録する。特に、乳児の死亡原因として、それまで元気であった子どもが何の前ぶれもなく睡眠中に死亡することがある乳幼児突然死症候群があり、保育中にも十分気配りをする。

(8) 健康増進を図るための活動は、一人一人の子どもの発育・発達状態、健康状態や気候、身につけるものに注意するとともに、発汗など体の状態を十分に観察してから行い、活動後は必要に応じて水分を与える。

(9) 保育室や子どもの身の回りの環境や衣類、寝具、玩具などの点検を常に行い、不潔な状態や危険のないように配慮する。

(10) 快適に過ごせるように、衣服は、家庭と連携をとり、清潔で肌ざわりのよい、ゆったりとしたものを着せるように配慮する。

(11) 保育室は、気候に応じてその温度、湿度などの環境保健に注意を払うとともに、室内環境の色彩やベッドなどの備品の配置にも配慮し、一人一人の子どもの発育・発達状態、健康状態に応じ、さらには情緒の安定のためにその都度適切に整える。

(12) 目覚めているときは、できるだけ個別に抱き上げたり、玩具を見せてあやすなど人に対する関心や周囲に対する興味が育つように配慮する。首がすわっていない子どもは、抱くときには必ず保育士の手で頭を支えるようにする。また、抱き上げてあやすときにも、あまり強く体を揺すらないように配慮する。

(13) 玩具などは、大きさ、形、色、音質など子どもの発達状態に応じて適切なものを選び、遊びを通して感覚の発達に効果あるものとなるように配慮する。

第4章　6か月から1歳3か月未満児の保育の内容

1 発達の主な特徴

子どもは、この時期、前期に引き続き急速な発育・発達が見られる。6か月を過ぎると、身近な人の顔が分かり、あやしてもらうと非常に喜ぶようになる。視野の中にある新しい刺激、変化に富む刺激、より複雑な刺激を次第に求める積極性や選択性は、初期から認められる。

しかし、6か月頃より、母体から得た免疫は次第に弱まり、感染症にかかりやすくなる。この時期の座る、はう、立つといった運動や姿勢の発達は、子どもの遊びや生活を変化させ、生活空間を大きく変え、直立歩行へと発展し、さらに、手の運動なども発達して、次第に手を用いるようになる。さらに、言葉が分かるようになり、離乳食から幼児食へと変化することによって、乳児期から幼児期への移行を迎える。

本来、子どもは生理的に未熟であり、体外の豊かで変化に富んだ応答的環境の中で生活することによって、人間として生まれながらに持っている能力を社会的な環境に適応させながらうまく発現していく必要があることから、この時期は、極めて大切である。

7か月頃から一人で座れるようになり、座った姿勢でも両手が自由に使えるようになる。

また、この時期には人見知りが激しくなるが、一方では、見慣れた人にはその身振りをまねて「ニギニギ」をしたり「ハイハイ」などをして積極的に関わりを持とうとする。この気持ちを大切に受け入れ応答することが情緒の安定にとって重要である。こうした大人との関係の中で喃語は変化に富み、ますます盛んになる。

9か月頃までには、はうことや両手に物を持って打ちつけたり、たたき合わせたりすることができるようになる。身近な大人との強い信頼関係に基づく情緒の安定を基盤にして、探索活動が活発になってくる。また、情緒の表現、特に表情もはっきりしてきて、身近な人や欲しいものに興味を示し、自分から近づいていこうとするようになる。

さらに、簡単な言葉が理解できるようになり、自分の意思や欲求を身振りなどで伝えようとするようになる。

1歳前後には、つかまり立ち、伝い歩きもできるようになり、外への関心も高まり、手押し車を押したりすることを好むようになる。また、喃語も、会話らしい抑揚がつくようになり、次第にいくつかの身近な単語を話すようになる。

2　保育士の姿勢と関わりの視点

身近な人を区別し、安定して関われる大人を求めるなど、特定の保育士との関わりを基盤に、歩行や言葉の獲得に向けて著しく発達するので、一人一人の欲求に応え、愛情をこめて、応答的に関わるようにする。家庭との連携を密にし、1日24時間を視野に入れた保育を心がけ、生活が安定するようにする。

3　ねらい

(1) 保健的で安全な環境をつくり、体の状態を細かく観察し、疾病や異常の発見に努め、快適に生活できるようにする。

(2) 一人一人の子どもの生活のリズムを重視して、食欲、睡眠、排泄などの生理的欲求を満たし、生命の保持と生活の安定を図る。

(3) 一人一人の子どもの甘えなどの依存欲求を満たし、情緒の安定を図る。

(4) 離乳を進め、様々な食品に慣れさせながら幼児食への移行を図る。

(5) 姿勢を変えたり、移動したり様々な身体活動を十分に行えるように、安全で活動しやすい環境を整える。

(6) 優しく語りかけたり、発声や喃語に応答したりして、発語の意欲を育てる。

(7) 聞く、見る、触るなどの経験を通して、感覚や手や指の機能を働かそうとする。

(8) 絵本や玩具、身近な生活用具が用意された中で、身の回りのものに対する興味や好奇心が芽生える。

4　内容

(1) 一人一人の子どもの健康状態を把握し、異常のある場合は適切に対応する。

(2) 一人一人の子どもの心身の発育や発達の状態を的確に把握する。

(3) 体、衣服、身の回りにあるものを、常に清潔な状態にしておく。

(4) 一人一人の子どもの生理的欲求を十分に満たし、保育士の愛情豊かな受容により気持ちのよい生活ができるようにする。

(5) 楽しい雰囲気の中で、喜んで食事ができるようにし、嘱託医などと相談して離乳を進めながら、次第に幼児食に移行させる。

(6) 一人一人の子どもの生活のリズムを大切にしながら、眠いときは安心して十分に眠ることができるようにする。

(7) 一人一人の子どもの排尿間隔を把握しながら、おむつが汚れたら、優しく言葉をかけながらこまめに取り替え、きれいになった心地よさを感じることができるようにする。

(8) 一人一人の子どもの状態に応じて、嘱託医などと相談して、積極的に健康増進を図る。

(9) 室内外の温度、湿度に留意し、子どもの健康状態に合わせて衣服の調節をする。

(10) 食事の前後や汚れたときは、顔や手を拭いて、清潔になることの快さを喜ぶようにする。

(11) 寝返り、はいはい、お座り、伝い歩き、立つ、歩くなどそれぞれの状態に合った活動を十分に行う。

(12) つまむ、たたく、ひっぱるなど手や指を使って遊ぶ。

⒀ 喃語や片言を優しく受け止めてもらい，発語や保育士とのやりとりを楽しむ。
⒁ 生活や遊びの中での保育士のすることに興味を持ったり，模倣したりすることを楽しむ。
⒂ 保育士の歌を楽しんで聞いたり，歌やリズムに合わせて手足や体を動かして楽しむ。
⒃ 保育士と一緒にきれいな色彩のものや身近なものの絵本を見る。
⒄ 保育士に見守られて，玩具や身の回りのもので一人遊びを十分に楽しむ。

5 配慮事項

⑴ 感染症にかかりやすいので，発熱など体の状態，機嫌，元気さなど日常の状態の観察を十分に行い，変化が見られたときには適切に対応する。
⑵ 一人一人の子どもの発育・発達状態を適切に把握し，家庭と連携をとりながら，個人差に応じて保育する。
⑶ 特定の保育士との温かいふれあい，保育士の優しい語りかけが，子どもの情緒を安定させ，順調な発育・発達を支えることを認識して子どもに接するように心掛ける。
⑷ 授乳，離乳は一人一人の子どもの健康状態や食欲に応じて行うとともに，発育・発達状態に応じて食品や調理形態に変化を持たせるなどして離乳を進め，適切な時期に離乳を完了し，幼児食に移行する。
⑸ 食事においては，咀嚼（そしゃく）や嚥下（えんげ）の発達を適切に促せるように，食品や調理形態に配慮し，子どもが自分から食べようとする意欲や行動を大切にしながら適切な援助を行う。
⑹ 季節や一人一人の子どもの健康状態や活動状況に応じて睡眠できるように配慮し，また，睡眠中の状態の観察を怠ることなく，室温，衣服，寝具に配慮するとともに，起床後の健康状態や転落その他の事故がないように十分に注意する。
⑺ 食事，排泄などへの対応は，一人一人の子どもの発育・発達状態に応じて，急がせることなく無理のないように行い，上手にできたときにはほめるなどの配慮をする。
⑻ 健康増進を図るための活動は，一人一人の子どもの発育・発達状態，健康状態や気候などに配慮して行い，活動後は子どもの状態を十分に観察する。

⑼ 楽しい雰囲気の中での保育士との関わり合いを大切にし，ゆっくりと優しく話しかけるなど積極的に相手になって，言葉のやりとりを楽しむことができるように配慮する。
⑽ 発達が進み，新しい行動が可能となると行動範囲が広がるので，身の回りのものなどについてはいつも十分な点検を行い，安全を確認した上で探索意欲を満たして自由に遊べるようにする。この時期には伝い歩きが始まるが，はうことも十分に経験できるようにする。
⑾ 行動が活発になるので，十分な休息がとれるように配慮する。
⑿ 抱かれたり，一人歩きなどで，身近な自然の素材，生き物，乗り物などに接して楽しむ機会を持ち，子どもの外界への関心を広げるように配慮する。
⒀ 遊びにおいては，個人差の大きい時期なので，一人一人の子どもの発育・発達状態をよく把握し，子どもが興味を持ち，自分からしてみようとする意欲を大切にし，温かく見守る。
⒁ 保育士の優しい歌声や，快い音楽を聴く機会を豊富にし，また，好きな歌や音楽は繰り返すようにして，満足感を味わえるようにする。
さらに，大人の動作を見て模倣をする喜びを味わえるようにする。

第5章 1歳3か月から2歳未満児の保育の内容

1 発達の主な特徴

子どもは，この時期，歩き始め，手を使い，言葉を話すようになる。この時期には，運動機能の発達がめざましく，体つきは次第にやせぎみになっていく印象を受ける。感染症の罹患が多く，この時期の病気の大半を占めるといってもよい。つかまらずに歩けるようになり，押したり，投げたりなどの運動機能も増す。生活空間が広がり，子どもはこれまでに培われた安心できる関係を基盤として，目の前に開かれた未知の世界の探索行動に心をそそられ，身近な人や身の回りにある物に自発的に働きかけていく。その過程で，生きていく上で必要な数多くの行動を身につけていく。例えば，身近な人の興味ある行動を模倣し，活動の中に取り入れるようになる。つまむ，めくる，通す，はずす，なぐりがきをする，転がす，スプーンを使う，コップを持つなど運動の種類が確実に豊かになっていく。こうした新しい行動の獲得によって，子

どもは自分にもできるという気持ちを持ち，自信を獲得し，自発性を高めていく。また，大人の言うことが分かるようになり，呼びかけたり，拒否を表す片言を盛んに使うようになり，言葉で言い表わせないことは，指さし，身振りなどで示そうとする。このように自分の思いを親しい大人に伝えたいという欲求が次第に高まってくる。そして，1歳後半には，「マンマ，ホチイ」などの二語文も話し始めるようになる。

さらに，この時期には，ボールのやりとりのような物を仲立ちとした触れ合いや，物の取り合いも激しくなり，また，あるものを他のもので見立てるなど，その後の社会性や言語の発達にとって欠かせない対人関係が深まり，象徴機能が発達してくる。このような外界への働きかけは，身近な人だけでなく物へも広がり，大人にとっては，いたずらが激しくなったと感じられることも多くなる。

保育士との豊かな交流は，友達と一緒にいることの喜びへとつながり，情緒の面でも，子どもに対する愛情と大人に対する愛情とに違いが出てくるし，嫉妬心も見られるなど分化が行われる。この時期は，保育士に受け入れられることにより，自発性，探索意欲が高まるが，まだまだ大人の世話を必要とする自立への過程の時期である。

2 保育士の姿勢と関わりの視点

保育士は子どもの生活の安定を図りながら，自分でしようとする気持ちを尊重する。自分の気持ちをうまく言葉で表現できないことや，思い通りにいかないことで，時には大人が困るようなことをすることも発育・発達の過程であると理解して対応する。歩行の確立により，盛んになる探索活動が十分できるように環境を整え，応答的に関わる。

3 ねらい

(1) 保健的で安全な環境をつくり，体の状態を観察し，快適に生活できるようにする。
(2) 一人一人の子どもの生理的欲求や甘えなどの依存欲求を満たし，生命の保持と情緒の安定を図る。
(3) 様々な食品や調理形態に慣れ，楽しい雰囲気のもとで食べることができるようにする。
(4) 一人一人の子どもの状態に応じて，睡眠など適切な休息をとるようにし，快適に過ごせるようにする。
(5) 安心できる保育士との関係の下で，食事，排泄などの活動を通して，自分でしようとする気持ちが芽生える。
(6) 安全で活動しやすい環境の中で，自由に体を動かすことを楽しむ。
(7) 安心できる保育士の見守りの中で，身の回りの大人や子どもに関心を持ち関わろうとする。
(8) 身の回りの様々なものを自由にいじって遊び，外界に対する好奇心や関心を持つ。
(9) 保育士の話しかけや，発語が促されたりすることにより，言葉を使うことを楽しむ。
(10) 絵本，玩具などに興味を持って，それらを使った遊びを楽しむ。
(11) 身近な音楽に親しみ，それに合わせた体の動きを楽しむ。

4 内容

(1) 一人一人の子どもの健康状態を把握し，異常のある場合は適切に対応する。
(2) 一人一人の子どもの心身の発育・発達の状態を的確に把握する。
(3) 体，衣服，身の回りにあるものを，常に清潔な状態にしておく。
(4) 一人一人の子どもの気持ちを理解し，受容することにより，子どもとの信頼関係を深め，自分の気持ちを安心して表すことができるようにする。
(5) 楽しい雰囲気の中で，昼食や間食が食べられるようにする。
(6) スプーン，フォークを使って一人で食べようとする気持ちを持つようにする。
(7) 一人一人の子どもの生活のリズムを大切にしながら，安心して午睡などをし，適切な休息ができるようにする。
(8) おむつやパンツが汚れたら，優しく言葉をかけながら取り替え，きれいになった心地よさを感じることができるようにする。
(9) 一人一人の子どもの排尿間隔を知り，おむつが汚れていないときに便器に座らせ，うまく排尿できたときはほめることなどを繰り返し，便器での排泄に慣れるようにする。
(10) 室内外の温度，湿度に留意し，子どもの状態に合わせて衣服の調節をする。
(11) 保育士の優しい言葉かけと援助で，衣服の着脱に興味を持つようにする。

⑿　食事の前後や汚れたときは顔や手を拭いて，きれいになった快さを感じることができるようにする。
⒀　登る，降りる，跳ぶ，くぐる，押す，引っ張るなどの運動を取り入れた遊びや，いじる，たたく，つまむ，転がすなど手や指を使う遊びを楽しむ。
⒁　保育士に見守られ，外遊び，一人遊びを十分に楽しむ。
⒂　好きな玩具や遊具，自然物に自分から関わり，十分に遊ぶ。
⒃　保育士の話しかけを喜んだり，自分から片言でしゃべることを楽しむ。
⒄　興味ある絵本を保育士と一緒に見ながら，簡単な言葉の繰り返しや模倣をしたりして遊ぶ。
⒅　保育士と一緒に歌ったり簡単な手遊びをしたり，また，体を動かしたりして遊ぶ。

5　配慮事項

⑴　感染症にかかることが多いので，発熱など体の状態，機嫌，食欲，元気さなどの日常の状態の観察を十分に行い，変化が見られたときは，適切に対応する。
⑵　身体発育や精神や運動の機能の発達には，個人差が大きいことに配慮し，発育・発達の状態を正しく把握するとともに，その変化に気づいたときは的確な処置をとる。
⑶　食欲や食事の好みに偏りが現れやすい時期なので，日常の心身の状態を把握しておき，無理なく個別に対応する。
⑷　できるだけ外での活動を行うようにするが，外に出るときは，日照や気温などに注意して，帽子や服装に配慮し，子どもの体調に合わせて無理をしないようにする。
　また，活動などにより多量に汗をかいた後は水分の補給をする。
⑸　歩行の発達に伴い行動範囲が広がり，探索行動が活発になるので，事故が発生しやすくなる。
　また，予測できない行動も多くなるので，環境や活動の状態，子ども相互の関わりなどに十分な注意を払う。
⑹　食事は，一人一人の子どもの健康状態に応じ，無理に食べさせないようにし，自分でしようとする気持ちを大切にする。
　また，食事のときには，一緒に噛むまねをして見せたりして，噛むことの大切さが身につくように配慮する。
⑺　睡眠に当たっては，一人一人の子どもに適した接し方をして，十分に眠れるようにする。
　また，目覚めたときは，適切に応じるようにする。
⑻　排泄は，ゆったりした気持ちで対応し，子どもが自分から便器に座ってみようと思うような話し方，接し方をする。
⑼　衣類の着脱に当たっては，自分でしようとするのを励ましたり，うまくできたときはほめるなどして，自分でしようとする気持ちを大切にする。
⑽　個人差の大きい時期なので，一人一人の子どもの発育・発達状態をよく知り，楽しい雰囲気をつくるなどして，子どもが興味を持ち，自分から遊びを楽しめるように配慮する。
　自分でしようとしているときや何かに熱中しているときには温かく見守る。また，子どもの発見や驚きを見逃さず受け止め，好奇心や興味を満たすようにする。
⑾　全身を使うような遊びや手や指を使う遊びでは，子どもの自発的な活動を大切にしながら，時には保育士がやってみせるなど保育士と一緒に楽しんで遊べるようにする。
⑿　保育士と一緒に絵本を見ながら，絵本の内容を動作や言葉で表したり，歌を歌ったりなどして，模倣活動を楽しめるようにする。
⒀　子ども相互のけんかが多くなるが，不安感が強まらないように，保育士の優しい語りかけなどによりお互いの存在に気づくように配慮する。

第6章　2歳児の保育の内容

1　発達の主な特徴

　子どもは，この時期，歩行の機能は一段と進み，走る，跳ぶなどの基本的な運動機能が伸び，体を自分の思うように動かすことができるようになり，身体運動のコントロールもうまくなるので，リズミカルな運動や音楽に合わせて体を動かすことを好むようになる。
　同時に指先の動きも急速に進歩する。発声，構音機能も急速に発達して，発声はより明瞭になり，語いの増加もめざましく，日常生活に必要な言葉も分かるようになり，自分のしたいこと，してほしいことを言葉で表出できるようになる。このような発達を背景に行動はより自由になり，行動範囲も広がり，他の子どもとの関

わりを少しずつ求めるようになる。感染症に対する抵抗力は次第についてくるが，感染症は疾病の中では最も多い。

日々の生活の中での新たな体験は，子どもの関心や探索意欲を高め，そこで得られた喜びや感動や発見を，自分に共感してくれる保育士や友達に一心に伝えようとし，一緒に体験したいと望むようになる。このような子どもの欲求を満たすことによって，諸能力も高まっていき，自分自身が好ましく思え，自信を持つことができるようになる。

したがって，大人の手を借りずに何でも意欲的にやろうとする。しかし，現実にはすべてが自分の思いどおりに受け入れられるわけではなく，また，自分でできるわけでもないので，しばしば大人や友達との間で，自分の欲求が妨げられることを経験する。

ところが，この頃の子どもはまだこうした状況にうまく対処する力を持っていないので，時にはかんしゃくを起こしたり，反抗したりして自己主張することにもなる。これは，自我が順調に育っている証拠と考えられる。この時期にも，子どもは周りの人の行動に興味を示し，盛んに模倣するが，さらに，物事の間の共通性を見い出したり，概念化することもできるようになる。また，象徴機能や観察力も増し，保育士と一緒に簡単なごっこ遊びができるようになる。

2 保育士の姿勢と関わりの視点

全身運動，手指などの微細な運動の発達により，探索活動が盛んになるので，安全に留意して十分活動できるようにする。生活に必要な行動が徐々にできるようになり，自分でやろうとするが，時には甘えたり，思い通りにいかないとかんしゃくを起こすなど感情が揺れ動く時期であり，それは自我の順調な育ちであることを理解して，一人一人の気持ちを受け止め，さりげなく援助する。また，模倣やごっこ遊びの中で保育士が仲立ちすることにより，友達と一緒に遊ぶ楽しさを次第に体験できるようにする。

3 ねらい

(1) 保健的で安全な環境をつくり，快適に生活できるようにする。

(2) 一人一人の子どもの欲求を十分に満たし，生命の保持と情緒の安定を図る。

(3) 楽しんで食事，間食をとることができるようにする。

(4) 午睡など適切に休息の機会をつくり，心身の疲れを癒して，集団生活による緊張を緩和する。

(5) 安心できる保育士との関係の下で，食事，排泄などの簡単な身の回りの活動を自分でしようとする。

(6) 保育士と一緒に全身や手や指を使う遊びを楽しむ。

(7) 身の回りに様々な人がいることを知り，徐々に友達と関わって遊ぶ楽しさを味わう。

(8) 身の回りのものや親しみの持てる小動物や植物を見たり，触れたり，保育士から話を聞いたりして興味や関心を広げる。

(9) 保育士を仲立ちとして，生活や遊びの中で言葉のやりとりを楽しむ。

(10) 保育士と一緒に人や動物などの模倣をしたり，経験したことを思い浮かべたりして，ごっこ遊びを楽しむ。

(11) 興味のあることや経験したことなどを生活や遊びの中で，保育士とともに好きなように表現する。

4 内容

(1) 一人一人の子どもの健康状態や発育・発達状態を把握し，異常のある場合は適切に対応する。

(2) 生活環境を常に清潔な状態に保つとともに，身の回りの清潔や安全の習慣が少しずつ身につくようにする。

(3) 一人一人の子どもの気持ちを理解し，受容することにより，子どもとの信頼関係を深め，自分の気持ちを安心して表すことができるようにする。

(4) 楽しい雰囲気の中で，自分で食事をしようとする気持ちを持たせ，嫌いなものでも少しずつ食べられるようにする。

また，食事の後，保育士の手助けによって，うがいなどを行うようにする。

(5) 落ち着いた雰囲気の中で十分に眠る。

(6) 自分から，あるいは言葉をかけてもらうなどして便所に行き，保育士が見守る中で自分で排泄する。

(7) 簡単な衣服は一人で脱ぐことができるようになり，手伝ってもらいながら一人で着るようになる。

(8) 顔を拭く，手を洗う，鼻を拭くなどを保

育士の手を借りながら少しずつ自分でする。
(9) 走る，跳ぶ，登る，押す，引っ張るなど全身を使う運動を取り入れた遊びや，つまむ，丸める，めくるなどの手や指を使う遊びを楽しむ。
(10) 自分の物，人の物の区別に気づくようになる。保育士の適切な援助によって自分の物の置き場所が分かる。
(11) 保育士の仲立ちによって，共同の遊具などを使って遊ぶ。
(12) 身の回りの小動物，植物，事物などに触れ，それらに興味，好奇心を持ち，探索や模倣などをして遊ぶ。
(13) 生活に必要な簡単な言葉を聞き分け，また，様々な出来事に関心を示し，言葉で表す。
(14) 保育士と一緒に簡単なごっこ遊びをする中で言葉のやりとりを楽しむ。
(15) 絵本や紙芝居を楽しんで見たり聞いたりし，繰り返しのある言葉の模倣を楽しむ。
(16) 保育士と一緒に，水，砂，土，紙などの素材に触れて楽しむ。
(17) 保育士と一緒に歌ったり簡単な手遊びをしたり，リズムに合わせて，体を動かしたりして遊ぶ。

5 配慮事項

(1) 一人一人の子どもの発育・発達状態及び日常に見られる心身の状態を十分に把握し，その変化に気づいたときには適切な処置ができるように配慮する。
(2) 食事，排泄，睡眠，衣類の着脱など生活に必要な基本的な習慣については，一人一人の子どもの発育・発達状態，健康状態に応じ，十分に落ち着いた雰囲気の中で行うことができるようにし，また，その習慣形成に当たっては，自分でしようとする気持ちを損なわないように配慮する。
(3) 食事の前後，排泄の後などにおいては，自分で清潔にしようとする気持ちが持てるように配慮し，一人でできたときは十分にほめるようにする。
(4) 外遊びや遊具で遊ぶ機会を多くし，遊具に慣れる経験を大切にしながら，子どもの自主性に応じて遊べるように工夫し，健康増進を図るように配慮する。
(5) 衝動的な動作が多くなるので，子どもから目を離さないように注意する。

(6) 活発な活動の後には，一人一人の子どもの状態によって適切な休息や水分を与えたり，汗を拭いたりして，体の状態を観察する。
(7) 子どもが，楽しみながら全身や手を使う活動ができるような遊びを取り入れる。
(8) 子ども同士のけんかが多くなるので，保育士はお互いの気持ちを受容し，分かりやすく仲立ちをして，根気よく他の子どもとの関わり方を知らせていく。
(9) 自然や身近な事物などへの興味や関心を広げていくに当たっては，安全や衛生面に留意しながら，それらと触れ合う機会を十分に持つようにする。
また，保育士がまず親しみや愛情を持って関わるようにして，子どもが自分からしてみようと思う気持ちを大切にする。
(10) 子どもの話はやさしく受け止め，自分から保育士に話しかけたいという気持ちを大切にし，楽しんで言葉を使うことができるように配慮する。
(11) くり返しのある話や絵本を読んで聞かせたり，子どものしたことをお話にしたりして様々な興味を養うようにする。
(12) 生活や遊びの中で，子どものつぶやきやしぐさなどに保育士が共感しながら，表現の喜びや芽生えを育てるように配慮する。
(13) 歌うことや，音楽に合わせて体を動かすことを好むので，子どもの好む歌，簡単な歌詞，旋律の歌や曲を正しく，美しく表現するように配慮する。

第7章 3歳児の保育の内容

1 発達の主な特徴

子どもは，この時期までに，基礎的な運動能力は一応育ち，話し言葉の基礎もでき，食事・排泄などもかなりの程度自立できるようになってくる。

これまでは，何かにつけ保育士に頼り，保育士との関係を中心に行動していた子どもも，一人の独立した存在として行動しようとし，自我がよりはっきりしてくる。

そして，他の子どもとの関係が子どもの生活，特に遊びにとって重要なものとなってくる。他の子どもとの触れ合いの中で，少しずつ友達と分け合ったり，順番を守って遊んだりできるようになる。この段階では，子ども自身は友達と遊んだつもりになっていても，実際にはまだ平

行遊びが多い。しかし，この時期に仲間と一緒にいて，その行動を観察し模倣することの喜びを十分に味わうことは，社会性の発達を促し，ひいてはより豊かな人間理解へとつながっていく大切な基礎固めになる。

注意力や観察力はますます伸びて，身の回りの大人の行動や日常経験していることなどを取り入れたりしてごっこ遊びの中に再現するので，これまでのごっこ遊びより組織的になって，遊びの内容にも象徴機能や創造力を発揮した発展性が見られるようになり，遊びがかなりの時間持続する。

この頃，「なぜ」「どうして」などの質問が盛んになり，ものの名称やその機能などを理解しようとする知識欲が強くなり，言葉はますます豊かになってくる。そして，自分の行動や体験を通した現実的で具体的な範囲であれば，「こうするとこうなる」など，あらかじめ，結果について予想をすることができるようになってきて，自分のしようとすることにも段々と意図と期待を持って行動できるようになる。また，簡単な話の筋も分かるようになり，話の先を予想したり，自分と同化して考えたりできるようになる。

さらに，この時期には，きまりを守って自分から「……をしよう」という気持ちも現われてきて，「……するつもり」という思いを抱くようになる。また，進んで保育士の手伝いを行ったりするようになり，人の役に立つことに誇りや喜びを抱くようになる。

2 保育士の姿勢と関わりの視点

心身ともに，めざましい発育・発達を示すときであり，それだけにていねいな対応が求められる。自我がはっきりしてくるものの，それをうまく表現や行動に表すことができないところもあり，一人一人の発達に注目しながら，優しく受け止める配慮を欠かしてはならない。

3 ねらい

(1) 保健的で安全な環境をつくり，快適に生活できるようにする。

(2) 一人一人の子どもの欲求を十分に満たし，生命の保持と情緒の安定を図る。

(3) 楽しんで食事や間食をとることができるようにする。

(4) 午睡など適切な休息をとらせ，心身の疲れを癒し，集団生活による緊張を緩和する。

(5) 食事，排泄，睡眠，衣服の着脱などの生活に必要な基本的な習慣が身につくようにする。

(6) 外遊びを十分にするなど，遊びの中で体を動かす楽しさを味わう。

(7) 身近な人と関わり，友達と遊ぶことを楽しむ。

(8) 身近な動植物や自然事象に親しみ，自然に触れ十分に遊ぶことを楽しむ。

(9) 身近な社会事象に親しみ，模倣したりして遊ぶことを楽しむ。

(10) 身近な環境に興味を持ち，自分から関わり，生活を広げていく。

(11) 生活に必要な言葉がある程度分かり，したいこと，して欲しいことを言葉で表す。

(12) 絵本，童話，視聴覚教材などを見たり聞いたりして，その内容や面白さを楽しむ。

(13) 様々なものを見たり触れたりして，面白さ・美しさなどに気づく。

(14) 感じたことや思ったことを描いたり，歌ったり，体を動かしたりして，自由に表現しようとする。

4 内 容

[基礎的事項]

(1) 一人一人の子どもの平常の健康状態や発育・発達状態を把握し，異常を感じる場合は速やかに適切に対応する。また，子どもが自分から体の異常を訴えることができるようにする。

(2) 施設内の環境保健に十分に留意し，快適に生活できるようにする。

(3) 一人一人の子どもの気持ちや考えを理解して受容し，保育士との信頼関係の中で，自分の気持ちや考えを安心して表すことができるなど情緒の安定した生活ができるようにする。

(4) 食事，排泄，睡眠，休息など生理的欲求が適切に満たされ，快適な生活や遊びができるようにする。

「健康」

(1) 楽しい雰囲気の中で，様々な食べ物を進んで食べようとする。

(2) 便所には適宜一人で行き，排尿，排便を自分でする。

(3) 保育士に寄り添ってもらいながら，午睡などの休息を十分にとる。

(4) 保育士の手助けを受けながら，衣服を自分で着脱する。

(5) 保育士の手助けにより，自分で手洗いや鼻をかむなどして清潔を保つ。
(6) 体の異常を，少しは自分から訴える。
(7) 危ない場所に近づくことが少なくなり，危険な遊びに気づく。
(8) 外で十分に体を動かしたり，様々な遊具や用具などを使った運動や遊びを楽しむ。

「人間関係」
(1) 保育士に様々な欲求を受け止めてもらい，保育士に親しみを持ち安心感を持って生活する。
(2) 友達とごっこ遊びなどを楽しむ。
(3) 遊具や用具などを貸したり借りたり，順番を待ったり交代したりする。
(4) 簡単なきまりを守る。
(5) 保育士の手伝いをすることを喜ぶ。
(6) 遊んだ後の片づけをするようになる。
(7) 年上の友達と遊んでもらったり，模倣して遊んだりする。
(8) 地域の人と触れ合うことを喜ぶ。

「環境」
(1) 身近な動植物をはじめ自然事象をよく見たり，触れたりなどして驚き，親しみを持つ。
(2) 身近な人々の生活を取り入れたごっこ遊びを楽しむ。
(3) 自分のものと人のものとの区別を知り，共同のものとの区別にも気づく。
(4) 身近な事物に関心を持ち，触れたり，集めたり，並べたりして遊ぶ。
(5) 様々な用具，材料に触れ，それを使って遊びを楽しむ。
(6) 生活や遊びの中で，身の回りの物の色，数，量，形などに興味を持ち，違いに気づく。
(7) 保育所の行事に参加して，喜んだり楽しんだりする。

「言葉」
(1) あいさつや返事など生活や遊びに必要な言葉を使う。
(2) 自分の思ったことや感じたことを言葉に表し，保育士や友達と言葉のやりとりを楽しむ。
(3) 保育士にして欲しいこと，困ったことを言葉で訴える。
(4) 保育士に，いろいろな場面で，なぜ，どうして，などの質問をする。
(5) 興味を持った言葉を，面白がって聞いたり言ったりする。
(6) 絵本や童話などの内容が分かり，イメージを持って楽しんで聞く。

(7) ごっこ遊びの中で，日常生活での言葉を楽しんで使う。

「表現」
(1) 身の回りの様々なものの音，色，形，手ざわり，動きなどに気づく。
(2) 音楽に親しみ，聞いたり，歌ったり，体を動かしたり，簡単なリズム楽器を鳴らしたりして楽しむ。
(3) 様々な素材や用具を使って，好きなように描いたり，扱ったり，形を作ったりして遊ぶ。
(4) 動物や乗り物などの動きを模倣して，体で表現する。
(5) 絵本や童話などに親しみ，興味を持ったことを保育士と一緒に言ったり，歌ったりなど様々に表現して遊ぶ。

5 配慮事項

［基礎的事項］
(1) 一人一人の子どもの平常の健康状態をよく観察し，異常を早く発見できるように注意する。異常を少しでも感じたら速やかに適切な対応をする。
(2) その時の気候や子どもの状態をよく把握し，気持ちよく活動できるように環境を整える。特に，施設内の採光，換気，保温，清潔など環境保健に配慮する。
(3) 子どもの気持ちを温かく受容し，やさしく応答し，保育士と一緒にいることで安心できるような関係をつくるように配慮する。

「健康」
(1) 身の回りのことは一応自分でできるようになるが，自分でしようとする気持ちを大切にしながら，適切な援助をするように配慮する。
(2) 食事は，摂取量に個人差が生じたり，偏食が出やすいので，一人一人の心身の状態を把握し，楽しい雰囲気の中でとれるように配慮する。
(3) 用具，遊具などを扱う場合は，特に安全に配慮する。

「人間関係」
(1) 友達との関係については，保育士や遊具その他のものを仲立ちとして，その関係が持てるように配慮する。
(2) 初めて集団生活する子どもには，特に心身の疲労を緩和するように配慮し，個別に対応しながら，次第に集団生活に適応できるように他の子どもとの触れ合いの機会を多くするなど

配慮する。
「環境」
(1) 身近な様々なものに興味を持つので、その興味、探索意欲などを十分に満足させるように環境を整え、保健、安全面に留意して意欲的に関われるようにする。
(2) 身の回りの出来事や住んでいる地域の人々の生活が自分の生活と関わりがあることに気づくように配慮する。
「言葉」
(1) 子どもが保育士に話したいことの意味をくみ取るように努め、話したいという気持ちを十分に満たすことができるように配慮する。
(2) 絵本や童話、紙芝居などの面白さが分かるように配慮するとともに、生活の中でできるだけ言葉と行動や出来事が結びつくように配慮する。
(3) 言葉は、聞いて覚えるものであることに着目し、保育士は自らの言葉遣いに配慮する。
「表現」
(1) 身近なものに直接触れたり扱ったりして、新しいものに驚いたり不思議に思うなど感動する経験が広がるように配慮する。
(2) 一人一人の子どもの興味や自発性を大切にし、自分から表現しようとする気持ちが育つように配慮する。

第8章　4歳児の保育の内容

1　発達の主な特徴

子どもは、この時期、全身のバランスをとる能力が発達し、体の部分がかなり自分の意のままに使えるようになり、体の動きが巧みになる。また、各機能間の分化・統合が進み、話をしながら食べるなど、異なる2種以上の行動を同時にとるようにもなる。このような過程をたどりながら、全体として一つにまとまり、自我がしっかりと打ち立てられ、自分と他人との区別もはっきりしてくる。

自分以外の人やものをじっくりと見るようになると、逆に見られる自分に気づき、自意識が芽生えてくる。したがって、今までのように無邪気に振る舞うことができない場面も生じる。また、目的を立てて、作ったり、描いたり、行動するようになるので、自分の思ったようにいかないのではないかと不安が生じたり、辛くなったりするなど、葛藤を体験する。このような心の動きを保育士が十分に察して、共感し、あ

る時は励ますことによって、子どもは、保育士がしたような方法で、他人の心や立場を気遣う感受性を持つことができるようになる。こうして、他人にも目には見えない心のあることを実感し、身近な人の気持ちが分かるようになり、情緒は一段と豊かになる。

この頃の子どもは、心が人のみではなく、他の生き物、さらには、無生物にまでもあると思っている。これが子どもらしい空想力や想像力の展開にもつながる。また、恐れの対象は、大きな音、暗闇など物理的な現象だけでなく、オバケ、夢、一人残されることなど、想像による恐れが増してくる。

この時期の子どもは、人だけではなく、周りのものにも鋭い関心を向け、探索を続けるなど活動的であるので、その過程で他の子どもの興味ある遊びを見たり、自分自身の体験によって土や水をはじめとした自然物や遊具などの自分を取り巻く様々なものの特性を知り、それらとの関わり方、遊び方を豊かに体得していく。その中で、仲間といることの喜びや楽しさがお互いに感じられるようになり、仲間とのつながりは強まるが、それだけに競争心も起き、けんかも多くなる。一方、この頃になると、仲間の中では、不快なことに直面しても、少しずつ自分で自分の気持ちを抑えたり、我慢もできるようになってくる。

2　保育士の姿勢と関わりの視点

友達をはじめ人の存在をしっかり意識できるようになる。友達と一緒に行動することに喜びを見出し、一方で、けんかをはじめ人間関係の葛藤にも悩むときであり、したがって集団生活の展開に特に留意する必要がある。また、心の成長も著しく、自然物への興味・関心を通した感性の育ちに注目しなければならない。

3　ねらい

(1) 保健的で安全な環境をつくり、快適に生活できるようにする。
(2) 一人一人の子どもの欲求を十分に満たし、生命の保持と情緒の安定を図る。
(3) 友達と一緒に食事をしたり、様々な食べ物を食べる楽しさを味わうようにする。
(4) 午睡など適切な休息をとらせ、心身の疲れを癒し、集団生活による緊張を緩和する。
(5) 自分でできることに喜びを持ちながら、

健康，安全など生活に必要な基本的な習慣を次第に身につける。
(6) 身近な遊具や用具を使い，十分に体を動かして遊ぶことを楽しむ。
(7) 保育士や友達の言うことを理解しようとする。
(8) 友達とのつながりを広げ，集団で活動することを楽しむ。
(9) 異年齢の子どもに関心を持ち，関わりを広める。
(10) 身近な動植物に親しみ，それらに関心や愛情を持つ。
(11) 身の回りの人々の生活に親しみ，身近な社会の事象に関心を持つ。
(12) 身近な環境に興味を持ち，自分から関わり，身の回りの事物や数，量，形などに関心を持つ。
(13) 人の話を聞いたり，自分の経験したことや思っていることを話したりして，言葉で伝える楽しさを味わう。
(14) 絵本，童話，視聴覚教材などを見たり聞いたりして，イメージを広げ，言葉を豊かにする。
(15) 身近な事物などに関心を持ち，それらの面白さ，不思議さ，美しさなどに気づく。
(16) 感じたことや思ったこと，想像したことなどを様々な方法で自由に表現する。

4 内容
［基礎的事項］
(1) 一人一人の子どもの平常の健康状態や発育・発達状態を把握し，異常を感じる場合は速やかに適切な対応をする。また，子どもが自分から体の異常を訴えることができるようにする。
(2) 施設内の環境保健に十分に留意し，快適に生活できるようにする。
(3) 一人一人の子どもの気持ちや考えを理解して受容し，保育士との信頼関係の中で，自分の気持ちや考えを安心して表すことができるなど，情緒の安定した生活ができるようにする。
(4) 食事，排泄，睡眠，休息など生理的欲求が適切に満たされ，快適な生活や遊びができるようにする。
「健康」
(1) 食べ慣れないものや嫌いなものでも少しずつ食べようとする。
(2) 排泄やその後の始末などは，ほとんど自分でする。
(3) 嫌がるときもあるが，保育士が言葉をかけることなどにより午睡や休息をする。
(4) 衣服などの着脱を順序よくしたり，そのときの気候や活動に合わせて適宜調節をする。
(5) 自分で鼻をかんだり，顔や手を洗うなど，体を清潔にする。
(6) 体の異常について，自分から保育士に訴える。
(7) 危険なものや場所について分かり，遊具，用具などの使い方に気をつけて遊ぶ。
(8) 進んで外で体を十分に動かして遊ぶ。
(9) 遊具，用具や自然物を使い，様々な動きを組み合わせて積極的に遊ぶ。
「人間関係」
(1) 保育士や友達などとの安定した関係の中で，いきいきと遊ぶ。
(2) 自分のしたいと思うこと，してほしいことをはっきり言うようになる。
(3) 友達と生活する中で，きまりの大切さに気づき，守ろうとする。
(4) 保育士の言うことや友達の考えていることを理解して行動する。
(5) 身の回りの人に，いたわりや思いやりの気持ちを持つ。
(6) 手伝ったり，人に親切にすることや，親切にされることを喜ぶ。
(7) 他人に迷惑をかけたら謝る。
(8) 共同のものを大切にし，譲り合って使う。
(9) 年下の子どもに親しみを持ったり，年上の子どもとも積極的に遊ぶ。
(10) 地域のお年寄りなど身近な人の話を聞いたり，話しかけたりする。
(11) 外国の人など，自分とは異なる文化を持った人の存在に気づく。
「環境」
(1) 身近な動植物の世話を楽しんで行い，愛情を持つ。
(2) 自然や身近な事物・事象に触れ，興味や関心を深める。
(3) 身近にある公共施設に親しみ，関わることを喜ぶ。
(4) 身近にある乗り物に興味や関心を示し，それらを遊びに取り入れようとする。
(5) 自分のもの，人のものを知り，共同のものの区別に気づき，大切にしようとする。
(6) 身近な大人の仕事や生活に興味を持った

り，それらを取り入れたりして遊ぶ。
(7) 身近にある用具，器具などに関心を持ち，いじったり，試したりする。
(8) 具体的な物を通して，数や量などに関心を持ち，簡単な数の範囲で数えたり比べたりすることを楽しむ。
(9) 身の回りの物の色，形などに興味を持ち，分けたり，集めたりして遊ぶ。
(10) 保育所内外の行事に楽しんで参加する。
「言葉」
(1) 日常生活に必要なあいさつをする。
(2) 話しかけられたり，問いかけられたりしたら，自分なりに言葉で返事をする。
(3) 身の回りの出来事に関する話に興味を持つ。
(4) 友達との会話を楽しむ。
(5) 見たことや聞いたことを話したり，疑問に思ったことを尋ねる。
(6) 保育士の話を親しみを持って聞いたり，保育士と話したりして，様々な言葉に興味を持つ。
(7) 絵本や童話などを読み聞かせてもらい，イメージを広げる。
「表現」
(1) 様々なものの音，色，形，手ざわり，動きなどに気づき，驚いたり感動したりする。
(2) 友達と一緒に音楽を聴いたり，歌ったり，体を動かしたり，楽器を鳴らしたりして楽しむ。
(3) 感じたこと，思ったことや想像したことなどを様々な素材や用具を使って自由に描いたり，作ったりすることを楽しむ。
(4) 童話，絵本，視聴覚教材などを見たり，聞いたりしてイメージを広げ，描いたり，作ったり様々に表現して遊ぶ。
(5) 作ったものを用いて遊んだり，保育士や友達と一緒に身の回りを美しく飾って楽しむ。
(6) 身近な生活経験をごっこ遊びに取り入れて遊ぶ楽しさを味わう。

5 配慮事項
[基礎的事項]
(1) 一人一人の子どもの平常の健康状態を把握し，異常に気づいたら優しく問いかけをし，子どもがその状態を話すことができるように配慮するとともに，必要に応じて，速やかに適切な対処をする。
(2) 施設内の採光，換気，保温，清潔など環境保健に配慮する。
(3) 子どもの気持ちを温かく受容し，個人差を考慮して，子どもが安定して活動できるように配慮する。
「健康」
(1) 健康，安全など生活に必要な基本的な習慣は，一人一人の子どもと保育士の親密な関係に基づいて，日常生活の直接的な体験の中で身につくように配慮する。
(2) 子どもの冒険心を大切にし，新しい運動や遊びに対する不安や恐れを取り除くなどして，いきいきとした活動が展開できるように配慮する。
(3) 子どもの生活や経験と遊離した特定の運動や無理な技能の修得に偏らないように配慮する。
「人間関係」
(1) 集団の活動に参加するときは，一人一人の子どもが，それぞれの欲求を満たすことができるよう配慮する。
(2) 友達とのけんかを経験しながら，次第に相手の立場の理解が進み，時には自分の主張を抑制することによって，楽しく遊べることに気づくように配慮する。その際，保育士の優しいまなざしが向けられるようにすることが大切である。
「環境」
(1) 動植物の飼育や栽培の手伝いを通して，それらへの興味や関心を持つようにし，その成長・変化などに感動し，愛護する気持ちを育てるようにする。
(2) 家庭や地域の実態に即して，様々な経験ができるようにし，子どもの発見や驚きを大切にして，社会や自然の事象に関心を持つように配慮する。
(3) 数，量，形などについては，直接それらを取り上げるのではなく，生活や遊びの中で子ども自身の必要に応じて，具体的に体験できるようにして数量的な感覚を育てるように配慮する。
「言葉」
(1) 保育士との間や子ども同士で話す機会を多くし，その中で次第に聞くこと，話すことが楽しめるように配慮する。
(2) 日常会話や絵本，童話，詩などを通して，様々な言葉のきまりや面白さなどに気づき，言葉の感覚が豊かになるように配慮する。

「表現」
(1) 子どものイメージが湧き出るような素材，玩具，用具，生活用品などを用意して，のびのびと表現して遊ぶことができるように配慮する。

保育士の言動は，子どもが美しいものを感じたり，よいものを選んだりすることに強い影響を及ぼすので，それに留意する。

(2) 子ども同士の模倣や認め合いを大切にしながら，表現する意欲や創造性を育てるように配慮する。

(3) 表現しようとする気持ちを大切にし，生活や経験と遊離した特定の技能の修得に偏らないように配慮する。

第9章　5歳児の保育の内容

1　発達の主な特徴

子どもは，この時期，日常生活の上での基本的な習慣は，ほとんど自立し，自分自身でできるようになり，そばで見ていても危なげがなくなり，頼もしくさえ思われてくる。また，運動機能はますます伸び，運動を喜んで行い，なわとびなどもできるようになる。

内面的にも一段と成長し，今までのように大人が「いけない」というから悪いのではなくて，自分なりに考えて納得のいく理由で物事の判断ができる基礎が培われてくる。また，行動を起こす前に考えることもできるようになり，自分や他人を批判する力も芽生えてきて，「ずるい」とか「おかしい」など不当に思うことを言葉で表すようになる。手伝いなども，はっきりと目的を持って行うことが多くなり，しかもその結果についても考えが及ぶようになる。

好きでないことでも，少しは我慢して行い，他人の役に立つことがうれしく，誇らしく感じられるようにもなってくる。

この頃になると，より一層仲間の存在が重要になる。即ち，同じ一つの目的に向かって数人がまとまって活動するようになり，お互いが自分のやらなければならないことや，きまりを守ることの必要性が分かってきて，初めて集団としての機能が発揮されるようになってくる。このような集団の中で言葉による伝達や対話の必要性は増大する。これは自分の思いや考えをうまく表現し，他人の言うことを聞く力を身につける生きた学習の場になる。言葉を主体として遊んだり，さらには共通のイメージを持って遊んだりすることもできるようになる。また，自分と相手との欲求のぶつかり合いやけんかが起きても，今までのようにすぐに保育士に頼るのではなく，自分たちで解決しようとするようになってくる。つまり，お互いに相手を許したり，認めたりする社会生活に必要な基本的な能力を身につけるようになり，仲間の中の一人としての自覚や自信が持てるようになる。

2　保育士の姿勢と関わりの視点

毎日の保育所生活を通して，自主性や自律性が育つ。更に集団での活動も充実し，きまりの意味も理解できる。また，大人の生活にも目を向けることができるときである。社会性がめざましく育つことに留意しながら，子どもの生活を援助していくことが大切である。

3　ねらい

(1) 保健的で安全な環境をつくり，快適に生活できるようにする。

(2) 一人一人の子どもの欲求を十分に満たし，生命の保持と情緒の安定を図る。

(3) 食事をすることの意味が分かり，楽しんで食事や間食をとるようにする。

(4) 午睡など適切な休息をさせ，心身の疲れを癒し，集団生活による緊張を緩和する。

(5) 自分でできることの範囲を広げながら，健康，安全など生活に必要な基本的習慣や態度を身につける。

(6) 安全や危険の意味やきまりが分かり，危険を避けて行動する。

(7) 様々な遊具や用具を使い，複雑な運動や集団遊びを通して体を動かすことを楽しむ。

(8) 周りの人々に対する親しみを深め，集団の中で自己主張したり，また，人の立場を考えながら行動する。

(9) 異年齢の子どもたちと遊ぶ楽しさを味わう。

(10) 身近な社会や自然の環境と触れ合う中で，自分たちの生活との関係に気づき，それらを取り入れて遊ぶ。

(11) 日常生活に必要な事物を見たり，扱ったりなどして，その性質や存在に興味を持ったり，数，量，形などへの関心を深める。

(12) 様々な機会や場で活発に話したり，聞いたりして，生活の中で適切に言葉を使う。

(13) 絵本，童話，視聴覚教材などを見たり聞いたりして，その内容や面白さを楽しみ，イメ

ージを豊かに広げる。
(14) 身近な社会や自然事象への関心が高まり，様々なものの面白さ，不思議さ，美しさなどに感動する。
(15) 感じたことや思ったこと，想像したことなどを自由に工夫して，表現する。

4 内 容
［基礎的事項］
(1) 一人一人の子どもの平常の健康状態や発育・発達状態を把握し，異常を感じる場合は速やかに適切な対応をする。また，子どもが自分から体の異常を訴えることができるようにする。
(2) 施設内の環境保健に十分に留意し，快適に生活できるようにする。
(3) 一人一人の子どもの気持ちや考えを理解して受容し，保育士との信頼関係の中で，自分の気持ちや考えを安心して表すことができるなど，情緒の安定した生活ができるようにする。
(4) 食事，排泄，睡眠，休息など生理的欲求が適切に満たされ，快適な生活や遊びができるようにする。

「健康」
(1) 体と食物の関係に関心を持つ。
(2) 排泄の後始末を上手にする。
(3) 午睡や休息を自分から進んでする。
(4) 自分で衣服を着脱し，必要に応じて衣服を調節する。
(5) うがい，手洗いの意味が分かり，体や身の回りを清潔にする。
(6) 体の異常について，自分から保育士に訴える。
(7) 危険なものに近寄ったり，危険な場所で遊ばないなど，安全に気をつけて遊ぶ。
(8) 積極的に外で遊ぶ。
(9) 様々な運動器具に進んで取り組み，工夫して遊ぶ。
(10) 友達と一緒に様々な運動や遊びをする。

「人間関係」
(1) 保育士や友達などとの安定した関係の中で，意欲的に遊ぶ。
(2) 簡単なきまりをつくり出したりして，友達と一緒に遊びを発展させる。
(3) 自分の意見を主張するが，相手の意見も受け入れる。
(4) 友達と一緒に食事をし，食事の仕方が身に付く。
(5) 友達への親しみを広げ，深め，自分たちでつくったきまりを守る。
(6) 友達への思いやりを深め，一緒に喜んだり悲しんだりする。
(7) 人に迷惑をかけないように人の立場を考えて行動しようとする。
(8) 共同の遊具や用具を譲り合って使う。
(9) 異年齢の子どもとの関わりを深め，思いやりやいたわりの気持ちを持つ。
(10) 地域のお年寄りなど身近な人に感謝の気持ちを持つ。
(11) 外国の人など自分とは異なる文化を持った様々な人に関心を持つようになる。

「環境」
(1) 身近な動植物に関心を持ち，いたわり，世話をする。
(2) 自然事象が持つ，その大きさ，美しさ，不思議さなどに気づく。
(3) 身近な公共施設や交通機関などに興味や関心を持つ。
(4) 近隣の生活に興味や関心を持ち，人々が様々な営みをしていることに気づく。
(5) 身近にいる大人が仕事をしている姿を見て，自らも進んで手伝いなどをしようとする。
(6) 自然や身近な事物・事象に関心を持ち，それを遊びに取り入れ，作ったり，工夫したりする。
(7) 身近な用具，器具などに興味や関心を持ち，その仕組みや性質に関心を持つ。
(8) 身近な物を大切に扱い，自分の持ち物を整頓する。
(9) 生活の中で物を集めたり，分けたり，整理したりする。
(10) 簡単な数の範囲で，物を数えたり，比べたり，順番を言ったりする。
(11) 生活の中で，前後，左右，遠近などの位置の違いや時刻，時間などに興味や関心を持つ。
(12) 保育所内外の行事に喜んで参加する。
(13) 祝祭日などに関心を持ち生活に取り入れて遊ぶ。

「言葉」
(1) 親しみを持って日常のあいさつをする。
(2) 話しかけや問いかけに対し適切に応答する。
(3) 身近な事物や事象などについて話したり，名前や日常生活に必要な言葉を使う。
(4) 人の話を注意して聞き，相手にも分かる

ように話す。
　(5)　考えたこと経験したことを保育士や友達に話して会話を楽しむ。
　(6)　童話や詩などを聞いたり，自ら表現したりして，言葉の面白さや美しさに興味を持つ。
　(7)　絵本，童話などに親しみ，その面白さが分かって，想像して楽しむ。
　(8)　生活に必要な簡単な文字や記号などに関心を持つ。
「表現」
　(1)　様々な音，形，色，手ざわり，動きなどを周りのものの中で気づいたり見つけたりして楽しむ。
　(2)　音楽に親しみ，みんなと一緒に聴いたり，歌ったり，踊ったり，楽器を弾いたりして，音色の美しさやリズムの楽しさを味わう。
　(3)　様々な素材や用具を利用して描いたり，作ったりすることを工夫して楽しむ。
　(4)　身近な生活に使う簡単なものや様々な遊びに使うものを工夫して作る。
　(5)　友達と一緒に描いたり，作ったりすることや身の回りを美しく飾ることを楽しむ。
　(6)　自分の想像したものを体の動きや言葉などで表現したり，興味を持った話や出来事を演じたりして楽しむ。

5　配慮事項

［基礎的事項］
　(1)　一人一人の子どもの平常の状態を把握し，異常に気づいたら優しく問いかけをし，子どもがその状態を話すことができるように配慮するとともに，必要に応じて速やかに適切な対処をする。
　(2)　施設内の採光，換気，保温，清潔など環境保健に配慮する。
　(3)　子どもの気持ちを温かく受容し，保育所生活の様々な場面で，子どもが安定し，かつ自己を十分に発揮して活動できるように配慮する。
「健康」
　(1)　健康，安全など生活に必要な基本的な習慣や態度が身につき，自分の体を大切にしようとする気持ちが育ち，自主的に行動することができるように配慮する。
　(2)　友達との遊びを通して，体を使って遊ぶことを楽しめるように配慮する。
　(3)　子どもの生活や経験と遊離した特定の運動や無理な技能の修得に偏らないように配慮する。

「人間関係」
　(1)　一人一人の子どもが友達と関わる中で，個人や社会生活に必要な習慣や態度が身につくように配慮する。
　(2)　グループを作る場合は，様々な場面で自分を主張でき，相手の立場を認め，他人のよいところを見つける力が育つように配慮する。
　(3)　集団生活は，一人一人が生かされ認められるよう，また，子どもが相互に必要な存在であることを実感できるように進められることが必要である。
「環境」
　(1)　飼育・栽培を通して，動植物がどのようにして生きているのか，育つのか興味を持ち，生命が持つ不思議さに気づくようにする。
　(2)　動植物と自分たちの生活との関わりに目を向け，それらに感謝やいたわりの気持ちを育てていくようにする。
　(3)　生活の様々な面を通して，自然や社会の事象に対して，好奇心や探索心を満たすことができるように配慮する。
　(4)　身近にいる大人の仕事を見て，自分の生活と大切な関わりのあることに気づくように配慮する。
　(5)　日常生活の中で子ども自身の具体的な活動を通して，数，量，形，位置，時間などに気づくように配慮する。
「言葉」
　(1)　個人差を考慮して，見たこと，聞いたこと，感じたこと，考えたことを言葉で表現できる雰囲気をつくるように配慮する。
　(2)　文字や記号については，日常生活や遊びの中で興味を持つよう，用具，遊具，視聴覚教材などの準備に配慮する。
　(3)　絵本や童話などの内容を子どもが自らの経験と結びつけたり，想像をめぐらせたりしてイメージを豊かにできるよう，その選定や読み方に十分な配慮をする。
「表現」
　(1)　表現しようとする意欲を高め，結果にとらわれず，一人一人の子どもの創意工夫を認め，創造的な喜びが味わえるように配慮する。
　(2)　子どもの考えや子ども同士の認め合いを大切にし，みんなで一緒に表現することの喜びを味わうことができるように配慮する。
　(3)　表現しようとする気持ちを大切にし，生

活や経験と遊離した特定の技能の修得に偏らないように配慮する。

第10章　6歳児の保育の内容

1　発達の主な特徴

子どもは、この時期、細かい手や指の動きは一段と進み、他の部分との協応もうまくできるようになってくる。また、全身運動もよりなめらかになり、快活に跳び回るようになる。心身ともに力に満ちあふれ、あれもしたい、これもしたいという自分の欲求がどんどん膨らんでくる。これは、今までの自分たちの体験を通じて、自分あるいは自分たちはこんなことができるという自信と、今度はこうやればもっとおもしろいにちがいないという予想や見通しをたてる能力が育っているからである。

この頃になると、大人のいいつけに従うよりも自分や仲間の意思を大切にし、それを通そうとするようになる。仲間同士で秘密の探検ごっこなどを嬉々としてする。このような活動の中でも、皆が同じような行動をするのではなくて、それぞれの役割の分担が生じて、自分の好みや個性に応じた立場で行動していることがしばしば見られる。このように集団遊びとして組織だった共同遊びが多くなり、長く続くようになってくる。特に、ごっこ遊びなどには、手の込んだ一連の流れがあり、様々な異なる役割が分化しているものを好み、少々難しくても自分たちの満足のいくまでやろうとする。したがって、各々の発案や実際の過程の観察、様々なところからの知識を生かして、創意工夫を重ねて、遊びが発展していくこともある。

このような体験から大人っぽくなったという実感が湧き、自分でも大きな子のように振る舞おうと努力するようになる。その結果、文字を書いたり、本を読んだりすることにも大いに関心を示し、何でも知ろうとして、一層知識欲が増す。また、言葉が達者になり、口げんかが多くなる。そして、その批判力は大人にも向けられることもある。しかし、人前で泣くことは子どもっぽいこととして恥ずかしく思って、我慢をしたりするようにもなるが、時々保育士に甘えてきて、次にがんばるためのエネルギーを補給していることもある。

2　保育士の姿勢と関わりの視点

様々な遊びが大きく発展するときで、特に一人一人がアイデアを盛り込んで創意工夫をこらす。また、思考力や認識力もより豊かに身につくときである。したがって、保育材料をはじめ様々な環境の設定に留意する必要がある。

3　ねらい

(1)　保健的で安全な環境をつくり、快適に生活できるようにする。

(2)　一人一人の子どもの欲求を十分に満たし、生命の保持と情緒の安定を図る。

(3)　できるだけ多くの種類の食べ物をとり、楽しんで食事や間食をとるようにする。

(4)　午睡など適切な休息をとらせ、心身の疲れを癒し、集団生活による緊張を緩和する。

(5)　体や病気について関心を持ち、健康な生活に必要な基本的な習慣や態度を身につける。

(6)　安全に必要な基本的な習慣や態度を身につけ、そのわけを理解して行動する。

(7)　様々な遊具や用具を使い、複雑な運動や集団的な遊びを通して体を動かすことを楽しむ。

(8)　進んで身近な人と関わり、信頼感や愛情を持って生活する。

(9)　身近な人との関わりの中で、人の立場を理解して行動し、進んで集団での活動に参加する。

(10)　進んで異年齢の子どもたちと関わり、生活や遊びなどで役割を分担する楽しさを味わう。

(11)　身近な社会や自然の環境に自ら関わり、それらと自分たちの生活との関係に気づき、生活や遊びに取り入れる。

(12)　身近な事物や事象に積極的に関わり、見たり扱ったりする中で、その性質や数、量、形への関心を深める。

(13)　自分の経験したこと、考えたことなどを適切な言葉で表現し、相手と伝え合う楽しさを味わう。

(14)　人と話し合うことや、身近な文字に関心を深め、読んだりすることの楽しさを味わう。

(15)　絵本や童話、視聴覚教材などを見たり、聞いたりして様々なイメージを広げるとともに、想像することの楽しさを味わう。

(16)　身近な社会や自然事象への関心を深め、美しさ、やさしさ、尊さなどに対する感覚を豊かにする。

(17)　感じたことや思ったこと、想像したことなどを、様々な方法で工夫して自由に表現する。

4　内　容
　［基礎的事項］
　(1)　一人一人の子どもの平常の健康状態や発育・発達状態を把握し，異常を感じる場合は速やかに適切な対応をする。また，子どもが自分から体の異常を保育士に訴えることができるようにする。
　(2)　施設内の環境保健に十分に留意し，快適に生活できるようにする。
　(3)　一人一人の子どもの気持ちや考えを理解して受容し，保育士との信頼関係の中で自分の気持ちや考えを安心して表すことができるなど，情緒の安定した生活ができるようにする。
　(4)　食事，排泄，睡眠，休息など生理的欲求が適切に満たされ，快適な生活や遊びができるようにする。
　「健康」
　(1)　体と食物との関係について関心を持つ。
　(2)　自分の排泄の後始末だけでなく，人に迷惑をかけないように便所の使い方が上手になる。
　(3)　休息するわけが分かり，運動や食事の後は静かに休む。
　(4)　自分で衣服を着脱し，必要に応じて調節する。
　(5)　清潔にしておくことが，病気の予防と関係があることが分かり，体や衣服，持ち物などを清潔にする。
　(6)　自分や友達の体の異常について，保育士に知らせる。
　(7)　生活の中で，危険を招く事態が分かり，気をつけて行動する。
　(8)　積極的に外で様々な運動をする。
　(9)　様々な運動器具や遊具を使い，友達と一緒に工夫して，遊びを発展させる。
　(10)　自分の目標に向かって努力し，積極的に様々な運動をする。
　「人間関係」
　(1)　保育士や友達などとの安定した関係の中で，意欲的に生活や遊びを楽しむ。
　(2)　集団遊びの楽しさが分かり，きまりを作ったり，それを守ったりして遊ぶ。
　(3)　進んで自分の希望や意見，立場を主張したり，一方で相手の意見を受け入れたりする。
　(4)　友達との生活や遊びの中できまりがあることの大切さに気づく。
　(5)　自分で目標を決め，それに向かって友達と協力してやり遂げようとする。
　(6)　友達との関わりの中でよいことや悪いことがあることが分かり，判断して行動する。
　(7)　共同の遊具や用具を大切にし，譲り合って使う。
　(8)　自分より年齢の低い子どもに，自ら進んで声かけをして誘い，いたわって遊ぶ。
　(9)　外国の人など自分とは異なる文化をもった様々な人に関心を持ち，知ろうとするようになる。
　「環境」
　(1)　身近な動植物に親しみ，いたわったり，進んで世話をしたりする。
　(2)　自然事象の性質や変化，大きさ，美しさ，不思議さなどに関心を深める。
　(3)　身近な公共施設などの役割に興味や関心を持つ。
　(4)　保育所や地域でみんなが使うものを大切にする。
　(5)　大人が仕事をすることの意味が分かり，工夫して手伝いなどをするようになる。
　(6)　季節により人間の生活に変化のあることに気づく。
　(7)　季節により自然に変化があることが分かり，それについて理解する。
　(8)　自然や身近な事物・事象に関心を持ち，それらを取り入れて遊ぶ。
　(9)　日常生活に必要な用具，器具などに興味や関心を持ち，安全に扱う。
　(10)　身近にある事物の働きや仕組み，性質に興味や関心を持ち，考えたり，試したり，工夫したりして使おうとする。
　(11)　身近なものを整頓する。
　(12)　日常生活の中で簡単な数を数えたり，順番を理解する。
　(13)　日常生活の中で数や量の多少は，形に関わりがないことを理解する。
　(14)　身近にある標識や文字，記号などに関心を示す。
　(15)　身の回りの物には形や位置などがあることに関心を持つ。
　(16)　生活や遊びの中で時刻，時間などに関心を持つ。
　(17)　保育所内外の行事に進んで参加し，自分なりの役割を果たす。
　(18)　祝祭日などに関心を持ち生活に取り入れて遊ぶ。
　「言葉」

(1) 日常のあいさつ，伝言，質問，応答，報告が上手になる。
(2) 身近な事物や事象について話したり，日常生活に必要な言葉を適切に使う。
(3) みんなで共通の話題について話し合うことを楽しむ。
(4) 話し相手や場面の違いにより，使う言葉や話し方が違うことに気づく。
(5) 人の話を注意して聞き，相手に分かるように話す。
(6) 童話や詩などの中の言葉の面白さ，美しさに気づき，自ら使って楽しむ。
(7) 絵本や物語などに親しみ，内容に興味を持ち，様々に想像して楽しむ。
(8) 身近にある文字や記号などに興味や関心を持ち，それを使おうとする。

「表現」
(1) 様々な音，形，色，手ざわり，動きなどに気づき，感動したこと，発見したことなどを創造的に表現する。
(2) 音楽に親しみ，みんなと一緒に聴いたり，歌ったり，踊ったり，楽器を弾いたりして，音色やリズムの楽しさを味わう。
(3) 様々な素材や用具を適切に使い，経験したり，想像したことを，創造的に描いたり，作ったりする。
(4) 身近な生活に使う簡単な物や，遊びに使う物を工夫して作って楽しむ。
(5) 協力し合って，友達と一緒に描いたり，作ったりすることを楽しむ。
(6) 感じたこと，想像したことを，言葉や体，音楽，造形などで自由な方法で，様々な表現を楽しむ。
(7) 自分や友達の表現したものを互いに聞かせ合ったり，見せ合ったりして楽しむ。
(8) 身近にある美しいものを見て，身の回りを美しくしようとする気持ちを持つ。

5 配慮事項

［基礎的事項］
(1) 一人一人の子どもの平常の状態を把握し，異常に気づいたら優しく問いかけをして，子どもがその状態を話すことができるように配慮するとともに，必要に応じて，適切な対処をする。
(2) 施設内の採光，換気，保温，清潔など環境保健に配慮する。
(3) 子どもの気持ちを温かく受容し，保育所生活を十分に楽しめるよう，子どもが安定し，かつ自己を十分に発揮して活動できるように配慮する。

「健康」
(1) 健康，安全など生活に必要な基本的な習慣や態度を身につけることの大切さを理解し，適切な行動を選択することができるように配慮する。
(2) 様々な運動に取り組み，成就の喜びや自信を持つことができるように配慮する。
(3) 子どもの生活や経験と遊離した特定の運動や無理な技能の修得に偏らないように配慮する。

「人間関係」
(1) 様々な人の存在に気づき，人に役立つことの喜びを感じることができるように配慮する。
(2) 身近に住んでいる様々な人と交流し，共感し合う体験を通して人と関わることの楽しさや大切さを味わうことができるように配慮する。
(3) 周りにいる人たちがすべてかけがえのない存在であり，一人一人を尊重しなければならないことに気づくように配慮する。

「環境」
(1) 動植物との触れ合いや飼育・栽培などを通して，自分たちの生活との関わりに気づき，感謝の気持ちや生命を尊重する心が育つようにする。
(2) 大人の仕事の意味が分かり，手伝いなどを積極的に保育に組み入れるように配慮する。
(3) 社会や自然の事象を直接的に体験できるようにし，必要に応じて視聴覚教材などを活用して，身近な事象をより確かに理解できるように配慮する。
(4) 飼育・栽培を通して，生命を育む自然の摂理の偉大さに畏敬の念を持つように配慮する。
(5) 生活や遊びの中で，様々な事物と具体的な体験を通して，数，量，形，位置，時間などについての感覚が，無理なく養われるように配慮する。

「言葉」
(1) 生活や遊びの中で，言葉の充実を図り，言葉を使って思考することや自分の考えを伝え合う喜びを味わえるようにし，言葉に対する関心が高まるように配慮する。
(2) 本を見ることや身近な様々な文字を読む喜びを大切にし，言葉の感覚が豊かになるように配慮する。

(3) 子どもが，自分の伝えたいことがしっかり相手に伝わる喜びを味わうため，人前で話す機会や場面をできるだけ多く用意する。

「表現」

(1) 表現しようと思うもののイメージが豊かに湧くような雰囲気をつくり，様々な材料や用具を適切に使えるようにしながら，表現する喜びを味わえるように配慮する。

(2) 子ども同士が一緒に活動する場合は，お互いに相手の立場を認め合いながら，協力し合って表現することの喜びを感じることができるように配慮する。

(3) 表現しようとする気持ちを大切にし，生活や経験，能力と遊離した特定の技能の修得に偏らないように配慮する。

第11章　保育の計画作成上の留意事項

保育の計画作成に当たっての留意事項をあげれば，次のようになる。

1　保育計画と指導計画

保育所では，入所している子どもの生活全体を通じて，第1章に示す保育の目標が達成されるように，全体的な「保育計画」と具体的な「指導計画」とから成る「保育の計画」を作成する。

このような「保育の計画」は，すべての子どもが，入所している間，常に適切な養護と教育を受け，安定した生活を送り，充実した活動ができるように柔軟で，発展的なものとし，また，一貫性のあるものとなるように配慮することが重要である。

保育計画は，第3章から第10章に示すねらいと内容を基に，地域の実態，子どもの発達，家庭状況や保護者の意向，保育時間などを考慮して作成する。

また，指導計画はこの保育計画に基づき，子どもの状況を考慮して，乳幼児期にふさわしい生活の中で，一人一人の子どもに必要な体験が得られる保育が展開されるように具体的に作成する。

2　長期的指導計画と短期的指導計画の作成

(1) 各保育所では，子どもの生活や発達を見通した年，期，月など長期的な指導計画と，それと関連しながらより具体的な子どもの生活に即した，週，日などの短期的な指導計画を作成して，保育が適切に展開されるようにすること。

(2) 指導計画は，子どもの個人差に即して保育できるように作成すること。

(3) 保育の内容を指導計画に盛り込むに当たっては，長期的な見通しを持って，子どもの生活にふさわしい具体的なねらいと内容を明確に設定し，適切な環境を構成することなどにより，活動が展開できるようにすること。

　ア　具体的なねらい及び内容は，保育所での生活における乳幼児の発達の過程を見通し，生活の連続性，季節の変化などを考慮して，子どもの実態に応じて設定すること。

　イ　環境を構成するに当たっては，子どもの生活する姿や発想などを大切にして，具体的なねらいを達成するために適切に構成し，子どもが主体的に活動を展開していくことができるようにすること。

　ウ　子どもの行う具体的な活動は，生活の流れの中で様々に変化することに留意して，子どもが望ましい方向に向かって自ら活動を展開できるように必要な援助をすること。

(4) 1日の大半を保育所で生活する子どもの行動は，個人，グループ，組全体など多様に展開されるが，いずれの場合も保育所全体の職員による協力体制の下に，一人一人の子どもの興味や欲求を十分満足させるように適切に援助する。

(5) 子どもの主体的な活動を促すためには，保育士が多様な関わりを持つことが重要であることを踏まえ，子どもの情緒の安定や発達に必要な豊かな体験が得られるように援助を行うこと。

(6) 長期的な指導計画の作成に当たっては，年齢，保育年数の違いなど組の編成の特質に即して，一人一人の子どもが順調な発達を続けていけるようにするとともに，季節や地域の行事などを考慮して，子どもの生活に変化と潤いを持たせるように配慮すること。

なお，各種の行事については，子どもが楽しく参加でき，生活経験が豊かなものになるように，日常の保育との調和のとれた計画を作成して実施すること。

(7) 短期の指導計画の作成に当たっては，長期的な指導計画の具体化を図るとともに，その時期の子どもの実態や生活に即した保育が柔軟に展開されるようにすること。その際，日課との関連では，1日の生活の流れの中に子どもの

活動が調和的に組み込まれるようにすること。

3　3歳未満児の指導計画
　3歳未満児については，子どもの個人差に即して保育できるように作成し，第3章から第6章に示された事項を基に一人一人の子どもの生育歴，心身の発達及び活動の実態などに即して，個別的な計画を立てるなど必要な配慮をすること。特に，1日24時間の生活が連続性を持って送れるように，職員の協力体制の中で，家庭との連携を密にし，生活のリズムや保健，安全面に十分配慮すること。

4　3歳以上児の指導計画
　3歳以上児については，第7章から第10章までに示す事項を基に，具体的なねらいと内容を適切に指導計画に組み込むこと。
　組など集団生活での計画が中心となるが，一人一人の子どもが自己を発揮し，主体的に活動ができるように配慮すること。

5　異年齢の編成による保育
　異年齢で編成される組やグループで保育を行う場合の指導計画作成に当たっては，一人一人の子どもの生活や経験などを把握し，適切な環境構成や援助などができるよう十分に配慮すること。

6　職員の協力体制
　所長，主任保育士，組を担当する保育士，また調理担当職員など保育所全体の職員が協力体制を作り，適切な役割分担をして保育に取り組めるようにする。

7　家庭や地域社会との連携
　保育は家庭や地域社会と連携して展開されることが望ましいので，指導計画の作成に当たっては，この点に十分に配慮をすること。その際，地域の自然，人材，行事や公共施設などを積極的に活用し，子どもが豊かな生活体験ができるように工夫すること。

8　小学校との関係
　小学校との関係については，子どもの連続的な発達などを考慮して，互いに理解を深めるようにするとともに，子どもが入学に向かって期待感を持ち，自信と積極性を持って生活できる

ように指導計画の作成に当たってもこの点に配慮すること。

9　障害のある子どもの保育
　障害のある子どもに対する保育については，一人一人の子どもの発達や障害の状態を把握し，指導計画の中に位置づけて，適切な環境の下で他の子どもとの生活を通して，両者が共に健全な発達が図られるように努めること。
　この際，保育の展開に当たっては，その子どもの発達の状況や日々の状態によっては指導計画にとらわれず，柔軟に保育することや職員の連携体制の中で個別の関わりが十分とれるようにすること。また，家庭との連携を密にし，親の思いを受け止め，必要に応じて専門機関からの助言を受けるなど適切に対応すること。

10　長時間にわたる保育
　長時間にわたる保育については，子どもの年齢，生活のリズムや心身の状態に十分配慮して，保育の内容や方法，職員の協力体制，家庭との連携などを指導計画に位置づけて行うようにする。

11　地域活動など特別事業
　地域活動など特別事業を行う場合は，実施の趣旨を全職員が理解し，日常の保育との関連の中で，子どもの生活に負担がないように，保育計画及び指導計画の中に盛り込んでいくこと。

12　指導計画の評価・改善
　指導計画は，それに基づいて行われた保育の過程を，子どもの実態や子どもを取り巻く状況の変化などに即して反省，評価し，その改善に努めること。

第12章　健康・安全に関する留意事項
　保育所の保育においては，子どもの健康と安全は極めて重要な事項であり，一人一人の子どもに応じて健康・安全に留意するとともに，全体の子どもの健康を保持し，安全を守るように心掛けることが大切である。そのためには，一人一人の子どもの心身の状態や発育・発達状態を把握し，第1章総則及び第3章から第10章の各年齢別のねらい及び内容の中で関連する事項に留意するとともに，以下に示す留意事項に基づき，日々健康で安全な保育を目指すよう努

めることが必要である。

1 日常の保育における保健活動
 (1) 子どもの健康状態の把握
  ア 子どもの心身の状態に応じた保育を行うためには，子どもの状態を十分に把握しておくことが望ましい。それには，嘱託医の指導の下，保護者からの情報とともに，母子健康手帳等も活用して，適切に把握するように努める。この場合，守秘義務の徹底を図らなければならない。
  イ 登所時において，子どもの健康状態を観察するとともに，保護者から子どもの状態について報告を受けるようにする。また，保育中は子どもの状態を観察し，何らかの異常が発見された場合には，保護者に連絡するとともに，嘱託医やその子どものかかりつけの医師などと相談するなど，適切な処置を講ずる。
  ウ 子どもの身体を観察するときに，不自然な傷，やけど，身体や下着の汚れ具合等を併せて観察し，身体的虐待や不適切な養育の発見に努める。
 (2) 発育・発達状態の把握
  子どもの発育・発達状態の把握は，保育の方針の決定や子どもの健康状態を理解する上で必要であるので，体重，身長，頭囲，胸囲などの計測を定期的に行うとともに，バランスのとれた発育に配慮する。また，必要に応じて，精神や運動の機能の発達状態を把握することが望ましい。
 (3) 授乳・食事
  ア 乳幼児期の食事は，生涯の健康にも関係し，順調な発育・発達に欠くことができない重要なものであり，一人一人の子どもの状態に応じて摂取法や摂取量などが考慮される必要がある。
  イ 調乳は，手を清潔に洗った後，消毒した哺乳瓶，乳首を用い，一人一人の子どもに応じた分量で行う。
  ウ 授乳は，必ず抱いて，子どもの楽な姿勢で行う。一人一人の子どもの哺乳量を考慮して授乳し，哺乳後は必ず排気させ，吐乳を防ぐ。また，授乳後もその他の体の状態に注意する。
  エ 母乳育児を希望する保護者のために，冷凍母乳による栄養法などの配慮を行う。冷凍母乳による授乳を行うときには，十分に清潔で衛生的な処置が必要である。
  オ 子どもの発育・発達状態に応じて，ほぼ5か月頃より離乳を開始する。離乳の進行に当たっては，一人一人の子どもの発育・発達状態，食べ方や健康状態を配慮するとともに，次第に食品の種類や献立を豊富にし，栄養のバランスにも気をつける。その際，嘱託医などにも相談し，家庭との連絡を十分に行うことが望ましい。
  カ 栄養源の大部分が乳汁以外の食品で摂取できるようになるほぼ1歳から1歳3か月を目安に，遅くとも1歳6か月までに離乳を完了させ，徐々に幼児食に移行させる。また，飲料として牛乳を与える場合には，1歳以降が望ましい。
  キ 離乳食を始め，子どもの食事の調理は，清潔を保つように十分注意するとともに，子どもの発育・発達や食欲，さらに咀嚼や嚥下の機能の発達に応じて食品の種類，量，大きさ，固さを増し，将来のよい食習慣の基礎を養うように心がける。
   また，保育所での食事の状況について，家庭と連絡をとることが大切である。離乳食，幼児食などを与えた際，嘔吐，下痢，発疹などの体の状態の変化を常に観察し，異常が見られたときには，安易な食事制限などは行わず，保護者や嘱託医などと相談して，食事について必要な処置を行う。さらに，食事を与えるときには，その子どもの食欲に応じて，無理強いしないように注意する。
 (4) 排　泄
  ア 排尿・排便の回数や性状は健康状態を把握する指標となるので，その変化に留意する。その際，家庭と密接な連携をとることが望ましい。
  イ 発達状態に応じて，排泄の自立のための働きかけを行うが，無理なしつけは自立を遅らせたり，精神保健上も好ましくないので，自立を急がせないように留意する。
 (5) 健康習慣・休養・体力づくり
  ア 虫歯の予防に努めるとともに，虫歯予防に関心を持たせる。
  イ 歯ブラシ，コップ，タオル，ハンカチなどは，一人一人の子どものものを準備する。
  ウ 季節や活動状況に応じて，子どもの疲労

に注意して，適切な休養がとれるように配慮する。また，休養の方法は，一人一人の子どもに適したものとし，必ずしも午睡に限定することなく，心身の安静が保てるような環境の設定に配慮する。
  エ 午睡の時には，一人一人の子どもの状態に応じて，寝つきや睡眠中及び起床時の状態を，適宜観察するなどの配慮をする。
  オ 子どもは，一人一人の状況に応じた健康の維持増進が必要であり，保育の中で積極的に体力づくりを導入するように配慮する。体力づくりは，一人一人の子どもの状態，季節・気候に応じてその項目・程度を決めて安全に注意して実施する。

2 健康診断
  (1) 子どもの健康状態の把握のため，嘱託医などにより定期的に健康診断を行う。また，子どもの日常の健康状態を適切に把握するためには，保育士の日頃の観察が必要であるとともに，保護者との密接な連携が必要である。
  (2) 入所に際しては，事前に一人一人の健康状態や疾病異常などの把握ができるように留意する。
  (3) 診察，計測，検査，子どもの健康状態や発育・発達状態，疾病異常の有無の把握などについては，嘱託医と話し合いながら実施し，年月齢に応じた項目を考慮する。
  また，精神保健上の問題などについても把握できるようにする。
  (4) 健康診断などの結果を記録し，保育に活用するように努めるとともに，家庭に連絡し，保護者が子どもの状態を理解できるようにする。さらに，必要に応じて，嘱託医などによる保護者に対する相談指導を行う。
  (5) 診察，計測，検査などの結果については，母子健康手帳を有効に活用し，市町村や保健所が実施する健康診査，保健指導などの保健活動と相互に連携する上で役立てるようにする。
  (6) 結果に応じて市町村や保健所，医療機関と連携をとり，必要によっては協力を求める。

3 予防接種
  (1) 予防接種は，子どもの感染症予防上欠くことのできないものであり，一人一人のかかりつけの医師や嘱託医の指導の下に，できるだけ標準的な接種年齢の内に接種を受けるように保護者に勧める。
  (2) 子どもが個々に予防接種を実施した場合は，保育所に連絡するように指導する。
  また，接種後は子どもの状態を観察するように努める。

4 疾病異常等に関する対応
  (1) 感染症
  ア 保育中に，感染症の疑いのある病気の子どもを発見したときは，嘱託医に相談して指示を受けるとともに，保護者との連絡を密にし，必要な処置をする。
  イ 保育所で，感染症の発生が分かったときには，嘱託医の指導の下に，他の保護者にも連絡をとる。感染症にかかった子どもについては，嘱託医やかかりつけの医師の指示に従うように保護者の協力を求める。特に，いわゆる学校伝染病として定められている病気にかかった子どもが保育所に再び通い始める時期は，その出席停止期間を基本とし，子どもの回復状態に応じて，他の子どもへの感染の防止が図られるよう，嘱託医やかかりつけの医師などの意見を踏まえて，保護者に指導する。また，学校伝染病に定められていない感染症については，嘱託医などの指示に従う。
  (2) 病気の子どもの保育
  ア 地域内に乳幼児健康支援一時預かり事業などの実施施設があるときには，保護者にその利用についての情報提供に努める。
  イ 保育中に体調が悪くなった子どもについては，嘱託医などに相談して，適切な処置が行えるように配慮しておくことが望ましい。
  (3) 救急処置
  不時の事態に備え，必要な救急用の薬品，材料を整備するとともに，救急処置の意義を正しく理解し，保育士としての処置を熟知するように努める。
  (4) 慢性疾患
  日常における投薬，処置については，その子どもの主治医又は嘱託医の指示に従うとともに，保護者や主治医との連携を密にするように努める。また，対象となる子どもに対する扱いが特別なものとならないように配慮し，他の子ども又は保護者に対しても，病気を正しく理解できるように留意する。

(5) 乳幼児突然死症候群（SIDS）の予防
ア　乳幼児期，特に生後6か月未満の乳児の重大な死因として，それまで元気であった子どもが何の前ぶれもなく睡眠中に死亡する乳幼児突然死症候群があり，保育中にも十分留意する必要がある。
イ　この予防には，その危険要因をできるだけ少なくすることが重要であり，特に，寝返りのできない乳児を寝かせる場合には，仰向けに寝かす。また，睡眠中の子どもの顔色，呼吸の状態をきめ細かく観察するように心がける。また，保護者に対しても，SIDSに関する情報の提供を徹底するとともに，予防に努めるように指導することが望ましい。
ウ　保育所職員や保護者は，保育室での禁煙を厳守する。

(6) アトピー性皮膚炎対策
ア　アトピー性皮膚炎が疑われるときには，その対応については，必ず嘱託医などの診断を受け，その指示に従うことを原則とするとともに，家庭との連絡を密にし，その対応に相違がないように十分に心がけるようにする。
イ　食物によると思われるときにも，原因となるアレルゲンの種類が多いので，安易な食事制限やみだりに除去食を提供せず，必ず嘱託医などの指示を受けるようにする。
ウ　皮膚を清潔にすることが大切であり，保育中も皮膚を清潔に保つように努めることが望ましく，特に，使用する洗剤等については，嘱託医などに相談して用いるようにする。
エ　戸外遊び，衣服の素材によっては，症状が増悪することもあるので，嘱託医などに相談して用いるようにする。
オ　痒さが強いときには，安易に軟膏を塗布するのではなく，嘱託医などに相談することが望ましい。

5　保育の環境保健
(1) 各部屋の温度，湿度，換気，採光等に十分注意し，保育上の安全にも十分に配慮する。子どものベッド，寝具類は，いつも清潔を保つように心がける。
(2) 園庭や砂場は清潔で安全な状態を保つように配慮する。また，動物小屋はできるだけ清潔が保てるように配慮し，動物による事故の防止に注意する。

6　事故防止・安全指導
(1) 子どもは，その発達上の特性から事故の発生が多く，それによる傷害は子どもの心身に多くの影響を及ぼす。事故防止は保育の大きな目標であることを認識する必要がある。
保育士は子どもの事故発生についての知識を持つとともに，保護者に対しても子どもの事故について認識を深めるための協力を求める。
(2) 子どもの発達に合わせた安全指導の必要性を認識し，適宜その実施に努める。
また，交通事故の防止に配慮し，家庭，地域の諸機関との協力の下に，交通安全のための指導を実施する。
(3) 災害時に備えて職員その他の人達による組織づくりを行い，その役割分担などを認識する。
子どもに対しては，その発達に応じて避難訓練の目的，意義を理解させ，訓練に参加させる。
保育士は避難訓練の意義を理解し，それを積極的に行い，必要な機材，用具などの使用法を熟知しておく。また，地域住民にも参加を求めるなどの配慮をする。
(4) 子どもの通所は，保護者が責任を持って行うことを原則とし，責任ある人以外の人に子どもを同行させないようにする。
また，随時一人一人の子どもの確認を行うように努める。

7　虐待などへの対応
(1) 虐待の疑いのある子どもの早期発見と子どもやその家族に対する適切な対応は，子どもの生命の危険，心身の障害の発生の防止につながる重要な保育活動と言える。
ア　虐待の保育現場における早期発見は，登所時や保育活動中のあらゆる機会に可能であるので，子どもの心身の状態や家族の態度などに十分に注意して観察や情報の収集に努める。
イ　虐待が疑われる子どもでは，次のような心身の状態が認められることがある。発育障害や栄養障害，体に不自然な傷・皮下出血・骨折・やけどなどの所見，脅えた表情・暗い表情・極端に落ち着きがない・激しい癇癪・笑いが少ない・泣きやすいなど

の情緒面の問題，言語の遅れが見られるなどの発達の障害，言葉が少ない・多動・不活発・乱暴で攻撃的な行動，衣服の着脱を嫌う，食欲不振・極端な偏食・拒食・過食などの食事上の問題が認められることもある。
　ウ　理由のない欠席や登所時刻が不規則なことが多い，不潔な体や下着，病気や傷の治療を受けた気配がない等の不適切な養育態度が認められることもある。
　エ　家族の態度としては，子どものことについて話したがらない，子どもの身体所見について説明が不十分であったり，子どものことに否定的な態度を示すなど，子どもを可愛がる態度が見受けられず，必要以上にしつけが厳しく，またはよく叱ることがある。
　(2)　虐待が疑われる場合には，子どもの保護とともに，家族の養育態度の改善を図ることに努める。この場合，一人の保育士や保育所単独で対応することが困難なこともあり，嘱託医，地域の児童相談所，福祉事務所，児童委員，保健所や市町村の保健センターなどの関係機関との連携を図ることが必要である。

8　乳児保育についての配慮
　乳児期の初期は，まだ，出生前や出生時の影響が残っていることがあったり，心身の未熟性が強いので，乳児の心身の状態に応じた保育が行えるように，きめ細かな配慮が必要である。
　乳児は，疾病に対する抵抗力が弱く，また，かかった場合にも容易に重症に陥ることもある。特に，感染症にかかりやすく，さらに心身の未熟に伴う疾病異常の発生も多い。そのために，一人一人の発育・発達状態，健康状態の適切な判断に基づく保健的な対応と保育が必要である。保健婦，看護婦が配置されている場合には，十分な協力と綿密な連携の下に，嘱託医の指導によって適切な保育の計画を立て，毎日の保育を実践するとともに，乳児の日常生活や感染予防についての保護者の相談にも応ずることが望ましい。

9　家庭，地域との連携
　(1)　保育所における子どもの生活，健康状態，事故の発生などについて，家庭と密接な連絡ができるように体制を整えておく。

　また，保護者がこれらの情報を保育所に伝えるように協力を求める。
　(2)　保育所は，日常，地域の医療・保健関係機関，福祉関係機関などと十分な連携をとるように努める。
　また，保育士は，保護者に対して，子どもを対象とした地域の保健活動に積極的に参加することを指導するとともに，地域の保健福祉に関する情報の把握に努める。

第13章　保育所における子育て支援及び職員の研修など

　今日，社会，地域から求められている保育所の機能や役割は，保育所の通常業務である保育の充実に加え，さらに一層広がりつつある。通常業務である保育においては，障害児保育，延長保育，夜間保育などの充実が求められている。また地域においては，子育て家庭における保護者の子育て負担や不安・孤立感の増加など，養育機能の変化に伴う子育て支援が求められている。
　地域において最も身近な児童福祉施設であり，子育ての知識，経験，技術を蓄積している保育所が，通常業務に加えて，地域における子育て支援の役割を総合的かつ積極的に担うことは，保育所の重要な役割である。
　さらに，保育や子育て支援の質を常に向上させるため，保育所における職員研修や自己研鑽などについて，不断に努めることが重要である。
　このため，前章までの関連事項に留意するとともに，以下に示す留意事項に基づき，保育や地域子育て支援などの充実に努めることが必要である。

1　入所児童の多様な保育ニーズへの対応
　(1)　障害のある子どもの保育
　障害のある子どもの保育に当たっては，一人一人の障害の種類，程度に応じた保育ができるように配慮し，家庭，主治医や専門機関との連携を密にするとともに，必要に応じて専門機関からの助言を受けるなど適切に対応する。
　また，地域の障害のある子どもを受け入れる教育機関等との連携を図り，教育相談や助言を得たり，障害のある幼児・児童との交流の機会を設けるよう配慮する。なお，他の子どもや保護者に対して，障害に関する正しい認識ができるように指導する。

さらに，保育所に入所している障害のある子どものために必要とされる場合には，障害児通園施設などへの通所について考慮し，両者の適切な連携を図る。

(2) 延長保育，夜間保育など

保育時間の延長，夜間に及ぶ保育あるいは地域活動などについては，基本的には通常の保育の計画に基づき進めるものであるが，それぞれの事業内容の特性及び地域環境や保育所の実状などを十分に配慮し，柔軟な対応を図る。

延長，夜間に及ぶ保育に当たっては，子どもの年齢，健康状態，生活習慣，生活リズム及び情緒の安定を配慮した保育を行うように特に留意する。

また，保護者と密接に協力して，子どもにとって豊かで安定した家庭養育が図られるように支援する。

(3) 特別な配慮を必要とする子どもと保護者への対応保育所に入所している子どもに，虐待などが疑われる状況が見られる場合には，保育所長及び関係職員間で十分に事例検討を行い，支援的環境の下で必要な助言を行う。

また，子どもの権利侵害に関わる重大な兆候や事実が明らかに見られる場合には，迅速に児童相談所など関係機関に連絡し，連携して援助に当たる。保護者への援助に当たっては，育児負担の軽減など保護者の子育てを支援する姿勢を維持するとともに，その心理的社会的背景の理解にも努めることが重要である。

2 地域における子育て支援

(1) 一時保育

保育所における一時保育は，子育て支援の一環として行うものであり，その意義及び必要性について保育所全体の共通理解を得て，積極的に取り組むように努める。

一時保育の実施に当たっては，市町村の保育担当部局と緊密な連携をとりつつ，地域の一時保育ニーズを把握し，それに基づいて実施すること。

一時保育における子どもの集団構成は，定型的，継続的な通常保育の集団構成と異なることから，一人一人の子どもの心身の状態，保育場面への適応状況などを考慮して保育するとともに，通常保育との必要な関連性を配慮しつつ柔軟な保育を行うように努める。

なお，保育中のけがや事故に十分配慮するとともに，事故責任への対応を明確にしておくことが必要である。

(2) 地域活動事業

保育所における地域活動事業は，保育所が地域に開かれた児童福祉施設として，日常の保育を通じて蓄積された子育ての知識，経験，技術を活用し，また保育所の場を活用して，子どもの健全育成及び子育て家庭の支援を図るものである。このため，保育所は，通常業務に支障を及ぼさないよう配慮を行いつつ，積極的に地域活動に取り組むように努める。

地域活動は，市町村の保育担当部局や他の保育所など関係施設や機関とも密接な連携をとりつつ，地域における子育てニーズを把握し，それに基づいて実施する。その内容は，多岐にわたるが，地域のニーズや重要性に応じ，並びに個々の保育所の実状や状況に応じて，適切に計画し，実施する。

(3) 乳幼児の保育に関する相談・助言

保育所における乳幼児の保育に関する相談・助言は，保育に関する専門性を有する地域に最も密着した児童福祉施設として果たすべき役割であり，通常業務に支障を及ぼさないよう配慮を行いつつ，積極的に相談に応じ，及び助言を行うことが求められる。

相談・助言は，様々な機会をとらえて行い，日頃から利用者が安心して悩みを打ち明けられるような環境，態度に心がけることが必要である。

相談・助言に当たっては，利用者の話を傾聴し，受容し，相互信頼関係の確立を基本として，一人一人のニーズに沿って利用者の自己決定を尊重するなど，相談の基本原理に基づいて行うことが求められる。また，プライバシーの保護，話された事がらの秘密保持には，特に留意しなければならない。

助言等を行うに当たっては，必要に応じ嘱託医などの意見を求めるなど，保育所における相談の限界についても熟知する。また，子どもへの虐待が疑われるような場合には，児童相談所などに連絡し，連携して援助に当たる。

また，他の専門機関との連携を密にし，必要に応じて紹介・斡旋を行う。その場合には，原則として利用者の了解を得るなど，その意向を尊重する姿勢が求められる。

相談・助言の内容については，必ず記録に残し，保育所内の関係職員間で事例検討を行い，

必要に応じ専門機関の助言などが得られる体制を整えておくことが必要である。

3 職員の研修等

保育所に求められる質の高い保育や入所児童の多様な保育ニーズへの対応並びに子育て支援等のサービスは，職員の日常の自己学習や保育活動での経験及び研修を通じて深められた知識，技術並びに人間性が実践に反映されることにより確保できるものである。

そのためには，所長及びすべての職員が保育やその他の諸活動を通じて，知見と人間性を深め，保育の知識，技術及び施設運営の質を高めるよう，常に自己研鑽に努めることが必要である。

保育所では，所長はじめ職員全員が研修の意義及び必要性について共通理解を持ち，職員が研修に積極的かつ主体的に参画できるような環境づくりに心がけ，職員の資質の向上を図り，また，職員，所長及び保育所自身の自己評価を不断に行うことが求められる。

所内研修，派遣研修は，保育所の職員体制，全体の業務などに留意して，体系的，計画的に実施する。また，自己評価は職種別あるいは保育所全体で個々に主体的かつ定期的に実施する。

2．幼稚園教育要領

(文部省)
(平成10年12月14日 改訂告示 平成12年4月1日施行)

第1章 総則

1 幼稚園教育の基本

幼稚園教育は，学校教育法第77条に規定する目的を達成するため，幼児期の特性を踏まえ，環境を通して行うものであることを基本とする。

このため，教師は幼児との信頼関係を十分に築き，幼児と共によりよい教育環境を創造するように努めるものとする。これらを踏まえ，次に示す事項を重視して教育を行わなければならない。

(1) 幼児は安定した情緒の下で自己を十分に発揮することにより発達に必要な体験を得ていくものであることを考慮して，幼児の主体的な活動を促し，幼児期にふさわしい生活が展開されるようにすること。

(2) 幼児の自発的な活動としての遊びは，心身の調和のとれた発達の基礎を培う重要な学習であることを考慮して，遊びを通しての指導を中心として第2章に示すねらいが総合的に達成されるようにすること。

(3) 幼児の発達は，心身の諸側面が相互に関連し合い，多様な経過をたどって成し遂げられていくものであること，また，幼児の生活経験がそれぞれ異なることなどを考慮して，幼児一人一人の特性に応じ，発達の課題に即した指導を行うようにすること。

その際，幼児の主体的な活動が確保されるよう幼児一人一人の行動の理解と予想に基づき，計画的に環境を構成しなければならない。この場合において，教師は，幼児と人やものとのかかわりが重要であることを踏まえ，物的・空間的環境を構成しなければならない。また，教師は，幼児一人一人の活動の場面に応じて，様々な役割を果たし，その活動を豊かにしなければならない。

2 幼稚園教育の目標

幼児期における教育は，家庭との連携を図りながら，生涯にわたる人間形成の基礎を培うために大切なものであり，幼稚園は，幼稚園教育の基本に基づいて展開される幼稚園生活を通して，生きる力の基礎を育成するよう学校教育法第78条に規定する幼稚園教育の目標の達成に努めなければならない。

(1) 健康，安全で幸福な生活のための基本的な生活習慣・態度を育て，健全な心身の基礎を培うようにすること。

(2) 人への愛情や信頼感を育て，自立と協同の態度及び道徳性の芽生えを培うようにすること。

(3) 自然などの身近な事象への興味や関心を育て，それらに対する豊かな心情や思考力の芽生えを培うようにすること。

(4) 日常生活の中で言葉への興味や関心を育て，喜んで話したり，聞いたりする態度や言葉に対する感覚を養うようにすること。
(5) 多様な体験を通じて豊かな感性を育て，創造性を豊かにするようにすること。

3 教育課程の編成

各幼稚園においては，法令及びこの幼稚園教育要領の示すところに従い，創意工夫を生かし，幼児の心身の発達と幼稚園及び地域の実態に即応した適切な教育課程を編成するものとする。
(1) 幼稚園生活の全体を通して第2章に示すねらいが総合的に達成されるよう，教育期間や幼児の生活経験や発達の過程などを考慮して具体的なねらいと内容を組織しなければならないこと。この場合においては，特に，自我が芽生え，他者の存在を意識し，自己を抑制しようとする気持ちが生まれる幼児期の発達の特性を踏まえ，入園から修了に至るまでの長期的な視野をもって充実した生活が展開できるように配慮しなければならないこと。
(2) 幼稚園の毎学年の教育週数は，特別の事情のある場合を除き，39週を下ってはならないこと。
(3) 幼稚園の1日の教育時間は，4時間を標準とすること。ただし，幼児の心身の発達の程度や季節などに適切に配慮すること。

第2 ねらい及び内容

この章に示すねらいは幼稚園修了までに育つことが期待される生きる力の基礎となる心情，意欲，態度などであり，内容はねらいを達成するために指導する事項である。これらを幼児の発達の側面から，心身の健康に関する領域「健康」，人とのかかわりに関する領域「人間関係」，身近な環境とのかかわりに関する領域「環境」，言葉の獲得に関する領域「言葉」及び感性と表現に関する領域「表現」としてまとめ，示したものである。

各領域に示すねらいは幼稚園における生活の全体を通じ，幼児が様々な体験を積み重ねる中で相互に関連をもちながら次第に達成に向かうものであること，内容は幼児が環境にかかわって展開する具体的な活動を通して総合的に指導されるものであることに留意しなければならない。

なお，特に必要な場合には，各領域に示すねらいの趣旨に基づいて適切な，具体的な内容を工夫し，それを加えても差し支えないが，その場合には，それが幼稚園教育の基本を逸脱しないよう慎重に配慮する必要がある。

> 健　康
> 健康な心と体を育て，自ら健康で安全な生活をつくり出す力を養う。

1 ねらい
(1) 明るく伸び伸びと行動し，充実感を味わう。
(2) 自分の体を十分に動かし，進んで運動しようとする。
(3) 健康，安全な生活に必要な習慣や態度を身に付ける。

2 内　容
(1) 先生や友達と触れ合い，安定感をもって行動する。
(2) いろいろな遊びの中で十分に体を動かす。
(3) 進んで戸外で遊ぶ。
(4) 様々な活動に親しみ，楽しんで取り組む。
(5) 健康な生活のリズムを身に付ける。
(6) 身の回りを清潔にし，衣服の着脱，食事，排泄など生活に必要な活動を自分でする。
(7) 幼稚園における生活の仕方を知り，自分たちで生活の場を整える。
(8) 自分の健康に関心をもち，病気の予防などに必要な活動を進んで行う。
(9) 危険な場所，危険な遊び方，災害時などの行動の仕方が分かり，安全に気を付けて行動する。

3 内容の取扱い

上記の取扱いに当たっては，次の事項に留意する必要がある。
(1) 心と体の健康は，相互に密接な関連があるものであることを踏まえ，幼児が教師や他の幼児との温かい触れ合いの中で自己の存在感や充実感を味わうことなどを基盤として，しなやかな心と体の発達を促すこと。
(2) 様々な遊びの中で，幼児が興味や関心，能力に応じて全身を使って活動することにより，体を動かす楽しさを味わい，安全についての構えを身に付け，自分の体を大切にしようとする気持ちが育つようにすること。
(3) 自然の中で伸び伸びと体を動かして遊ぶことにより，体の諸機能の発達が促されること

に留意し，幼児の興味や関心が戸外にも向くようにすること。その際，幼児の動線に配慮した園庭や遊具の配置などを工夫すること。
(4) 基本的な生活習慣の形成に当たっては，幼児の自立心を育て，幼児が他の幼児とかかわりながら主体的な活動を展開する中で，生活に必要な習慣を身に付けるようにすること。

人間関係
　他の人々と親しみ，支え合って生活するために，自立心を育て，人とかかわる力を養う。

---

1 ねらい
(1) 幼稚園生活を楽しみ，自分の力で行動することの充実感を味わう。
(2) 進んで身近な人とかかわり，愛情や信頼感をもつ。
(3) 社会生活における望ましい習慣や態度を身に付ける。

2 内容
(1) 先生や友達と共に過ごすことの喜びを味わう。
(2) 自分で考え，自分で行動する。
(3) 自分でできることは自分でする。
(4) 友達と積極的にかかわりながら喜びや悲しみを共感し合う。
(5) 自分の思ったことを相手に伝え，相手の思っていることに気付く。
(6) 友達のよさに気付き，一緒に活動する楽しさを味わう。
(7) 友達と一緒に物事をやり遂げようとする気持ちをもつ。
(8) よいことや悪いことがあることに気付き，考えながら行動する。
(9) 友達とのかかわりを深め，思いやりをもつ。
(10) 友達と楽しく生活する中できまりの大切さに気付き，守ろうとする。
(11) 共同の遊具や用具を大切にし，みんなで使う。
(12) 高齢者をはじめ地域の人々など自分の生活に関係の深いいろいろな人に親しみをもつ。

3 内容の取扱い
　上記の取扱いに当たっては，次の事項に留意する必要がある。

(1) 教師との信頼関係に支えられて自分自身の生活を確立していくことが人とかかわる基盤となることを考慮し，幼児が自ら周囲に働き掛けることにより多様な感情を体験し，試行錯誤しながら自分の力で行うことの充実感を味わうことができるよう，幼児の行動を見守りながら適切な援助を行うようにすること。
(2) 幼児の主体的な活動は，他の幼児とのかかわりの中で深まり，豊かになるものであり，幼児はその中で互いに必要な存在であることを認識するようになることを踏まえ，一人一人を生かした集団を形成しながら人とかかわる力を育てていくようにすること。
(3) 道徳性の芽生えを培うに当たっては，基本的な生活習慣の形成を図るとともに，幼児が他の幼児とのかかわりの中で他人の存在に気付き，相手を尊重する気持ちをもって行動できるようにし，また，自然や身近な動植物に親しむことなどを通して豊かな心情が育つようにすること。特に，人に対する信頼感や思いやりの気持ちは，葛藤やつまずきをも体験し，それらを乗り越えることにより次第に芽生えてくることに配慮すること。
(4) 幼児の生活と関係の深い人々と触れ合い，自分の感情や意志を表現しながら共に楽しみ，共感し合う体験を通して，高齢者をはじめ地域の人々などに親しみをもち，人とかかわることの楽しさや人の役に立つ喜びを味わうことができるようにすること。また，生活を通して親の愛情に気付き，親を大切にしようとする気持ちが育つようにすること。

環　境
　周囲の様々な環境に好奇心や探究心をもってかかわり，それらを生活に取り入れていこうとする力を養う。

---

1 ねらい
(1) 身近な環境に親しみ，自然と触れ合う中で様々な事象に興味や関心をもつ。
(2) 身近な環境に自分からかかわり，発見を楽しんだり，考えたりし，それを生活に取り入れようとする。
(3) 身近な事象を見たり，考えたり，扱ったりする中で，物の性質や数量，文字などに対する感覚を豊かにする。

2 内容

(1) 自然に触れて生活し，その大きさ，美しさ，不思議さなどに気付く。
(2) 生活の中で，様々な物に触れ，その性質や仕組みに興味や関心をもつ。
(3) 季節により自然や人間の生活に変化のあることに気付く。
(4) 自然などの身近な事象に関心をもち，取り入れて遊ぶ。
(5) 身近な動植物に親しみをもって接し，生命の尊さに気付き，いたわったり，大切にしたりする。
(6) 身近な物を大切にする。
(7) 身近な物や遊具に興味をもってかかわり，考えたり，試したりして工夫して遊ぶ。
(8) 日常生活の中で数量や図形などに関心をもつ。
(9) 日常生活の中で簡単な標識や文字などに関心をもつ。
(10) 生活に関係の深い情報や施設などに興味や関心をもつ。
(11) 幼稚園内外の行事において国旗に親しむ。

3 内容の取扱い

上記の取扱いに当たっては，次の事項に留意する必要がある。

(1) 幼児が，遊びの中で周囲の環境とかかわり，次第に周囲の世界に好奇心を抱き，その意味や操作の仕方に関心をもち，物事の法則性に気付き，自分なりに考えることができるようになる過程を大切にすること。
(2) 幼児期において自然のもつ意味は大きく，自然の大きさ，美しさ，不思議さなどに直接触れる体験を通して，幼児の心が安らぎ，豊かな感情，好奇心，思考力，表現力の基礎が培われることを踏まえ，幼児が自然とのかかわりを深めることができるよう工夫すること。
(3) 身近な事象や動植物に対する感動を伝え合い，共感し合うことなどを通して自分からかかわろうとする意欲を育てるとともに，様々なかかわり方を通してそれらに対する親しみや畏敬の念，生命を大切にする気持ち，公共心，探究心などが養われるようにすること。
(4) 数量や文字などに関しては，日常生活の中で幼児自身の必要感に基づく体験を大切にし，数量や文字などに関する興味や関心，感覚が養われるようにすること。

> 言　葉
>
> 経験したことや考えたことなどを自分なりの言葉で表現し，相手の話す言葉を聞こうとする意欲や態度を育て，言葉に対する感覚や言葉で表現する力を養う。

1 ねらい

(1) 自分の気持ちを言葉で表現する楽しさを味わう。
(2) 人の言葉や話などをよく聞き，自分の経験したことや考えたことを話し，伝え合う喜びを味わう。
(3) 日常生活に必要な言葉が分かるようになるとともに，絵本や物語などに親しみ，先生や友達と心を通わせる。

2 内容

(1) 先生や友達の言葉や話に興味や関心をもち，親しみをもって聞いたり，話したりする。
(2) したこと，見たこと，聞いたこと，感じたことなどを自分なりに言葉で表現する。
(3) したいこと，してほしいことを言葉で表現したり，分からないことを尋ねたりする。
(4) 人の話を注意して聞き，相手に分かるように話す。
(5) 生活の中で必要な言葉が分かり，使う。
(6) 親しみをもって日常のあいさつをする。
(7) 生活の中で言葉の楽しさや美しさに気付く。
(8) いろいろな体験を通じてイメージや言葉を豊かにする。
(9) 絵本や物語などに親しみ，興味をもって聞き，想像をする楽しさを味わう。
(10) 日常生活の中で，文字などで伝える楽しさを味わう。

3 内容の取扱い

記の取扱いに当たっては，次の事項に留意する必要がある。

(1) 言葉は，身近な人に親しみをもって接し，自分の感情や意志などを伝え，それに相手が応答し，その言葉を聞くことを通して次第に獲得されていくものであることを考慮して，幼児が教師や他の幼児とかかわることにより心を動かすような体験をし，言葉を交わす喜びを味わえるようにすること。
(2) 絵本や物語などで，その内容と自分の経

験とを結び付けたり，想像を巡らせたりする楽しみを十分に味わうことによって，次第に豊かなイメージをもち，言葉に対する感覚が養われるようにすること。
(3) 幼児が日常生活の中で，文字などを使いながら思ったことや考えたことを伝える喜びや楽しさを味わい，文字に対する興味や関心をもつようにすること。

表　現
　感じたことや考えたことを自分なりに表現することを通して，豊かな感性や表現する力を養い，創造性を豊かにする。

1　ねらい
(1)　いろいろなものの美しさなどに対する豊かな感性をもつ。
(2)　感じたことや考えたことを自分なりに表現して楽しむ。
(3)　生活の中でイメージを豊かにし，様々な表現を楽しむ。

2　内　容
(1)　生活の中で様々な音，色，形，手触り，動きなどに気付いたり，楽しんだりする。
(2)　生活の中で美しいものや心を動かす出来事に触れ，イメージを豊かにする。
(3)　様々な出来事の中で，感動したことを伝え合う楽しさを味わう。
(4)　感じたこと，考えたことなどを音や動きなどで表現したり，自由にかいたり，つくったりする。
(5)　いろいろな素材に親しみ，工夫して遊ぶ。
(6)　音楽に親しみ，歌を歌ったり，簡単なリズム楽器を使ったりする楽しさを味わう。
(7)　かいたり，つくったりすることを楽しみ，遊びに使ったり，飾ったりする。
(8)　自分のイメージを動きや言葉などで表現したり，演じて遊んだりする楽しさを味わう。

3　内容の取扱い
　上記の取扱いに当たっては，次の事項に留意する必要がある。
(1)　豊かな感性は，自然などの身近な環境と十分にかかわる中で美しいもの，優れたもの，心を動かす出来事などに出会い，そこから得た感動を他の幼児や教師と共有し，様々に表現することなどを通して養われるようにすること。

(2)　幼児の自己表現は素朴な形で行われることが多いので，教師はそのような表現を受容し，幼児自身の表現しようとする意欲を受け止めて，幼児が生活の中で幼児らしい様々な表現を楽しむことができるようにすること。
(3)　生活経験や発達に応じ，自ら様々な表現を楽しみ，表現する意欲を十分に発揮させることができるような遊具や用具などを整え，自己表現を楽しめるように工夫すること。

第3章　指導計画作成上の留意事項

　幼稚園教育は，幼児が自ら意欲をもって環境とかかわることによりつくり出される具体的な活動を通して，その目標の達成を図るものである。
　幼稚園においてはこのことを踏まえ，幼児期にふさわしい生活が展開され，適切な指導が行われるよう，次の事項に留意して調和のとれた組織的，発展的な指導計画を作成し，幼児の活動に沿った柔軟な指導を行わなければならない。

1　一般的な留意事項
(1)　指導計画は，幼児の発達に即して一人一人の幼児が幼児期にふさわしい生活を展開し，必要な体験を得られるようにするために，具体的に作成すること。
(2)　指導計画作成に当たっては，次に示すところにより，具体的なねらい及び内容を明確に設定し，適切な環境を構成することなどにより活動が選択・展開されるようにすること。
　ア　具体的なねらい及び内容は，幼稚園生活における幼児の発達の過程を見通し，幼児の生活の連続性，季節の変化などを考慮して，幼児の興味や関心，発達の実情などに応じて設定すること。
　イ　環境は具体的なねらいを達成するために適切なものとなるように構成し，幼児が自らその環境にかかわることにより様々な活動を展開しつつ必要な体験を得られるようにすること。その際，幼児の生活する姿や発想を大切にし，常にその環境が適切なものとなるようにすること。
　ウ　幼児の行う具体的な活動は，生活の流れの中で様々に変化するものであることに留意し，幼児が望ましい方向に向かって自ら活動を展開していくことができるよう必要な援助をすること。

その際，幼児の実態及び幼児を取り巻く状況の変化などに即して指導の過程についての反省や評価を適切に行い，常に指導計画の改善を図ること。

(3) 幼児の生活は，入園当初の一人一人の遊びや教師との触れ合いを通して幼稚園生活に親しみ，安定していく時期から，やがて友達同士で目的をもって幼稚園生活を展開し，深めていく時期などに至るまでの過程を様々に経ながら広げられていくものであることを考慮し，活動がそれぞれの時期にふさわしく展開されるようにすること。特に，3歳児の入園については，家庭との連携を緊密にし，生活のリズムや安全面に十分配慮すること。

(4) 長期的に発達を見通した年，学期，月などにわたる指導計画やこれとの関連を保ちながらより具体的な幼児の生活に即した週，日などの指導計画を作成し，適切な指導が行われるようにすること。特に，週，日などの指導計画については，幼児の生活のリズムに配慮し，幼児の意識や興味の連続性のある活動が相互に関連して幼稚園生活の自然な流れの中に組み込まれるようにすること。

(5) 幼児の行う活動は，個人，グループ，学級全体などで多様に展開されるものであるが，いずれの場合にも，幼稚園全体の教師による協力体制をつくりながら，一人一人の幼児が興味や欲求を十分に満足させるよう適切な援助を行うようにすること。

(6) 幼児の主体的な活動を促すためには，教師が多様なかかわりをもつことが重要であることを踏まえ，教師は，理解者，共同作業者など様々な役割を果たし，幼児の発達に必要な豊かな体験が得られるよう，活動の場面に応じて，適切な指導を行うようにすること。

(7) 幼児の生活は，家庭を基盤として地域社会を通じて次第に広がりをもつものであることに留意し，家庭との連携を十分に図るなど，幼稚園における生活が家庭や地域社会と連続性を保ちつつ展開されるようにすること。その際，地域の自然，人材，行事や公共施設などを積極的に活用し，幼児が豊かな生活体験を得られるように工夫すること。

(8) 幼稚園においては，幼稚園教育が，小学校以降の生活や学習の基盤の育成につながることに配慮し，幼児期にふさわしい生活を通して，創造的な思考や主体的な生活態度などの基礎を培うようにすること。

2 特に留意する事項

(1) 安全に関する指導に当たっては，情緒の安定を図り，遊びを通して状況に応じて機敏に自分の体を動かすことができるようにするとともに，危険な場所や事物などが分かり，安全についての理解を深めるようにすること。また，交通安全の習慣を身に付けるようにするとともに，災害時に適切な行動がとれるようにするための訓練なども行うようにすること。

(2) 障害のある幼児の指導に当たっては，家庭及び専門機関との連携を図りながら，集団の中で生活することを通して全体的な発達を促すとともに，障害の種類，程度に応じて適切に配慮すること。

(3) 幼児の社会性や豊かな人間性をはぐくむため，地域や幼稚園の実態等により，盲学校，聾学校，養護学校等の障害のある幼児との交流の機会を積極的に設けるよう配慮すること。

(4) 行事の指導に当たっては，幼稚園生活の自然な流れの中で生活に変化や潤いを与え，幼児が主体的に楽しく活動できるようにすること。なお，それぞれの行事についてはその教育的価値を十分検討し，適切なものを精選し，幼児の負担にならないようにすること。

(5) 幼稚園の運営に当たっては，子育ての支援のために地域の人々に施設や機能を開放して，幼児教育に関する相談に応じるなど，地域の幼児教育のセンターとしての役割を果たすよう努めること。

(6) 地域の実態や保護者の要請により，教育課程に係る教育時間の終了後に希望する者を対象に行う教育活動については，適切な指導体制を整えるとともに，第1章に示す幼稚園教育の基本及び目標を踏まえ，また，教育課程に基づく活動との関連，幼児の心身の負担，家庭との緊密な連携などに配慮して実施すること。

事項索引

ア

愛着形成　159
アイデンティティ　37
『愛と規律の家庭教育』
　56
赤ちゃん組　36
預かり保育推進事業　73
遊び　10
あそび空間　96
あそび集団　96,98
あそび時間　96
遊びの意義　95
遊びの教材　54
あそび方法　96
遊びや保護　189
アタッチメント理論　159
新しいタイプの幼保一元化施設　184
アトピー性皮膚炎対策　103
あやとり　98
安全教育　170
育児休業等に関する法律　67
育児支援　177
育児書　132
育児知識　132
育児不安　132
意志　11
一時的保育　66
一条校　71
1日の生活リズム　95
1年保育　59
一姫二太郎　84
一斉保育　92
1対1対応　26
1.57 チャイルドショック　175
意図的作用　83

異年齢の編成による保育　103
居場所　37
いびつさ　81
異文化交流　192
意欲　111,129
依頼型の要求　30
運動能力　14
駅型保育所　176
NPO法人　183
絵本　102
『エミール』　48
絵を描く　120
園外保育　13
婉曲表現　31
演技　107
園舎外の事故　170
援助　99
エンゼルプラン　66
エンゼルプランや緊急保育対策等5ヶ事業の実施　100
園便り　29,192
園長　29
園庭開放　39
園内外の物的、人的環境　91
園の指導計画　133
横断的な方法　17
応答的関係　83
応報戦略　43
大型ブロック　41
屋外遊戯場　167
おけいこ　12
教えこみ　99
落ち着きのない　38
大人中心主義　48
鬼ごっこ　98
おむつのあて方　103
重さの保存　24

親の心のケアー　188
折り紙　98
恩物　13

カ

解体保育　117
カウンセリングマインド　172
鏡　52
ガキ大将集団　98
可逆性の概念　25
核家族　148
核家族化　85,117
学習　15
学習機能　11
学習指導要領　104
かごめ　98
仮説演繹的思考　23
家族　29
家族制度　85
家族との連携　149
価値観の多様化　115
学校教育現場　139
学校教育法　11,61,72
学校教育法の第一条　71
学校だより　192
『学校と社会』　54
葛藤　23
家庭機能の変化　82
家庭教育　9
家庭支援推進保育事業　87
家庭や地域の教育力（育児力）　132
家庭連絡　13
神奈川県民部私学宗教課　186
カリキュラム　125
感覚　102
感覚運動期　22
感覚遊具　56

環境構成　137,144
環境設定　129,139
環境問題　80
玩具　49
かんけり　98
観察　16
間接的要求　30
感染症　103
完全癖　18
学童保育　9
学齢前　58
気管支喘息　171
規制緩和　183
基礎的事項　78
気にならない子　34
気になる子　36
基本的生活習慣　15
キャリーバック　44
給食　35
休日保育事業延長保育や乳児保育　87
休日保育の多様化　179
教育課程　125
教育学　10
教育基本法　72
教育週数　146
教育的思想　46
教育方法　9
教育力の三重構造　71
教科　128
教科主体　189
教科書中心の授業　190
共感　152
教授　99
協調性　34
共同体の社会的構造　34
興味の方向性　10
教諭　63
協力関係　39
協力行為　43
虐待　101
虐待などへの対応　103
緊急保育対策　161
空間的　111
空間の保存　24
草笛　98
具体的操作期　22

首の座り　14
クラスの設計図　152
クラス編成　110
ケースワーカー　188
計画出産　84
経験　112
経験主義　53
計算　12
形式的操作期　22
月案　134
下痢症　171
けんか　12
健康教育　47
言語指導　47
健常児　117
健全育成　161
誤飲　169
コーナー保育　117
降園　170
公園デビュー　86
公害　80
ごっこ遊び　39
厚生省児童家庭局長　99
厚生労働省　19
交通事故　170
行動　53
行動範囲　116
合同保育　117
行動面　16
公民館　132
交流活動　192
国際化　115
国際理解教育　192
国民生活白書　75
国立社会保障　175
心のケア　188
快くない関係　37
個人差　91,101
孤児　93
子育てコスト　161
子育てサークル　182
子育て支援型マンション　181
子育て支援事業　86
子育て支援の充実　190
子育て不安　65,89
個体　17

国旗　107
子どもたちの庭　56
子どもの言語　32
子どもの主体性　154
子どもの食事場面　33
子ども未来財団　180
個別指導　92
コミュニケーションの発達　21

サ

再学習　114
在園期間　37
在園時刻　60
最新保育用語辞典　126
在宅保育サービス事業　180
作品の展示　192
参観　192
3歳以上児の指導計画　103
3歳児神話　159
3歳未満児の指導計画　13
3歳未満の幼児　60
産児制限　84
三輪車　37
時間的　111
自我　18
自己中心的　23
自己評価　172
死産性比　80
指針　78
施設教育　9
施設設置者　61
施設設備の基準　58
施設保育　9
疾病異常　103
しつけ　12
実験者　28
実験主義　53
指導計画　116
指導計画作成上の留意事項　105
指導事例　99
指導と援助　151
指導の成果　154
指導法　90

索引

社会性　29
社会的環境　18
社会福祉法人　183
週案　134
就園奨励費　64
就学決定　188
就学前教育　9
宗教教育　47
就業時間　115
就寝時間　94
集団指導　92
集団保育　11
集団保育施設　160
守孤扶独幼稚児保護会　58
出生性比　80
出生率　174
守秘義務　101
障害児　117
障害児保育　87,185
障害児保育対策事業　87
障害のある子どもの保育　103
賞賛　152
少子化　66
少子化傾向　11
少子化対策　84,175
少子化対策基本方針　86
象徴主義　54
生得的行動　22
承認　152
小児保育　8
職員の研修　104
食事　15
食事場面　29
嘱託医　62
新エンゼルプラン　75
心情　111,129
新生児期　14
身体行動　30
身体的運動機能　14
身長50cm前後　77
心的操作　23
神秘主義的　54
心理的側面　165
実習生の立てる指導計画　133
実習日誌　157

実物教育　49
児童観　48
児童館　132
児童期　11
児童神性論　51
児童心理学　48
児童中心主義　48
児童福祉　18
児童福祉施設　19,71
児童福祉施設最低基準　63
児童福祉法　61
児童福祉法第39条　100
児童養護施設　71
自発性　10
縦断的方法　17
授乳　102
受容　16
自由遊び　13
自由登園日　117
自由保育　13,92
情緒的　10
情緒の分化　10
情報化社会　129
助言　152
助成措置　187
女性のライフスタイル　160
人格　15
人権への配慮　101
人口問題研究所　175
随時入園　74
水痘（水ぼうそう）　171
睡眠　15
数量や図形　107
菅原ますみ　160
鈴木敦子　39
すくすく　21
スタンダード条件　27
セーラームーン　32
生活カリキュラム（経験カリキュラム）　12
生活科　93
生活指導　13
生活習慣　10
生活習慣の形成　15
生活展　192
生活の流れやリズム　154

生活保護世帯　66
生活リズム　149
正規時間外　147
清潔　15
製作　107,194
性差　101
精神的機能の発達との相互作用　14
精神的健康　160
精神的発達　10
精神発達　14
青年期　14
生理的基盤　114
生理的諸機能　103
生理的欲求　121
責任実習　137
積極的受身　37
設置基準　63
設置主体制限の撤廃　183
設定課題　36
設定保育　116
仙田満　96
専門機関と連携　117
前操作期　22
早教育　12
総合的な学習の時間　93
相互応答的な関係　165
操作　22
創造活動　52
卒園　111

タ

待機児童　158
退行現象　18
第三者評価　172
体重3000g　77
抱き方　103
多機能保育　176
託児所　59
託児事業　59
竹馬　98
たこあげ　98
他者理解　29
七夕飾り　35
多民族保育　192
だるまさんがころんだ　98
男女共同参画型　76

地域活動など特別事業　103
地域子育て支援センター事業　87
地域における異年齢児交流事業　87
地域の子育てセンター　132
チェックポイント　14
知覚　25
地球環境問題　80
知的障害児通園施設　71
知能　11
着衣　15
中央児童福祉審議会　99
抽象概念　28
中程度の障害児　187
長期指導計画　136
超高齢化社会　175
長時間にわたる保育　103
調節　22
長方体　52
調理員　62
直接的要求　29
ちょっと気になる子　34
積み木的なもの　52
ティームティーチング　119
抵抗力　171
低年齢児保育の促進　75
テレビ　81
伝染病　103
同一性の概念　27
登園　35
同化　22
東京女子師範学校附属幼稚園　8
統合保育　117
動線に配慮した園庭　106
到達目標　138
道徳性　29
逃避的な態度　17
通りゃんせ　98
特定非営利活動法人　183
吐乳　165
とびひ　171
どろあそび　97

ナ

ナース　8
内容　101
仲間関係　29
長さの保存　24
喃語　102
新潟静修学校　58
2歳児保育　182
日案　134
日常生活習慣の相違　193
日本国憲法　72
ニューラナークの工場　50
入園　111
入園案内　187
入所期間　130
入所児童　104
乳児院　71
乳児受け入れ対策　161
乳児期　7
乳児保育　160
乳児保育についての配慮　103
乳児保育室　167
乳幼児学級　86
乳幼児健康支援デイサービス事業の充実　179
乳幼児死亡率　80
乳幼児突然死症候群（SIDS）の予防　103
認可外施設　168
認可保育所　159
『人間教育』
認証保育所制度　183
認知的側面　159
認知能力　169
寝かせ方　103
寝返り　14
ネグレクト　168
ねらい　101
ねらい及び内容　78
年間指導計画　133,134
年齢別クラス　118
年齢別の特徴　143
ねん土づくり　97
ノーマラーゼーション　187

ハ

パートタイム就労　66
バード・ブランケンブルク　56
排気　165
排泄　15
配置基準　163
ハイハイ　44
はしか　171
発想　145
発達　13
発達加速現象　7
発達段階説　22
発達の段階　14
発育ストレス　89
花いちもんめ　98
羽根つき　98
母親学級　59
母親学校　47
母親の発話　32
バリアフリー　187
反抗　12
判断力の陶冶　47
ハンディをもつ子　185
PTA　65
被験児　28
非言語的行為　36
否定の発話　33
表現　107
病気の子どもの保育　103
病後児保育　179
午睡　146
貧児　93
ファミコン　81
風疹　171
複数担任制　119
不適応　10
フリーの先生　188
ふり遊び　169
ブロック　35
ブロック遊び　35
文化的基盤　114
文化的背景　193
変容過程　34
ベビーシッター　87
ベビーホテル　159

索引 235

保育課題　112
保育学級　59
保育学校　59
保育記録　139
保育行事　188
保育行政　177
保育計画　125,126
保育現場　111
保育行為　125
保育参観日　39
保育士　62
保育指導案　12
保育者の資質　171
保育実習生　137
保育需要の多様化　87
保育所　13
保育所機能　175
保育所在籍率　70
保育所非利用者　89
保育所保育指針　64
保育的教育　11
保育内容　90
保育に欠ける　104
保育年齢別クラス　118
保育の記録　156
保育の形態　16
保育の作用　11
保育の実践　156
保育の多面性　20
保育の評価　153
保育の方法　16
保育の目標　78
保育の歴史　46
保育場面　94
保育方針　51
保育法認可　8
保育ママ　87
保育目標の設定　111
保育料負担　68
保育科　8
防災活動　192
放任　52
保健所　132
歩行開始　14
保護者の保育料負担　64
補償の概念　25
保存課題　23

保存の概念　25
母性的養育　160
母性剥奪（マターナル・デプリヴェーション）　159
ほふく室　167
ボランティア　188
ボランティア活動　65

マ

間引き　84
ままごと　97
回し蹴りの場面　43
漫画　8
満3歳児入園　72
水の事故　170
未分化　10
見よう見真似　83
民間企業等の保育所経営参入　182
無認可保育所　159
免疫　171
文字　12
モデル　152
物語　107
模倣　52
模倣遊び　169
問題行動　34
問題の解決　17
モンテッソーリ教育法　55
モンテッソーリの幼児保育思想　44
文部科学省　18

ヤ

野生児　17
有意不注意　14
遊戯　13
遊戯場　167
遊具の配置を工夫する　106
ゆとり　81
要求表現　31
幼経懇（日本経済団体連合会・業種団体・私立幼稚園経営者懇談会）　176
養護教育総合センター　188
幼小の連携　188
幼児学級　59
幼児学校　50,59
幼児期　7
幼児期の家庭教育及び地域社会における子育て支援の充実　73
幼児教育　9,59
幼児教育学　11
幼児教育振興プログラム　65,73,190
幼児教育センター的　65
幼児指導要録　189
幼児の主体性重視　123
幼児保育思想　46
幼児保育論　46
幼稚園　13
幼稚園関連施設　184
幼稚園教育の振興　73
幼稚園教育の目標　106
幼稚園教育要領　8,64
幼稚園教育要領解説　99
幼稚園就園率　70
幼稚園助成　65
幼稚園設置基準　63
幼稚園と保育所の連携　190
幼稚園や保育所の生活環境と小学校の環境構成　192
幼稚園令　58
幼年時代　47
幼保における保育時間と学習時間のかかわり　192
幼保併設の複合施設　182
余暇時間　115
横浜保育室　180
予想される保育の流れ　149
欲求不満　10

ラ

立方体　52
離乳完了の目やす　103
流行性耳下腺炎（おたふくかぜ）　171

領域　128
療育訓練　185
療育センター　188
利用者　168
臨床的　17

零歳児保育　166
冷凍母乳　103
論理的思考　23

ワ

ワークシェアリング　76
枠組み　145

人名索引

赤沢鐘美・仲夫妻　58
ウェンガー　37
オーウェン　46,50
小川博久　99
倉橋惣三　13
刑部育子　34
コメニウス　46
斉藤こずえ　39

シーガル　26
デューイ　46,53
バウアー　159
長谷川寿一　45
長谷川眞理子　45
ピアジェ　17
日名子太郎　131
ビューラー　18

フレーベル　46,51
ベンヤミン　95
ペスタロッチ　93
ボウルビィ　159
マカレンコ　56
モンテッソーリ　46
ルソー　46,48
レディネス　17

執筆者紹介

(編者を先に,執筆順)

◎岡田正章 (おかだ まさとし)
[第3章担当]
1925年 広島県に生まれる
1949年 広島文理科大学教育学科卒業
宝仙学園短期大学教授,厚生省児童家庭局保育指導専門官,明星大学教授・人文学部長,育英短期大学学長を経て
現在 聖徳大学大学院教授,明星大学名誉教授
専攻 保育学,保育制度
主な著書 日本の保育制度(フレーベル館),保育総論(編著,医歯薬出版),保育制度の展望(ぎょうせい)

◎松山欽子 (まつやま としこ)
[第1章担当]
1933年 東京都に生まれる
1965年 日本女子大学大学院修士課程修了
日本女子大学文学部講師
白鷗大学女子短期大学部教授
附属白鷗幼稚園長を経て
NTT関東通信病院小児科精神衛生外来担当 臨床心理士
現在 白百合女子大学講師
専攻 発達心理学,幼児教育学
主な著書 発達心理学(編著,日本文化科学社)
子どもの臨床心理(編著,北大路書房)
保育原理(五訂版)(共著,学文社)

●鈴木敦子 (すずき あつこ)
[第2章担当]
1959年 東京都に生まれる
1996年 東京大学大学院教育学研究科博士課程単位取得退学
現在 桐朋学園大学非常勤講師

専攻 認知心理学,幼児教育学
論文 幼児における約束の概念の理解『教育心理学研究』第41巻(日本教育心理学会)
幼児の心の理論の発達『東京大学大学院教育学研究科紀要』第38巻(東京大学大学院)

●高坂詢 (こうさか はかる)
[第4章担当]
1940年 佐賀県に生まれる
1966年 東京大学大学院教育学研究科修士課程修了
現在 飯田女子短期大学教授
専攻 社会教育学

●樋口直宏 (ひぐち なおひろ)
[第5章担当]
1965年 東京都に生まれる
1995年 筑波大学大学院博士課程教育学研究科単位取得退学
現在 立正大学助教授
主な著書 実践に活かす教育課程論・教育方法論(編著,学事出版)
現代学力形成論(共著,協同出版)

●岩城淳子 (いわき じゅんこ)
[第6章担当]
1958年 東京都に生まれる
1999年 東京大学大学院教育学研究科博士課程満期退学
現在 白鷗大学女子短期大学部助教授
専攻 健康教育学,発育発達学
主な著書 健康(共著,明研図書)

●高橋貴志（たかはし　たかし） 
［第7章担当］
1966年　埼玉県に生まれる
1993年　東京学芸大学大学院教育学研究科修士課程修了
現在　白百合女子大学専任講師
専攻　幼児教育学
主な著書　保育者論（共著，樹村房）
　　　　　教育原理の探究（共著，相川書房）

●田中正浩（たなか　まさひろ） 
［第8章担当］
1962年　東京都に生まれる
1987年　上智大学大学院文学研究科修士課程修了
現在　駒沢女子短期大学助教授
専攻　幼児教育学
主な著書　教育の理論（共著，八千代出版）
　　　　　幼稚園教育実習（編著，学事出版）

●松嵜洋子（まつざき　ようこ） 
［第9章担当］
1960年　岡山県に生まれる
1993年　日本女子大学大学院文学研究科博士課程（後期）単位取得退学
現在　聖セシリア女子短期大学助教授
主な著書　遊びの発達学・展開編（共著，培風館）
　　　　　発達心理学（共著，日本文化科学社）

●渡邊眞一（わたなべ　しんいち） 
［第10章担当］
1946年　神奈川県に生まれる
1969年　玉川大学文学部教育学科卒業
現在　初音丘幼稚園，スカイハイツ幼稚園，横浜保育室ピッコリーノ，各園長。
　　　横浜国立大学非常勤講師
主な著書　新しい保育原理（企画・編集，樹村房）
　　　　　領域　人間関係（共編著，同文書院）
　　　　　年齢別クラス運営事典（共編著，学習研究社）
　　　　　ザ・職員会議（共著，世界文化社）
　　　　　日だより，クラスだよりの作り方（単著，フレーベル館）

現代保育原理

2003年3月31日 第1版第1刷発行

編著者　岡田　正章
　　　　松山　依子

発行者　田中　千津子

発行所　株式会社　学文社
〒153-0064　東京都目黒区下目黒3-6-1
電話　03（3715）1501代
FAX　03（3715）2012
http://www.gakubunsha.com

© M. Okada/T. Matsuyama 2003
乱丁・落丁の場合は本社でお取替します。
定価は売上カード，カバーに表示。

印刷　シナノ印刷

ISBN4-7620-1228-9

（日本女子大学）村山貞雄 編著 （明星大学）岡田正章 **保育原理**〔五訂版〕 A5判　274頁　本体2400円	〔執筆者〕雨森探丹生・金子真知子・金崎美美子・河原美耶子・高坂詢・武井幸子・佃　範夫・萩原元昭・藤田政雄・古川伸子・松山依子・山下俊郎・吉田久子 0984-9　C3337
萩原元昭編著 **幼児の保育と教育** ──質の高い保育ビジョンを求めて── A5判　244頁　本体2500円	幼児の主体性，能動性，社会性の能力の素晴らしさの発見と，幼児一人ひとりの生命の尊厳と個性尊重の保育環境づくりのために，マクロ・ミクロの視点に立った質の高い保育ビジョンを探る。 1138-X　C3037
荒井洌著 **名言に学ぶ保育のセンス** ──ヨーロッパの香り　日本の味わい── A5判　78頁　本体1500円	先達が残してくれた思索の中から，保育のセンス・アップのための糧となろう言葉を選りすぐる。親しみやすさを心がけ，見開き（両頁）読みきり式で，子どもとともによく読みこみ，考えられるようにした。 0999-7　C1037
森井利夫監修 東京YMCA野外教育研究所編 **野外教育の理論と実際** ──組織キャンプ入門── A5判　196頁　本体1900円	組織キャンプの意義を改めて問い，さらにその実践のための理念や方法について明らかにし，活動の指針を示す。創立百有余年の歴史をもつ東京YMCAの長年の蓄積にもとづく，野外教育活動教本。 0659-9　C3036
白井愼監修／ 小木美代子・姥貝荘一・立柳聡編著 **子どもの豊かな育ちと地域支援** A5判　368頁　本体2400円	子どもとおとなの"共育ち"実現を目指し，今日最も求められている地域ぐるみの教育実践の姿を提示する。教育学を超えた広範な諸領域理論を考察。21例の豊かな先駆的実践事例から様々な示唆を得る。 1160-6　C3037
立教大学　武藤文夫編著 **こころを育む** 四六判　158頁　本体1500円	いまの子どもが置かれている状況には親として家族として考え直すべきことがたくさんある。育児やカウンセリング，あるいはデス・スタディ（死の教育）を通して，親子の絆の大切さを再認識していく。 0946-6　C0037
岩内亮一・萩原元昭 深谷昌志・本吉修二　編著 **教育学用語辞典**〔第三版〕 四六判　318頁　本体2400円	中項目中心に基本用語を精選，事項約770項目，人名約100項目を収録，各項目とも問題発見的発展的な執筆方針をとっている。教職志望の学生はもちろん研究者から現場の教師まで役立つハンディ辞典。 0587-8　C3037
岸本　弘・柴田義松・渡部　洋 無藤　隆・山本政人　編 **教育心理学用語辞典** 四六判　310頁　本体2500円	教育心理学の全分野をカバーし，新しい研究分野や用語もできるかぎりもれなく収載。事項約1000，人名約50を収録し，約80名の執筆陣により，各項目について簡潔に解説。手軽に利用できるハンディ辞典。 0534-7　C3037